房 地 产 丛 书

房地产投资分析与决策

丁 芸 谭善勇 主编

中国建筑工业出版社

图书在版编目(CIP)数据

房地产投资分析与决策 / 丁芸，谭善勇主编. —北京：中国建筑工业出版社，2004

(房地产丛书)

ISBN 978-7-112-07005-3

Ⅰ. 房… Ⅱ. ①丁…②谭… Ⅲ. ①房地产—投资—分析②房地产—投资—经济决策 Ⅳ. F293.35

中国版本图书馆 CIP 数据核字（2004）第 118951 号

房地产丛书

房地产投资分析与决策

丁 芸 谭善勇 主编

*

中国建筑工业出版社出版、发行(北京西郊百万庄)

各地新华书店、建筑书店经销

北京市彩桥印刷有限责任公司印刷

*

开本:850×1168 毫米 1/32 印张:10⅛ 字数:270 千字

2005 年 2 月第一版 2008 年 6 月第五次印刷

印数:8 001—9 500 册 定价:**25.00** 元

ISBN 978-7-112-07005-3

(12959)

本书对房地产投资分析的主要内容与操作技巧进行了全面、系统、深入的分析与介绍。全书共分十一章：房地产投资分析原理、房地产投资环境分析、房地产投资市场分析、房地产投资的资金筹措与决策、房地产投资成本与收入估算、房地产投资财务分析、房地产投资不确定分析、房地产投资风险分析、房地产投资项目综合评价、房地产投资方案的比选与决策以及房地产投资分析报告。

本书重点突出，强调理论与实践、定性分析与定量分析相结合。既有理论上的探讨，也有实务上的具体操作讲解，让读者有一定的感性认识，以便能充分利用所学理论与操作技巧，顺利解决房地产投资分析的具体问题。

本书可以为房地产开发经营从业人士解决房地产投资分析中的实际问题，同时给业内人士研究这些问题提供参考；也可作为大学房地产经济、工程经济、技术经济、投资经济、工商管理等学科的研究生及本科生理解和掌握房地产投资分析相关理论与实践知识的专业教材和参考书。

*　*　*

责任编辑：封　毅
责任设计：崔兰萍
责任校对：李志瑛　张　虹

出 版 说 明

自从我国实行改革开放以来，房地产业随之蓬勃发展，尤其是房地产业改革、住房制度改革，经过20多年的发展已取得了辉煌的成就。特别是住房制度的改革，结束了住房实物福利分配的阶段，已进入了以建设新住房制度为主的新阶段。房地产业市场活跃，生产力发展较快，1999～2001年每年竣工的城镇住宅面积都超过了5亿平方米，这些巨大的变化和发展与住房制度改革取得突破性进展息息相关。通过政府对房地产业的宏观调控，在法制建设、行政管理、市场规范、房地产内部结构和企业自律能力等方面，都取得了较大的进步，我国的房地产业已走过了“复苏”阶段，进入了理性发展的新阶段。我国的房地产业就是在不断出现新情况、新问题、新困难，又不断地研究，提出许多新的有效对策，克服重重困难向前发展的。

在21世纪初，我国2008年申奥成功和加入WTO后，我国的住房制度改革和房地产的发展将翻开新的篇章，为了更好地反映我国房地产业的发展，我们组织了这套房地产丛书，将不断地反映我国房地产业发展的新成果、新经验，更好地满足广大读者在新形势下的需求。希望这套丛书对广大读者有所裨益，同时也希望大家对这套丛书的内容提出宝贵意见，以便我们改进。

中国建筑工业出版社

前　　言

目前，我国房地产业已成为第三产业的重要组成部分，房地产投资活动日益活跃，已成为当前投资领域的一个热点。为了适应我国房地产投资活动的快速增长和房地产投资分析教学的需要，我们申请了这方面的研究课题，在课题研究和总结教学与实践经验的基础上，编写了《房地产投资分析与决策》这本书。

本书由丁芸、谭善勇任主编，负责提纲编写和总纂工作。各章节编写分工如下：第一章、第五章、第八章、第十章（第一节、第二节）由谭善勇编写；第二章由丁芸、李欣编写；第三章由丁芸、刘红编写；第四章由丁芸、张昕编写；第六章由谭善勇、肖玉敏编写；第七章由谭善勇、李敬安编写；第九章由丁芸、贲贺编写；第十章第三节由胡炜编写；第十一章由丁芸、冯雪冬编写。初稿编写完成后，由主编进行了全面地增删修改并最后定稿。

在编写过程中，我们参阅了很多资料，也得到了学校领导的大力支持。在此，特对学校领导及有关文献的作者表示感谢。

房地产投资分析实践性很强，涉及的学科也很广，包括房地产经济学、投资学、财务会计学、房地产金融、技术经济学、工程经济学、市场营销学以及建筑经济学等，把握起来难度很大。加之作者水平有限，本书肯定还存在缺点和错误，恳请读者批评指正。

目　　录

第一章　房地产投资分析原理

第一节　投资与房地产投资分析评价

一、房地产投资项目

（一）投资与投资项目

1. 投资

经济学家威廉·夏普在其《投资学》中，将投资概念表述为：投资就是为了获得可能的不确定的未来值而所做出的确定的现值牺牲。这个定义似乎比较难理解。我们一般认为，所谓投资(Investment)，是指将一定的资金(如现金及其他货币形式)或资源(如土地、设备、技术等)投入某项社会再生产过程，以便获取未来的收益或效益的经济活动或经济行为。

在经济学中，投资与储蓄是相对应的。就宏观经济学而言，由于投资的来源是储蓄(积累)，所以，一定时期的投资总额总是等于储蓄总额(不含投资)。从微观经济学角度来看，投资与储蓄又是相互联系的：储蓄实际上是一种无风险的投资，其风险报酬为零，储蓄仅是一种消费的延期。要使现有资本获得有效增值，主要通过投资来实现。

完整理解和把握投资的概念，需要注意以下几个方面的问题：(1)投资是现在资产的投入或支出，其投入资产的价值量均以现在值来表示或估算；(2)投资具有时间性，正是因为这样，投资才会有收益，也会有风险；(3)投资的本质在于获取所期望的收益或效益，其中收益是指盈利项目的资本增值，包括时间收益和风险收益；而效益则是指非盈利项目的改善和提高预期的公共福利和社会效益。

2. 投资项目

一般来说，投资项目(Investment project)是指在一定的时间内，为完成某种、某项或某组具有特定目标的对象、任务或事业而独立进行的投资活动。

投资项目首先是一个过程，有一个项目周期；其次，投资项目又是一个系统，就其内部来说，包括该项目的建筑、机器设施、资源供应、人员与组织机构和管理模式等各个方面。只有把这些方面都有机地结合起来，才能保证投资项目目标的实现。

根据不同的标准来划分，投资项目有不同的类型：

(1) 按项目建设的性质分

按建设项目的性质分，投资项目具体可划分为新建项目和改、扩建与更新改造项目两大类。其中，新建项目是指从无到有的项目，改、扩建与更新改造项目是指改建、扩建、恢复、迁建以及固定资产更新和技术改造项目。与新建项目不同的是，后者的费用或代价不仅包括新增投资，还应包括由于改建、扩建等带来的停产或减产损失等。

(2) 按投资使用方向和投资主体的活动范围分

按投资使用方向和投资主体的活动范围，可以把投资项目分为竞争性项目、基础性项目和公益性项目三大类。

竞争性项目。该项目投资具有风险性及规模性，收益水平较高，市场调节灵敏。主要包括：工业(不含能源)；建筑业、商业、餐饮、供销仓储业；房地产、公用、服务、咨询业；金融保险及其他行业等行业项目。

基础性项目。该项目是一种政策性与经营性结合的投资，具有垄断、周期长、投资量大、收益较小的特点。主要包括：农、林、牧、渔和水利设施；能源；交通、邮电和通讯业；地质普查和勘探业；部分支柱产业项目和其他重点项目。

公益性项目。该项目是一种无偿性投资，具有非盈利性以及较高的社会效益的特点。主要包括：文教、科研、卫生、体育、环保和广播电视等设施；公、检、法和司等政权设施；政府、社会团体和国防设施等项目。

(3) 按项目建设的规模分

按项目建设的规模，可以把投资项目划分为大型、中型以及小型项目三种。大型、中型以及小型项目的划分一般是按项目的年生产能力或项目的总投资规模来确定的。其划分的标准以国家颁布的《大中小型建设项目划分标准》为依据。

(4) 按行业类型划分

按行业类型，投资项目可划分为工业项目、农业项目、林业项目、商业项目、交通运输项目以及房地产项目等。

此外，按照管理需要划分，还可以把投资项目划分为基本建设项目与技术改造项目两类。

本书介绍的投资项目主要是指新建、竞争性基本建设项目中的房地产开发投资项目。

(二) 房地产投资项目

房地产投资项目是一种将资金或资产投入房地产开发、房地产经营、房地产中介服务、物业管理服务等特定项目，以获得最大限度收益的投资活动。房地产投资项目收益包括现金流量、避税收入、销售收益和无形收益等。房地产投资项目收益是一种不确定的收益。

房地产投资项目有多种类型，主要包括：

1. 房地产开发投资项目

(1) 土地开发投资项目

土地开发投资项目包括新区土地开发投资项目和旧城区土地再开发投资项目两种。新区土地开发是指城市郊区新征土地的开发建设，其主要经济活动是征用农村集体所有的土地，并进行土地改造和基础设施建设。新区开发的投资成本费用相对较少或较低。旧城区土地投资属于房地产的二次开发，其主要经济活动包括拆迁安置和改造建设两个方面。因受旧城区地价高、住户安置的影响，旧城区土地开发往往要付出更多的投资。

(2) 房屋开发投资项目

包括住宅用房(经济适用住房、普通商品房、公寓及别墅)的开发投资、办公楼宇(即写字楼)的开发投资、商业楼宇(宾馆酒店及商场)开发投资、休闲性物业(如会所、影剧院、网球场、高尔夫球场等)的开发投资、工业楼宇(工业仓库、厂房)的开发投资以及其他物业(如学校、医院等)开发投资等几种类型。

2. 房地产经营投资项目

房地产经营投资项目，这里主要指房地产开发商把物业开发出来后并不销售，而是出租经营，或者其他单位和个人购置物业后并不自住，而是把房屋用来出租经营等情况。这些单位或个人出租经营需要的购置、装修、招商、物品采购、经营以及物业管理等费用的投资，就是房地产经营投资。

3. 房地产物业管理服务投资项目

房地产物业管理服务投资项目，一般包括房屋及设备维修、保养、装潢，社区安全、绿化、保洁和电梯管理，代租代售、代买、代运、代收代付、社区公共服务以及其他家居服务的投资项目等。

4. 房地产中介服务投资项目

房地产中介服务投资项目，一般包括为房地产开发、经营、购买、物业管理等投资提供咨询、价格评估、测量、经纪、律师、财务和市场等中介服务的投资项目。

二、房地产项目周期

(一) 项目周期

任何项目都有其生命周期，即从开始立项，到完成项目目标，结束项目为止，都有它的阶段性和时序性。一般认为，项目从起始到结束的完整循环过程，称之为项目周期(Project Cycle)。

项目周期不仅包含按时序展开的各个阶段，同时也是一个循环的过程。项目后评价的评价结果反馈到后继项目中去，使后评价成为新项目的开端。在项目周期循环往复的过程中，管理和投资咨询人员，可以不断总结经验教训，提高投资决策水平，从而达到提高投资效益的目的。

（二）房地产开发项目周期

与投资项目相对应，房地产开发项目周期，是指房地产开发从找地开始，经过立项、规划设计、施工、竣工，到销售完毕，甚至到经营的整个过程。归纳而言，房地产开发项目周期一般包括投资前期、投资实施期以及营销期或经营期。

1. 投资前期

房地产开发投资前期又称为投资准备期，是指从投资项目设想到项目投资实施前的一段时间。具体包括投资机会研究、投资项目建议、项目可行性研究、项目评估与决策等阶段。该阶段的核心是对房地产投资项目进行论证与评价。投资与否、投资规模、投资方案以及资金筹措方案选择等要在这一阶段完成。

(1) 投资机会研究。主要是看能否投资，将投资意向变为投资建议。投资机会研究相当粗略，主要依靠笼统的估计。该阶段研究费用一般占总投资的0.2%～0.8%，需要时间大致为1～3个月。

(2) 投资项目建议。经投资机会选择的项目，需要投资项目建议书阐明。项目建议书的核心是申述提出项目的理由及其主要依据，作为项目申请立项的重要依据。

(3) 投资项目可行性研究。这个阶段又可以划分为两个较小的阶段，即初步可行性研究阶段和详细可行性研究阶段。投资项目建议书被批准后，即可进入项目的初步可行性研究阶段，进一步对项目建设的可能性与潜在效益进行论证分析，做出是否投资以及是否有进行详细可行性研究的必要等决定。初步可行性研究阶段所需费用约占总投资的0.25%～1.5%。经过初步可行性研究阶段后，如果需要，就进入详细可行性研究阶段。该阶段是在分析项目市场、经济、技术等可行性后做出投资与否的关键步骤，其所需的费用，小型项目约占总投资的1.0%～3.0%，大型复杂项目约占总投资的0.2%～1.0%。现实中，房地产投资项目可行性研究阶段需要时间大致为1～3个月。

(4) 项目评估与决策。根据有关规定，大中型建设项目、限额以上的更新改造项目以及一些重要的小型和限额以下的生产经营性项目，必须经国家计委或地方计委委托有资格的咨询评估单位就项目的可行性研究报告进行评估论证。未经评估的建设项目，任何单位不准审批，也不准组织建设。

项目评估是由国家计委或地方计委组织和授权于建设银行、投资银行、工程咨询公司或有关专家，代表国家对上报的建设项目可行性研究报告进行全面的审核和再评价。经过该阶段以后，开发建设项目才能获得政府审批，也才能获得贷款银行的贷款，如果再经过项目决策，即决策部门或决策者拍板定案之后，项目才能进入投资实施阶段。

2. 投资实施期

房地产开发项目投资实施期又称建设期，是把规划变成现实，完成项目建设计划的关键时期，它通常包含设计、开工、施工及竣工四个阶段。其具体内容：

设计阶段。根据开发项目的具体目标，进行初步设计、详细设计和施工方案设计等。设计阶段的成果是“设计方案”。

开工阶段。通过招投标，选定施工单位，进行设备材料订货，做好开工前的准备。开工阶段的成果是“开工报告”。

施工阶段。即进行建筑工程施工建设、设备安装等过程。按施工的进度，分阶段产生“进程阶段报告”。

竣工验收阶段。项目竣工后，由开发商或投资者组织相关力量进行验收。验收合格的项目，便可以进入营销或经营阶段。该阶段的成果是“竣工验收报告”。

3. 营销或经营期

营销或经营期是项目偿还贷款，回收投资并获取经济效益的时期。因项目的性质、用途不同，房地产开发项目的营销期或经营期的工作内容与形式有很大差别。

销售性的房地产开发项目，如普通住宅、公寓、别墅以及商铺等，其营销期通常分为两种情况，一是项目投资建设一定阶段后(通常为3～6个月)，便可以进行预售业务，即进入营销期；二是在项目竣工验收合格后，才能进行营销工作，进入营销期。

租赁性的房地产开发项目，如商场、写字楼、酒店等，其项目交工验收合格后，不是用来销售，而是用来从事租赁经营业务，由开发投资商自己或提前招商确定的经营商进行经营，进入项目的经营期。

三、房地产项目投资分析评价

(一) 投资项目评价与投资项目经济评价

1. 投资项目评价

投资项目评价分为项目前期准备阶段的评价和项目建成后的后评价。

项目前期准备阶段的评价。又称为项目前评估，通常也称为投资项目的可行性研究。它是从投资项目决策的角度出发，站在投资项目的起点，应用技术经济分析的方法来分析、预测和评价投资项目未来的收益，以确定项目投资是否值得以及是否可行。

项目建成后的后评价。又称项目后评价，是指在项目竣工后，总结项目的准备、施工、竣工和使用与经营过程，通过预测对项目的未来进行新的分析评价。项目后评价是站在项目完工的时点上，一方面检查和总结项目的实施过程，找出问题，分析原因；另一方面，以后评价时点为基点，预测项目未来的发展。

本书所介绍的投资项目评价主要是从投资决策的角度出发进行投资项目的可行性研究，是项目前评估。

从投资决策的角度看，一般投资项目评价的核心内容主要是投资项目的市场评价、技术评价、经济评价和环境评价。投资项目评价具有综合性、预见性、计量性和实用性，是项目投资决策科学化必不可少的一个环节。

2. 投资项目经济评价

投资项目经济评价是对拟建设项目投入产出的各种经济因素进行调查、研究、预测、计算及论证，运用定量分析和定性分析相结合、动态与静态分析相结合、宏观效益分析和微观效益分析相结合的方法，选择最佳方案。根据经济评价的结果，得出本项目是否可行的结论。投资项目经济评价是投资项目评价工作的核心内容。

（二）房地产开发项目经济评价的内容

从开发商或投资咨询商的角度看，房地产开发项目经济评价的内容主要包括：

（1）房地产开发项目策划与经济评价。包括：房地产开发项目策划的环境分析；房地产项目开发产品的内容、规模分析与选择；房地产开发项目融资的分析与选择以及房地产产品经营方式的分析与选择。

（2）房地产项目投资与成本费用估算。包括：房地产投资与成本费用的估算；折旧、摊销以及房地产经营成本估算等。

（3）房地产开发项目租售收入估算。包括房地产的租金估算及出租收入分析；房地产销售价格及销售收入的估算等。

（4）房地产开发项目财务评价。利用各种财务报表进行房地产开发项目财务评价。

（5）房地产开发项目不确定性分析。包括：盈亏平衡分析；敏感性分析及概率分析。

（6）房地产开发项目方案比选。主要是两种不同类型的开发项目方案比选。

第二节　资金的时间价值与现金流量

一、资金的时间价值及其计算

（一）时间价值的内含

时间价值即货币的时间价值，是指货币经历一定时间的投资和再投资所增加的价值，也称作资金的时间价值。资金的时间价值主要有两种表现形式，即时间价值率和时间价值额。时间价值率是个相对数，即没有风险和没有通货膨胀条件下的社会平均资金利润率。时间价值额是个绝对数，即资金在投资过程中带来的真实增值额，即一定数额的资金与时间价值率的乘积。

（二）时间价值的计算

利率是资金时间价值的一种标志，利息是资金时间价值的表现形式。利息的计算公式有两种：

单利(Simple Interest)计息利息计算公式：

$$S_1 = P \times i \times n$$

式中，S_1 表示单利利息；P 代表本金；i 代表单利利率；n 代表利息周期数。

期末本利和 F 为：

$$F = P + S_1 = P(1 + i \times n)$$

复利(Compound Interest)计息利息计算公式：

$$S_2 = P(1+i)^n - P = P\left[(1+i)^n - 1\right]$$

式中，S_2 表示复利利息；P 代表本金；i 代表复利利率；n 代表利息周期数。

期末本利和 F 为：

$$F = P(1+i)^n$$

复利充分地体现了资金的时间价值，是计算时间价值所采用的主要方式。实际操作中，开发项目经济评价一般都采用复利计算利息。

（三）名义利率与有效利率的互换

名义利率(Nominal Interest Rates)通常指的是年利率。

有效利率(Effective Interest Rates)又称实际利率，指的是资金在计息期所发生的实际利率，即计息期的利率。

名义利率与有效利率的互换公式为：

$$r = \frac{F-P}{P} = \left(1 + \frac{i}{m}\right)^m - 1$$

式中，r 代表有效(实际)利率；i 代表名义利率；m 代表一年中计息周期数；i/m 代表周期利率。

当 $m=1$，即一年内计息周期为 1 时，有效利率等于名义利率；

当 $m>1$，即一年内计息周期大于1时，有效利率大于名义利率；

名义利率＝周期利率×每年计息周期数

周期利率一般都小于名义利率，除非每年计息周期数等于1。

（四）资金等值及其计算

1. 资金等值有关概念

发生在不同时点上的两笔或一系列绝对数额不等的资金额，按资金的时间价值尺度，所计算出来的价值相等，称为资金等值(Equivalence)。资金在某一时点上等值，则它在任意其他时点上也等值。

通常情况下，在资金等值计算中，人们把资金运动起点时的金额称为现值，把资金运动结束时与现值等值的金额称为终值或未来值，把资金运动过程中某一时间点上与现值等值的金额称为时值。另外，把未来时点发生的资金用资金时间价值的尺度(如利率 i)折算成现在时点相应资金数额的过程，称为贴现(或折现)。

2. 资金等值计算公式

考虑到经济评价的具体情况，这里仅列举部分资金等值的计算公式：

资金一次支付的现值与终值计算公式：

$$P=\frac{F}{(1+i)^n}$$

$$F=P(1+i)^n$$

资金等额支付的现值与终值计算公式：

$$P=\frac{A}{i}\left[1-\frac{1}{(1+i)^n}\right]$$

$$F=A\left[\frac{(1+i)^n-1}{i}\right]$$

资金等差支付的现值与终值计算公式：

$$P=A_1\left[\frac{(1+i)^n-1}{i(1+i)^n}\right]+\frac{G}{i}\left[\frac{(1+i)^n-1}{i(1+i)^n}-\frac{n}{(1+i)^n}\right]$$

$$F=A_1\left[\frac{(1+i)^n-1}{i}\right]+\frac{G}{i}\left[\frac{(1+i)^n-1}{i}-n\right]$$

资金等比支付的现值与终值计算公式：

$$P=\frac{A_1}{i-s}\left[1-\left(\frac{1+s}{1+i}\right)^n\right] \quad [当\ i\neq s\ 时]$$

$$P=nA_1/(1+i) \quad [当\ i=s\ 时]$$

上列公式中，有关符号具体含义如下：

P——现值；

F——终值；

A——连续出现在各计息周期期末的等额支付金额，简称年值；

G——每一计息周期收入或支出的等差变化值；

s——每一计息周期收入或支出的等比变化值；

n——计息周期数；

i——每个计息周期的利率。

在应用以上公式进行经济评价时，需要注意以下方面：

(1) 本年年末，就是下一年的年初；

(2) 现值 P 是在当前年度开始时发生的；

(3) 终值 F 是在当前以后的第 n 年年末发生的；

(4) 等额支付 A 是在考察期间的各年年末发生的。当问题包括 P 和 A 时，系列的第一个 A 是在 P 发生 1 年后的年末发生的；当问题包括 F 和 A 时，系列的最后一个 A 是和 F 同时发生的；

(5) 第 1 个 G 发生在系列的第 2 年年末；

(6) 第 1 个 s 发生在系列的第 2 年年末。

二、现金流量及现金流量图

(一) 现金流量与现金流量图的含义

对投资项目(系统)进行分析中，把各个时间点上实际发生的资金流出或流入叫现金流量(CF，Cash Flow)。流入系统的资金称为现金流入(CI，Cash Inflow)，流出系统的资金称为现金流出(CO，Cash Outflow)，现金流入与现金流出的代数和称为净现金流量(NCF)。

CI 通常包括产品销售收入、回收固定资产残值和回收流动资金等；*CO* 通常包括固定资产投资、流动资金、经营成本和销售税金等。

现金流量图(Cash Flow Diagram)则是把投资项目系统的现金流量用时间坐标表示出来的一种示意图。时间可以以年、半年、季度或月为单位。

（二）现金流量图的作图过程

现金流量图的作图过程简要介绍如下：

首先，画一条水平线作为时间标度。根据需要把水平线划分成若干相等的格，每一格代表一个时间单位，也就是一个计息周期。时间的推移是自左向右的，也就是说，时间点是从 0 到 1、2……直到 n，每一个时间点都表示该计息期的期末时点。具体来说，时间点 0 表示资金运动的时间始点或某一基准时刻，通常表示资金发生在第 0 期期末(也就是第 1 期的期初)，不一定是指日历年度的年初；时间点 1 表示第一个计息周期的末尾，同时也是第二个计息周期的开始。其他均以此类推。

其次，根据实际情况，在各标度上画上现金流量，箭头表示现金流动的方向，箭头向下表示现金支出(现金的减少)，箭头向上表示现金收入(现金增加)，箭头的长短与收入或支出的大小成比例。

最后，在箭头上标上各现金流量的具体数字。

如不特别说明，一般都假设投资发生在计息期初，销售收入、开发成本、经营成本等经常性收益与费用发生在计息期末。

图 1-1 是一个现金流量图的示例。

三、有关例题

【例 1-1】 1999 年，某投资者拟用三年时间，以 600 万元的价格按照分期付款的方式购买某一写字楼。已知前二年的付款

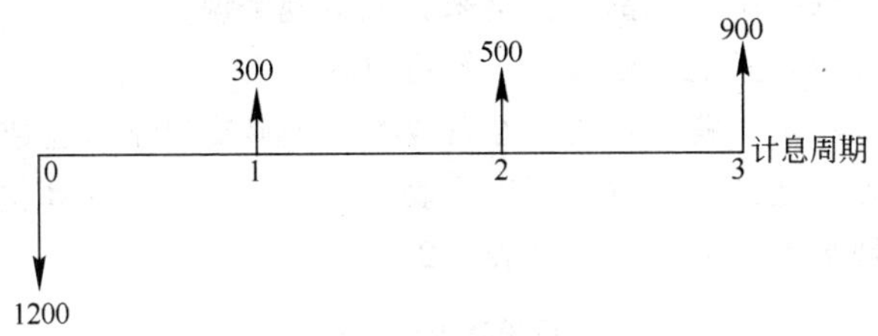

图 1-1　某投资项目现金流量图(单位：万元)

比例分别为20%、30%，余下在第三年付清，并在该年年末装修完毕，第四年即出租，当年的毛租金为80万元，经营成本为20万元，并预计在此后的8年内毛租金收入和经营成本的平均上涨率均为10%，折现率为15%。出租8年后，该投资者把该楼转售给别人，获得1200万元的收入。如果本写字楼投资项目在整个经营期间内的其他收入和支出情况如下表1-1所示，并假设投资和经营期间的收支均发生在年末，要求：

(1) 计算该投资项目的净现金流量。

(2) 画出项目投资的净现金流量图。

(3) 计算项目净现金流量的现值之和。

(4) 在不考虑其他投资的情况下，判断该写字楼是否值得投资。

项目投资情况表(单位：万元)　　**表 1-1**

年份	1999	2000	2001	2002	2003	2004	2005	2006	2007	2008	2009
装修支出			20				30				50
转售成本											150
转售收入											1200

【解】

(1) 求出项目的净现金流量

净现金流量是现金流入与现金流出的代数和。因此，需要首先计算出每年的现金流入与现金流出。为此，需要把现金流入与现金流出的各个组成部分找出来。就本题来说：

现金流入＝毛租金收入＋转售收入

现金流出＝购楼花费＋经营成本＋装修支出＋转售成本

根据上述公式，可以列出下表(单位：万元)，计算相关现金流入与现金流出的数据，见表 1-2。

项目投资现金流量表 **表 1-2**

年　份	1999	2000	2001	2002	2003	2004
现金流入				80	$80(1+10\%)^1$	$80(1+10\%)^2$
毛租金收入				80	$80(1+10\%)^1$	$80(1+10\%)^2$
转售收入						
现金流出	−120	−180	−320	−20		
购楼花费	−120	−180	−300			
经营成本				−20	$-20(1+10\%)^1$	$-20(1+10\%)^2$
装修支出			−20			
转售成本						
净现金流量	−120	−180	−320	60	$60(1+10\%)^1$	$60(1+10\%)^2$

年　份	2005	…	2008	2009
现金流入	$80(1+10\%)^3$	…	$80(1+10\%)^6$	$1200+80(1+10\%)^7$
毛租金收入	$80(1+10\%)^3$	…	$80(1+10\%)^6$	$80(1+10\%)^7$
转售收入		…		1200
现金流出	$-30-20(1+10\%)^3$	…	$-20(1+10\%)^6$	$-200-20(1+10\%)^7$
购楼花费		…		
经营成本	$-20(1+10\%)^3$	…	$-20(1+10\%)^6$	$-20(1+10\%)^7$
装修支出	−30	…		−50
转售成本		…		−150
净现金流量	$-30+60(1+10\%)^3$	…	$60(1+10\%)^6$	$1000+60(1+10\%)^7$

由表中每年的净现金流量，可以求出投资项目从投资到转售期间的净现金流量之和：

$$
\begin{aligned}
TNCF = & (-120)+(-180)+(-320)+60+60(1+10\%)^1 \\
& +60(1+10\%)^2-30+60(1+10\%)^3+60(1+10\%)^4 \\
& +60(1+10\%)^5+60(1+10\%)^6+1000+60(1+10\%)^7
\end{aligned}
$$

$$=410+60(1+10\%)\frac{(1+10\%)^{7}-1}{(1+10\%)-1}=1036.15\text{ 万元}$$

（2）画出净现金流量图

根据各年净现金流量数据，可画出本项目净现金流量图，见图 1-2。

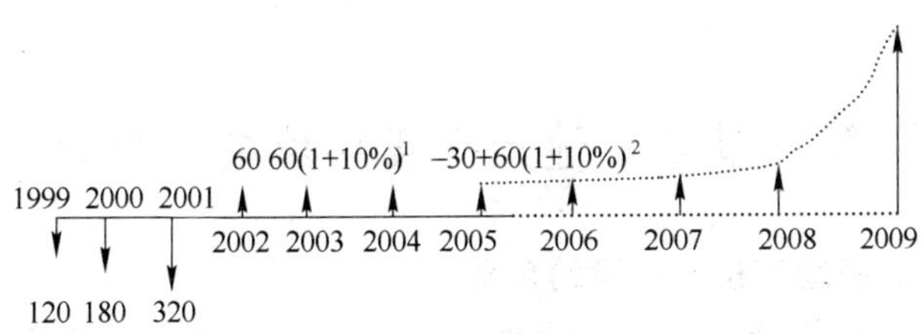

图 1-2 项目净现金流量图（单位：万元）

（3）计算项目净现金流量的现值之和

$$P=\sum_{t=0}^{n}(CI-CO)_{t}(1+i)^{-t}$$

$$=\frac{1}{(1+15\%)^{1}}\left[-120+\frac{-180}{(1+15\%)}+\frac{-320}{(1+15\%)^{2}}+\frac{60}{(1+15\%)^{3}}+\frac{-30}{(1+15\%)^{6}}\right]+\frac{60\times(1+10\%)^{1}}{(1+15\%)^{11}}$$

$$\times\frac{[(1+15\%)^{7}-(1+10\%)^{7}]}{15\%-10\%}+\frac{1000}{(1+15\%)^{11}}$$

$$=-427.83+201.81+214.94=-11.08\text{ 万元}$$

（4）在不考虑其他投资的情况下，判断该写字间项目是否值得投资

由上述计算结果得知，考虑资金的时间价值后，项目投资的净现值为−11.08 万元，小于零。因此，从净现值角度看，本项目不值得投资。

第二章　房地产投资环境分析

第一节　房地产投资环境要素分析

一、房地产投资环境的含义

房地产投资环境，是房地产项目生存发展所必须依赖的经济、社会、文化、科技等外部条件的总称。按照尼古拉斯·斯特恩对于投资环境的解释，投资环境主要是指现在和未来影响投资的风险和收益的政策、制度和行为环境。

对房地产投资环境进行分析，是房地产投资和开发的第一步，只有确认了投资环境的健康和稳定，此后的市场研究和地块选择才能开始。

二、房地产投资环境要素及其分析

正确判断和评估投资所在地的投资环境，从而选择最佳投资点，已成为投资者决策前的重要一环。影响投资环境的因素广泛，几乎包括一个城市(或地区)的所有情况，但一般把投资环境因素划分为6大类，即政治、经济、基础设施和配套设施、法律、社会文化和自然地理，而每种因素又包含大量的子因素。

一般地，从投资环境表现的形态可把投资环境分为硬投资环境和软投资环境。硬投资环境是指房地产项目所在地及周边区域的自然地理条件、基础设施和配套设施(其中包括市政、办公、商业、娱乐、休闲、餐饮等)，也就是投资区域的物质条件。良好的硬环境是项目成功的物质条件。软投资环境就是该项目运作的非物质条件，如政治、经济、法律、文化等。软环境的好坏难以定量分析，其方向性、程度和可控性比硬环境更难以把握。

本书下面按照硬环境和软环境的分类对投资环境要素进行阐述。

（一）硬环境要素

从房地产市场来看，硬环境的改善能够对房地产需求产生较大的拉动作用，促进客群聚集，活跃房地产市场。硬环境主要包括：

1. 基础设施

美国《现代经济词典》把基础设施定义为：社会的间接资本，支撑一国的经济基础（即运输、通讯系统、电力设备和其他公共服务设施），还可以包括人们受教育的水平、社会风尚、生产技术以及管理经验等无形资产。

一般来讲，城市基础设施主要包括六大系统：城市能源系统；城市水资源和供水排水系统；城市交通运输系统；城市邮电通信系统；城市生态环境系统以及城市防灾系统。这六大系统构成了城市基础设施的整体，它们相对独立，又互相协调，从而保证了城市生产和生活的顺利进行。

完备的市政基础设施是区域房地产市场健康发展的基础。

市政基础设施在成熟区域很少出现问题，而对于快速成长的中小城市和大城市的边缘地带，问题则比较复杂且频繁。

例如，在我国一些中小城市，城市长期以来只在一个很小的核心区域生长，市政基础设施只在这一中心地区比较完善。而近年来随着城市化速度加快，城市核心区已经不能满足其空间要求，迫切需要开拓新的土地用于城市建设，但却遇到了市政基础设施条件严重缺陷的瓶颈。这对于异地开发房地产项目的开发商是最应该谨慎对待的问题，必须事先调查清楚，避免已经开始开发才发现没有热力管线、没有煤气。这样的失误在目前是非常常见的。

北京尽管市政建设投资力度大，建设时间长，但由于城市发展速度过快，也存在着基础设施瓶颈问题。目前北京南城和远郊地区发展的最大阻力就是市政配套和交通设施不到位。因为周边缺少市政管线，一些远郊项目无法接入自来水；因为与交通站点距离太远，一些项目的业主不得不乘坐无保障的黑车……这样的例子不胜枚举。

因此，分析房地产投资环境时，必须将市政基础设施作为一个非常重要的影响因素加以考虑。

2. 生活配套

生活配套主要指项目周边区域的生活设施，如商场、饭店、娱乐场所、邮局、银行、医院、学校等。生活配套的完善与否决定了该区域生活氛围的优劣，对项目定位和开发策略有较大影响。

生活配套的水平和数量，反映了区域消费群体的层次和特点。在一个生活配套数量不足、经营规模小、层次低、缺少品牌店的区域，如果要开发高档社区，难度就比较大，而且难度大小与项目规模成反比。

因此，进行房地产开发，必须认真考察周边生活配套，不仅是要依据调查结果调整自己的物业配比，同时也要保证生活配套的水平和质量与所开发项目定位保持一致。

3. 商务设施

商务环境的成熟度对房地产需求的影响是非常明显的。一个繁荣的商务中心，其内部和周边的写字楼市场、公寓市场和商铺市场都有较高的价格和旺盛的需求。这可从北京 CBD 等地的房地产市场发展情况就可以看出。

北京 CBD 一流的商业环境，创造了巨大的产业增长动力，据 2002 年统计，CBD 共有企业 2075 家，外国驻京代表机构 570 家。同时，优秀的商务环境和强劲的产业增长也促进了房地产市场的繁荣。国贸有着北京市最高的写字楼租金，CBD 内大多数公寓项目的均价超过 10000 元/m^2，商业地产也一样火爆。就连朝阳东邻与 CBD 有高速公路相连的通州区，住宅的价格都因此大幅上升，仅 2001～2003 年，通州住宅项目就普遍上升了500～1000 元/m^2，甚至有的楼盘出现了与一期相比翻倍的巨大涨幅，为房地产开发商带来了丰厚的利润回报。

4. 其他因素

除了上述以外，还有一些配套设施或公共设施会对房地产投资环境和市场环境产生有利或不利的影响，也应该特别注意。

诸如工厂、传染病医院、发电站、垃圾站等如果在项目周边，对地块开发有不利的影响。繁忙的铁路线也会严重破坏社区的生活环境，影响产品品质的提高。

注意考察研究项目附近的污染和其他不利的设施，将更好地控制风险。

（二）软环境要素

硬投资环境对房地产投资活动固然重要，软投资环境同样也不可忽视。一般地，软环境要素主要包括：

1. 社会文化

社会文化环境是指一个地区在社会与文化等方面所具有的基本条件。它的内容比较广泛，主要包括民族语言、文字、宗教信仰、风俗习惯、文化传统、价值观念、道德准则、教育水平及人口素质等。

在一些人的意识或潜意识里认为影响投资的，只是地区经济实力、政策环境以及现代化设施等可以量化的指标。这种认识是有失偏颇的。深厚的文化底蕴，也是一种张力、吸引力、感召力和凝聚力，对于优化城市经济环境、投资环境、商业环境、人才环境有着重要影响，是无价的“无形资产”。在一个有着良好社会文化氛围和传统的地区，房地产开发的顺利程度和风险都有一定程度的改善。

虽然社会文化环境是一种软环境，但仍会直接或间接对开发企业产生影响，在某些方面甚至可能产生重大影响。譬如，在房地产投资活动中，尽管汉语是最广泛使用的语言，但完全使用汉语也是不现实的。很多少数民族聚居的地区都有一种当地语言，也有的地区有两种或多种地方语言。广东的通用语言有汉语和粤语，福建则有包括客家话和闽南话的大量方言，新疆的当地语言是维吾尔语。语言障碍的存在，势必要增加翻译环节，给开发活动带来一定的不便，特别是在不同文化的语言中，某些词汇的内涵和外延存在一定程度的差异，易造成不必要的误解。因此，大多数开发企业，更乐于到使用自己熟悉语言的地区进行投资。

2. 政治

政治环境是指拟投资地区的政治制度、政局稳定性、社会安定性、信誉度、政策连续性以及是否存在战争风险等方面的基本条件。

众所周知，房地产开发需要涉及的环节、接触的层面是一般产业投资所无法相比的。政治环境的变化，土地、房产等法律法规的变化，都将对项目开发产生影响，甚至是翻天覆地的影响。

开发地区政治环境如何，直接关系到投资开发的安全性，是开发企业首先应当考虑的因素之一。因为开发企业进行地域性很强的房地产开发投资，首先要考虑当地的政局是否稳定、社会是否安定、地区信誉高低等直接关系到投资有无保障的问题。只有政治稳定、社会安定、讲求效益、致力于和平建设的地区，才能确保投资的安全，并为经营获利创造必要的前提。反之，一个政治腐败，社会不安的地区，则不可能使投资得到起码的保障，也难免使投资者遭到政治风险带来的巨大损失。

3. 经济

在影响房地产价格变动的市场因素中，经济周期变动，或称景气的变动，是最重要的因素之一，它对投资效率和安全性的影响极大。因此对经济周期与房地产投资的关联性是开发企业不能忽略的。经济周期的衰退、危机、复苏和繁荣四个阶段，一般说来，在衰退时期，房地产价格逐渐下跌，到危机时，房地产跌至最低点，在经济复苏开始时，房地产价格又逐步上升，到繁荣时，房地产价格上涨至最高点。

经济周期的变化，影响着房地产市场的供求关系和房地产价格的走势，使其也呈现出周期性的变化。通过对经济周期变化的研究，能够指导和提高人们对房地产市场行情变化规律的认识。

就经济周期而言，如果整体经济持续向好，对房地产市场价格的稳定和回升是有利的，房地产行业投资的风险也相对较低；但如果经济处于经济周期的衰退和低谷阶段，房地产作为一个重要的固定资产投资行业，将受到较大的抑制作用，无论是房地产市场需求还是房地产投资需求，都难以保证投资的安全性和回报率。

经济环境的具体内容包括当地经济发展水平、生产要素供应和吸引投资情况等。其中经济发展水平是指当地 GDP 及人均 GDP 数值及增长率、当地进口贸易、当地市场规模市场潜力及开放度、当地近五年来的通货膨胀和当地的消费水平及结构、配套金融服务和信息服务市场等方面，生产要素供应是指原材料供应及价格、劳动力供应及工资水平、土地资源及价格、资金供应及利率、外汇管制方式及汇率等方面，吸引投资情况是指最近三年吸引投资金额、增长率和新增投资企业情况。

目前中国境内较权威和有指导性、借鉴性的经济分析成果，主要有统计局、国务院发展研究中心等部门做出的统计分析以及各大科研机构的课题研究报告等等。

4. 法制

市场经济在一定意义上说是法制经济。只有加强法制建设，才能保护投资企业在市场竞争中的平等、有序、有效，才能保护投资企业的自主权和利益。因此，加强法制建设，为投资企业和开发企业创造良好的法制环境，能够对保证投资安全和开发过程的顺利进行起到促进作用。

对于房地产开发企业来说，法制中对房地产影响最大的是土地政策及房地产法律法规，还包括国家和当地对于规划建设条件的规定，这些政策的变化常常导致房地产开发方向开发重点和盈利模式的重大转变。

一个重要例子就是 2002 年北京市下发的 33 号文件。

2002 年 6 月 28 日，北京市下发了《关于停止经营性项目国有土地使用权协议出让有关规定的通知》（京政办发(2002)33

号），对已沿用多年的协议出让国有土地方式叫停。

按照通知要求，从2002年7月起，凡在北京市行政区域范围内利用国有土地进行商业、旅游、娱乐、写字楼及商品住宅等经营性开发的项目用地，必须通过招标、拍卖或挂牌方式进行公开交易。

从目前情况看，这一政策对2002年前进行协议转让的土地影响很大。因为按照北京市33号文件，到2002年12月31日，所有此前通过协议出让“圈到的”土地，必须完成立项、规划和土地出让合同，否则政府将收回；另外，文件规定那些拿到的土地如果两年内不开发，政府也有权收回。这成为2003年北京市开复工面积创历史之最的重要原因之一。

该通知虽然限制了协议转让的土地交易方式，但在促进北京市土地市场交易透明化、公开化方面，效果并不明显。在后续政策未出台前，真正挂牌交易的土地在整个北京市的开发面积中所占比重仍然很小，大量的土地交易通过合作开发、公司收购等形式隐蔽进行，同时通知规定的不受限制地区——城区危改地区、绿化隔离带地区和重点建设项目成了房地产开发的热点，这也成为2003～2004年北京房地产市场的重要特征。

5．金融

金融是房地产开发投资前必须重点考察的因素，这是由房地产项目投资的特殊性和现实性决定的。

房地产投资与普通项目投资相比，一个突出的差别就是资金需求量大，占用时间长，因此，对资金和融资渠道的依赖性更强。

目前，中国的房地产企业大多处于资金不足状态，负债率很高，常常达到70％～80％甚至更高，偿债能力弱。受种种条件的限制，房地产企业的融资渠道非常狭窄，更多地还是依赖银行贷款，从开发贷款到房屋按揭。据统计资料显示，开发企业的自有资金基本在项目总投资额的30％左右，其余部分基本来自银行，不论直接还是间接方式。

因此，金融政策和融资渠道的变化强烈影响着房地产开发活动。这种影响，在2003年央行颁布的121号文件以及后续的相关执行政策得到充分的展示。

121号文件的核心内容是：房地产开发企业申请银行贷款，其自有资金（指所有者权益）应不低于开发项目总投资的30%；商业银行发放的房地产贷款，严禁跨地区使用；商业银行不得向房地产开发企业发放用于缴交土地出让金的贷款；对土地储备机构发放的贷款为抵押贷款，贷款额度不得超过所收购土地评估价值的70%，贷款期限最长不得超过2年；承建房地产建设项目的建筑施工企业只能将获得的流动资金贷款用于购买施工所必需的设备，严格防止建筑施工企业使用银行贷款垫资房地产开发项目。

总的说来，121文件对房地产企业的影响主要表现在以下几个方面：

（1）改变了房地产开发企业原有的资金运作模式。房地产开发企业原有的主要依靠银行贷款、建筑单位垫款和消费者按揭贷款资金运作方式在121文件发挥效力后将不复存在。121号文加大了开发企业前期的资金压力，这构成了未来房地产开发的更高的门槛，将对资金实力弱、资金链条脆弱的中小开发商起到隔离和驱散的作用。

随着121号文件的执行和深化，土地资源将向一些专业化程度高、公司管理规范、土地资源储备丰富、资金实力雄厚的大公司集中，而身单力薄的中小公司将淡出房地产开发市场。

（2）限制政府和开发企业的土地储备。121号文件提出，对土地储备机构发放的贷款为抵押贷款，贷款额度不得超过所收购土地评估价值的70%，贷款期限最长不得超过2年。这将限制地方政府对土地进行开发，从而导致市场供应总量减少。而规定“商业银行不得向房地产开发企业发放用于缴交土地出让金的贷款”，这会导致开发商土地储备不足，影响其进行连续生产的能力。

金融力量，在中国实际环境中，对房地产行业具有颠覆性的影响，必须在投资环境分析中得到应有的重视。

第二节　房地产投资环境的分析评估

投资环境分析的结论是开发企业制定投资战略、选择开发地区、确定开发的物业形式和选择投资方式的重要依据。认真做好市场调查和投资环境评估是房地产开发项目成功与否的基础。

一、房地产投资环境的评估方式

投资环境的分析评估是一项复杂的、涉及面十分广泛的工作。全面评价一个地区的投资环境，不仅要考虑经济因素和经营条件，还要认真研究政治、法律、自然资源等诸方面的因素。

一般来说，并非每个企业都拥有上述所有领域的专家。这就要求评估者根据自身的条件和被评估地的情况，选择适当的评估方式，对投资环境进行科学客观的评价。

(一) 专家实地论证

为了解某地区的投资环境，投资者可以派遣一个专家组前往当地进行实地考察和评价。在几天或几周的考察中，专家组不仅要进行广泛的调查，而且还要同当地的政府官员、有关专家学者、企业家、商人等直接接触和会谈，以尽可能收集到第一手资料。在考察结束后，专家组要提交调查报告，对被调查地区的投资环境进行较为详尽的介绍和评价。

专家组对该地区投资环境进行实地考察论证时，所获得的资料、信息的来源是影响评价结论的一个重要因素。准确、完整、全面的信息是专家组做出正确评估结论的基础；反之，错误、失真、残缺的信息可能将投资环境的评价引入歧途。

为了获取准确、全面的资料和信息，专家组应该广泛而直接地同该地区各行各业的人接触。这些人员主要包括：(1)该地区有关机构和部门的官员和工作人员；(2)银行等金融企业；(3)当地企业家；(4)外国企业家和商人；(5)与本公司有间接关系的人员；(6)大学教授及研究人员；(7)新闻机构和报刊；(8)现实顾客和潜在的顾客。

采用专家实地论证方式评估投资环境，可以增加评价者的感性认识，获得许多从官方公布的统计资料中无法获得的第一手资料，有利于对该地区投资环境做出比较客观的评价。

然而，专家组要想在很短的考察期内，对该地区的政治、经济、社会、自然条件等方面做出详尽、全面的评价是很困难的。而且，尽管要求专家组在调查中力求获取第一手资料，但事实上，他们同该地区的政治、经济、社会实际还是有相当的距离，所得到的可能是千篇一律的介绍，这些介绍以后可能成为他们调查报告的主要内容。由此而可能形成的不切实际的调查报告会令许多投资者做出不恰当的投资决策，甚至蒙受重大损失。

（二）问卷调查评价

问卷调查评价就是用函询调查方式，把影响投资环境的因素及其重要程度编写成几个意见征询表，寄给有关的投资者、政府官员和专家，并要求用书面回答并寄回，然后用统计方法来归纳、整理调查结果，最后得出对投资环境的评价。

采用问卷调查方式评价投资环境，一般要包括两方面的内容：一是对各个投资环境因素的重要性进行评估；另一是评价各个投资环境因素的现状。由于投资者对各因素的重视程度各不相同，这就要求在评价投资环境时，应区别各因素的重要程度，并在问卷调查表中予以反映。

征询调查表是进行问卷调查的重要工具。调查表的制定要求简单明了，重点突出，用词准确，问题的数量也要适当。同时，为了使评价者全面了解情况，调查表一般都有前言，用以简要说明调查的目的和任务，以及评价者的回答在投资环境最终评价中的作用。

选择适当的评价者则是问卷调查评价成败的关键。一般来说，评价者的选择应具备广泛的代表性。至少应包括以下 3 方面的人员：一是该地区有关部门的官员和工作人员；二是有代表性的投资者；三是有关政治、经济和法律等方面的专家学者。

最后，还应对调查结果进行统计归纳和处理。其主要任务是就调查结果的倾向性和一致性作出分析。所谓倾向性是指大多数评价者的意见是什么，或者说评价者的主要倾向是什么，这也就是统计上所说的集中趋势。而所谓评价者意见的一致性则是指评价者的意见是否集中，集中到什么程度；这种评价者意见的离散程度，也就是统计上所说的离散趋势。

（三）咨询机构评估

同其他研究工作一样，咨询机构的评估工作也有一定的程序。它大体可分为评估前的洽谈、评估阶段、评估报告3个阶段：

评估前的洽谈。这一阶段从委托者提出要求开始直至签订咨询委托合同。该阶段的实施程序主要有：(1)咨询机构与委托者谈判，明确了解委托者的意图和目标；(2)在咨询机构内组织课题组，选派知识渊博、经验丰富的通才担任课题组长；(3)课题组收集信息并做事前调查，根据掌握的信息，制定出评估工作计划书；(4)与委托者确定工作计划书，正式签订咨询委托合同。

评估阶段。在这一阶段，课题组要根据合同的要求，进行广泛调查，收集投资环境所涉及的各方面信息，必要时还应做实地考察。在占有大量资料的基础上，课题组运用各种分析方法对投资环境做出分析和评价。

评估报告。评估报告是咨询机构进行投资环境评估的最终成果。对它的要求，一般来说既要系统全面，又要简明扼要，以便于委托者做出投资与否的决策，或便于委托者进一步完善投资环境。

二、房地产投资环境的分析方法

对投资环境分析方法的研究始于20世纪60年代末，到目前，已经形成了多种广为采用的评价方法，主要包括冷热对比法、等级尺度法、道氏评估法、多因素与关键因素评估法、相似度法以及综合评价法。这里主要介绍冷热对比法以及多因素与关键因素评估法。

(一) 冷热对比法

冷热对比法是1968年美国学者伊西阿·利特法克和彼得·班廷两人提出的投资环境评估方法。他们归纳出一个地区投资环境“冷热”(即优劣)的七大因素，并从投资者的角度出发，对一些地区的投资环境进行了评价，见表2-1。这些因素包括：

冷热对比法表 **表 2-1**

<table>
<tr><th>地名</th><th>状况</th><th>政治稳定性</th><th>市场机会</th><th>经济发展成就</th><th>文化一元化</th><th>法令阻碍</th><th>实质阻碍</th><th>地理文化差距</th></tr>
<tr><td rowspan="2">A</td><td>热</td><td rowspan="2">大</td><td rowspan="2">大</td><td rowspan="2">大</td><td rowspan="2">中</td><td rowspan="2">小</td><td rowspan="2">中</td><td rowspan="2">小</td></tr>
<tr><td>冷</td></tr>
<tr><td rowspan="2">B</td><td>热</td><td rowspan="2">大</td><td rowspan="2">中</td><td rowspan="2">中</td><td rowspan="2">大</td><td rowspan="2">小</td><td rowspan="2">小</td><td rowspan="2">小</td></tr>
<tr><td>冷</td></tr>
<tr><td rowspan="2">C</td><td>热</td><td rowspan="2">大</td><td rowspan="2">大</td><td rowspan="2">大</td><td rowspan="2">大</td><td rowspan="2">中</td><td rowspan="2">小</td><td rowspan="2">中</td></tr>
<tr><td>冷</td></tr>
<tr><td rowspan="2">D</td><td>热</td><td rowspan="2">大</td><td rowspan="2">大</td><td rowspan="2">大</td><td rowspan="2">大</td><td rowspan="2">大</td><td rowspan="2">中</td><td rowspan="2">大</td></tr>
<tr><td>冷</td></tr>
<tr><td rowspan="2">E</td><td>热</td><td rowspan="2">小</td><td rowspan="2">中</td><td rowspan="2">中</td><td rowspan="2">中</td><td rowspan="2">小</td><td rowspan="2">中</td><td rowspan="2">大</td></tr>
<tr><td>冷</td></tr>
<tr><td rowspan="2">F</td><td>热</td><td rowspan="2">小</td><td rowspan="2">中</td><td rowspan="2">中</td><td rowspan="2">中</td><td rowspan="2">中</td><td rowspan="2">大</td><td rowspan="2">大</td></tr>
<tr><td>冷</td></tr>
<tr><td rowspan="2">G</td><td>热</td><td rowspan="2">小</td><td rowspan="2">中</td><td rowspan="2">小</td><td rowspan="2">中</td><td rowspan="2">大</td><td rowspan="2">大</td><td rowspan="2">大</td></tr>
<tr><td>冷</td></tr>
<tr><td rowspan="2">H</td><td>热</td><td rowspan="2">小</td><td rowspan="2">中</td><td rowspan="2">中</td><td rowspan="2">小</td><td rowspan="2">中</td><td rowspan="2">大</td><td rowspan="2">大</td></tr>
<tr><td>冷</td></tr>
<tr><td rowspan="2">I</td><td>热</td><td rowspan="2">中</td><td rowspan="2">中</td><td rowspan="2">小</td><td rowspan="2">中</td><td rowspan="2">大</td><td rowspan="2">大</td><td rowspan="2">大</td></tr>
<tr><td>冷</td></tr>
<tr><td rowspan="2">J</td><td>热</td><td rowspan="2">小</td><td rowspan="2">小</td><td rowspan="2">小</td><td rowspan="2">中</td><td rowspan="2">大</td><td rowspan="2">大</td><td rowspan="2">大</td></tr>
<tr><td>冷</td></tr>
</table>

(1) 政治稳定性。有一个由社会各阶层代表所组成的、为广大人民群众所拥护的政府。该政府能够鼓励和促进企业发展，创造出良好的适宜企业长期经营的环境。当一个地区的政治稳定性高时，这一因素被称为“热”因素。

(2) 市场机会。有广大的顾客，对开发商提供的产品和服务有尚未满足的需求，且具有较大的购买力。当市场机会大时，它就被称为“热”因素。

经济发展与成就。一个地区所处的经济发展阶段、增长率、经济效率及稳定性等，是投资环境分析的重要方面之一。

(3) 文化一元化。一个地区内各阶层人民的相互关系以及风俗习惯、价值观念、宗教信仰等方面的差异程度，都要受到他们的传统文化的影响。当文化一元化的程度高时，那它就是一个“热”因素。

(4) 法令阻碍。一个地区的法规繁复，法律制度不健全，并有意或无意地限制和束缚现有企业的生产经营，这将会影响今后的投资环境。若法令阻碍大，这就是一个“冷”因素。

(5) 实质阻碍。一个地区的自然条件，如地形、地理位置、气候、降雨量、风力等，往往会对企业的有效经营产生阻碍。如果实质阻碍高，就是一个“冷”因素。

(6) 地理文化差异。与开发企业总部所在地距离遥远，文化迥异，社会观念、风俗习惯和语言上存在着差异等，都会对相互之间的沟通和联系产生不利影响。如果地理文化差距大，就是一个“冷”因素。

总之，当政治稳定、市场机会大、经济发展快、文化统一、法规限制小、实质阻碍小、地理文化差距小时，就是有利于投资的“热”因素，具备这些条件的地区为“热地区”；反之即为“冷地区”。一个地区的投资环境越好，开发企业在该国的投资参与成分就越大；相反，若一个地区的投资环境越差，则开发企业参与该地区投资的成分就越小。

当然，上述 7 个因素又可分为若干个子因素，可以对这些子因素作进一步的“热冷”分析。

“冷热”对比法是最早的一种投资环境评估方法。虽然在因素的选择及其评判上有些笼统和粗糙，但它却为投资环境评估提供了可资利用的框架，为后来投资环境评估方法的形成和完善奠定了基础。同时，“冷热”对比分析的结论也是投资者制定投资战略、选择投资区位的重要依据。

（二）多因素与关键因素评估法

在 1987 年召开的“中国投资环境比较研究”研讨会上，香港中文大学闵建蜀教授在罗氏等级尺度法的基础上，提出了一种多因素评估方法。

他将投资环境因素分为 11 类，即：政治环境、经济环境、财务环境、市场环境、基础设施、技术条件、辅助工业、法律制度、行政机构效率、文化环境和竞争环境。每一类因素又由一系列子因素构成，如政治环境包括政治稳定性、国有化的可能性、当地政府的外资政策等(见表 2-2)。

闵氏多因素评估法 **表 2-2**

影响因素	子　因　素
1. 政治环境	①政治稳定性；②国有化可能性；③政府的外资政策
2. 经济环境	①经济增长；②物价水平
3. 财务环境	①资本和利润汇出；②汇率；③集资和借款的可能性
4. 市场环境	①市场规模；②分销网点；③营销辅助机构；④地理位置
5. 基础设施	①国际通信设备；②交通与运输；③外部经济
6. 技术条件	①科技水平；②合适的劳动力；③专业人才的供应
7. 辅助工业	①辅助工业的发展水平；②辅助工业的配套情况
8. 法律制度	①各项法律是否健全；②法律是否得到很好的执行
9. 行政机构效率	①机构的设置；②办事效率；③工作人员的素质
10. 文化环境	①当地社会是否接纳外国公司及对其的信任与合作程度；②外国公司是否适应当地社会风俗
11. 竞争环境	①当地竞争对手的强弱；②同类产品进口配额在当地市场所占份额

资料来源：王慧炯等，《中国投资环境》，国务院发展中心、京港学术交流中心，1987 年 8 月。

在具体评估该地区投资环境时，首先对各类因素的子因素作出综合评价；然后据此对该类因素作出优、良、中、可、差的判断；最后，在此基础上计算该国投资环境的总分数。其计算公式如下：

$$G=\sum_{i=1}^{11}W_i(5A_i+4B_i+3C_i+2D_i+E_i)$$

式中：G 为投资环境总分数；W_i 为第 i 类因素的权重；A_i、B_i、C_i、D_i、E_i 分别为第 i 类因素被评为优、良、中、可、差的百分比。

投资环境总分数的取值在 1～5 之间，愈接近 5，则说明投资环境愈佳；反之，愈接近 1，则说明投资环境愈差。

由于多因素评估法侧重于对该地区投资环境作一般性的评价，较少考虑具体项目的投资动机。因此，闵建蜀教授又提出了一种与此相配套的关键因素评估方法。该方法从具体投资项目的动机出发，从影响投资环境的众多因素中，找出影响投资动机实现的关键因素，然后根据这些因素对投资环境作出评价。

关键因素评估法把外商投资的动机划分为 6 种：(1)降低成本；(2)开拓当地市场；(3)获得原料和元件的供应；(4)分散风险；(5)追随竞争者；(6)获得当地的生产和管理技术。每种投资动机又包含若干影响投资环境的关键因素。根据挑选出的关键因素，并采用前述的计算总分的方法来评价投资环境，如表 2-3 所示。

关键因素评估法 **表 2-3**

投资动机	影响投资环境的关键因素
降低成本	①适合当地工资水平的劳动生产率；②土地费用；③原料及元件价格；④运输成本
开拓当地市场	①市场规模；②营销辅助机构；③文化环境；④地理位置；⑤运输条件；⑥通信条件
获得原料和元件供应	①资源；②当地货币汇率的变化；③当地的通货膨胀率；④运输条件

续表

投资动机	影响投资环境的关键因素
分散风险	①政治稳定性；②国有化可能性；③货币汇率；④通货膨胀率
追随竞争者	①市场规模；②地理位置；③营销辅助机构；④法律制度等
获得当地的生产和管理技术	①科技发展水平；②劳动生产率

第三章　房地产投资市场分析

第一节　房地产市场分析的内容与方法

房地产市场分析是通过信息将房地产市场的参与者与房地产市场联系起来的一种活动，即通过房地产市场信息的收集、分析和加工处理，寻找出其内在的规律和含义，预测市场未来的发展趋势，用以帮助房地产市场的参与者掌握市场动态，把握市场机会或调整其市场行为。

根据市场信息需求对象的不同，房地产市场分析的内容和侧重点有所不同。这里从投资开发商的角度，对房地产市场分析的一些内容予以介绍。

一、房地产市场分析的三个层面

（一）城市房地产市场分析

城市房地产市场分析是对项目所在城市内总的房地产市场及各专业市场总供需情况的总体分析。通过城市房地产市场分析，可以让房地产投资开发商对项目所在城市房地产市场总的状况及发展趋势有一个全面的了解，以避免因“一叶障目，不见森林”而影响项目的开发决策。

（二）区域房地产市场分析

区域房地产市场分析是对区域内总的房地产市场及各专业市场总供需情况的综合分析。其中，专业房地产市场分析是对区域内各专业物业市场(住宅、办公、商业或工业物业)或专业子市场的供需分析，是在前一层次分析的基础上，对特定子市场的供需情况进行单独的估计和预测。它侧重于专业市场供求分析。

（三）房地产项目市场分析

房地产项目市场分析是在前两个层次的基础上，对特定地点特定项目作竞争能力分析，预测一定价格和特征下的销售率及市场占有率情况，对项目的租金及售价、吸纳量及吸纳量计划进行预测。它侧重于项目竞争能力分析等内容。

二、房地产市场分析的内容与方法

（一）房地产市场供给分析

供给量的数据对于开发商来说是非常重要的。供给市场分析包括市场供给总量分析、供给结构分析以及供给预测分析三方面。

进行供给量分析不仅要分析上市的供给量即现实供给量，还要分析准备上市的供给量即潜在供给量。进行现实供给量分析主要是运用市场调查的方法，而潜在供给量分析在政府没有建立起共享的资讯平台之前，开发商就需要花费较多的精力通过广泛的渠道搜集掌握大量信息，依此来估算潜在的供给量。这些信息包括政府审批开发项目过程中形成的各种数据资料。市场分析人员还可以利用土地供给量的资料估算新增房地产供给量。

如估算住宅物业的潜在市场供给量，可通过以下方法：

假定：

C_1＝规划城区的居住面积－已开发建成区的面积－已出让的面积

C_2＝旧城改造过程中可供开发的面积－已改造的面积

C_3＝工业等其他用地可做住宅用途的面积

则潜在的住宅用地的市场供给量$=C_1+C_2+C_3$。

供给量分析只能给开发商一个较为笼统的概念，在进行项目的决策时，还需要进行供给结构分析。即详细了解在区域范围内某一物业类型产品的供给情况。对区域市场供给量结构进行分析，要求在供给量分析基础上收集某一区域的详细资料。对该区域的产品户型、面积、价位等特征进行分类，分别计算其供给量。

供给预测分析是供给分析的一个非常重要的分析内容。因为项目开发通常需要一定的时间，在这段时间内，是否有新增的供给以及新增供给的数量、类型、档次等等，开发商更想了解，所以，一定要通过各种渠道，寻找各种信息，并结合实际情况予以预测。

【例 3-1】 北京 2001 年公寓市场供给分析

1. 供给量大幅增加

据不完全统计，2001 年开盘销售的公寓有 55 个，可供销售面积达 370 万 m^2，提供公寓单元 2.2 万套。如此庞大的新增供应量，使整个公寓市场的存量超过 900 万 m^2。

新增公寓规模分布图(略)。

2. 新增项目集中在 CBD 和中关村地区

从新增项目的数量来分析，CBD 地区有 19 个，占新增量总数 35%，中关村地区有 6 个，占新增量总数 11%。CBD 和中关村地区的总和接近全市新增公寓总数二分之一的比例，可见这两个热点地区依然是新盘的集中地。

从新盘的规模来分析，CBD 地区集中了全市 30% 的新增公寓，供应量达到 105.6 万 m^2。中关村地区新盘的数量较多，但每个楼盘实际可供应的面积较少，共提供 38.83 万 m^2。

3. 供给特征分析

- 产品功能多样化。(略)
- 小户型项目增多。(略)
- 豪宅供应的绝对量增加，相对量减少。(略)
- 租赁市场主力仍是中高档服务式公寓。(略)

(摘自《北京房地产》2002 年第 1 期，环宇信达行市场调研部)

(二) 房地产市场需求分析

房地产市场需求分析包括需求潜力分析和需求客户分析。

需求潜力分析可以运用人口资料进行分析，也可运用收入统计资料进行预测分析。其中，运用人口资料分析潜在住宅需求的方法，在实际中应用非常普遍，即运用人口资料和人口自然增长率与人口机械增长率推知新增人口数量及人均居住面积的数量，进而对住宅消费需求进行预测。

不同物业需求数量的分析方法不尽相同，要根据市场的特性来研究。尽可能进行供求缺口对比分析，即把不同子市场的供给量和需求量进行对比，需求大于供给的差额就是供求缺口。

需求客户分析对开发项目定位非常重要。买方市场，消费者导向是房地产开发的主流。如何满足消费者的需求，是房地产开发商和经营者能否生存的关键。一般而言，需求客户分析就是回答 5 个 W 和一个 H，即分析谁是使用者与购买者(who)，其购买与使用什么类型的房地产(what)，购买使用的动机是什么(why)，何时(when)、何地(where)以及如何购买(how)。具体来说，应该分析的内容包括：消费者的构成、分布及消费需求的层次情况；收入水平变化及其购买偏好；消费者的购买意向、购买动机的类型；不同消费者的购买行为、购买模式等，如表 3-1 所示。

某项目消费者研究调查分析表 **表 3-1**

Who	人口数量		居住形态	
	性别比例		社会阶层	
	教育程度		谁是使用者	
	职业		谁是决策者	
	收入水平			
Where	购买者区域分布		地点区位	
What	购买动机		购买理由	
	产品规划		购买用途	
	外观造型		公共设施	
	面积		价格	
	环境		付款方式	
When	购买时机		购买季节	
	购买时间			
How	客户反应		销售顺序	
	购买频度			

【例 3-2】 北京市 2001 年公寓市场需求的客户构成分析

按客户的构成来分析，公寓客户分为以下七类：

1. 国内有经济实力的高层管理者，可承担的购房总价在 100～200 万元(人民币，以下相同)。这类客户经济实力雄厚，对于位置优越、大户型高档公寓的需求依然旺盛，对住宅的综合品质要求高，基本是二次、三次置业以改善居住条件。

2. 从海外归来的人士，或有国外生活经历人士，可承担的购房总价在 100 万元左右。这类客户崇尚自然休闲的居家生活，注重生活品位，看中社区环境，不仅是小区的自然环境、交通环境，更看中人文环境，他们会选择自己喜欢的环境和氛围的项目，既不奢侈也不放弃自己的追求。

3. 港、澳、台、东南亚外商，可承担的购房总价在 200 万元以上。这类客户购房置业一方面是为自住，显示身份地位；另一方面是为投资，为物业的保值增值。黄金位置的高档、豪华公寓以及具有外资背景的开发商开发的公寓项目是他们的首选。

4. 年轻高级白领和中产阶级，可承担的购房总价在 50～100 万元左右。小户型符合年轻购房者低积累、高收入、收入上升预期稳定的经济特点，同时繁忙高效的工作，较大的工作压力，使他们对住宅的配套服务功能提出更高要求，因此他们中意小户型、中高档次的服务式公寓。

5. 小型文化、商贸、咨询服务公司和自由职业者，可承担的购房总价在 100 万元以上。小型企业在创业初期缺乏资金，主要从事脑力劳动，同时企业性质及规模也不需要大面积工作间，购买商住公寓符合他们的需求特点。临近商贸区，交通便利的商住公寓是这类客户的首选。

6. 外地来京短期或长期工作的年轻白领，可承担的租金在 2000～5000 元/月。这类客户以租用公寓为主，他们的需求特点将直接影响投资者。他们希望租用临近工作地点，周围配套设施完善，靠近繁华商业区的小户型中档公寓。同时对于投资型客户，小户型公寓的首付低、回报快，易出租，成为大多数投资者的需求指向。

7. 外资公司的外籍雇员，可承担的租金在5000元/月以上。外籍雇员会根据公司给予的住房预算来安排自己的住房，他们仍以租用服务式公寓为主。（摘自《北京房地产》2002年第1期，环宇信达行市场调研部）

（三）房地产市场租售情况分析

房地产市场租售情况是房地产市场供求状况的一个现实说明。房地产市场租售情况的好坏，直接影响着开发商对房地产市场的判断和进行项目开发的信心。

房地产租售情况的分析包括房地产的租售价格、租售数量、租售速度、销售比例、空置率以及这些指标的变化等方面的分析。一个较高的价格、快速的租售和较低的空置率，直接反映了供给的紧张和需求的强劲。反之亦反。

（四）房地产市场趋势分析

房地产市场分析的上述各个方面只是现状的一个描述和总结。未来在开发项目进入租售与经营阶段时，市场到底如何往往更为关键。因此，一定要在上述分析的基础上，对房地产市场的未来趋势进行预测分析。这里的趋势分析包括供给、需求、租售走势等方面的内容。分析的方法通常是通过对比过去3～5年的成交量、供应量及租售情况(如成交价格、空置率等)，结合当地需求客户的消费观念以及开发商的开发模式，对当地市场现状进行深层次的剖析。在现状剖析的基础上，就与项目有关的方面，如郊区住宅发展趋势等，做出预测(未来约3～5年)。

（五）房地产市场竞争分析

竞争分析主要包括竞争对手分析和竞争项目分析两方面的内容。

房地产业是一个投资风险极大的产业，企业盲目开发是十分危险的。因此，分析和掌握竞争对手的情况非常必要。竞争对手分析的内容主要有：竞争对手现在在做什么，竞争对手能做什么，竞争对手的基本竞争战略选择，竞争对手强项和弱项分析等。

竞争项目分析是房地产开发商进行项目定位的重要参考依据。通常，竞争项目分析的主要内容包括：产品定位、房型组合、公共设施分摊方式、规划特色、定价方式、付款方式、销售技巧、销售状况等。

三、房地产市场分析的要求

（一）根据分析目的和要求，确定研究内容和角度

虽然严格地说对房地产市场的认识，应包括各个方面、各个层面。但是由于项目不同，委托人的要求不同，不是所有的市场研究都包括所有类型的市场分析内容的。因此，应根据分析的目的和要求，确定研究的内容和角度。

（二）房地产市场数据要真实可靠

市场数据的收集是房地产市场分析的开始。市场分析中经常涉及到的原始数据包括企业内部和外部两个方面，企业内部数据指企业从事房地产经营过程中所产生的信息，包括会计报表与财务报告、销售业绩报告、顾客反馈意见等方面所记载的数据，是市场分析的基本信息，市场研究人员应充分利用这些内部信息。外部数据主要包括加工信息和通过市场分析人员的市场调查所获得的原始信息。加工信息的来源包括政府统计部门和房地产主管部门发布的统计资料、学会或商会组织提供的报告、报刊、企业或非盈利机构的年度报告、计算机网络信息以及咨询机构的市场研究报告等；原始信息则需要由市场分析人员根据市场分析的目的，通过专家访谈、座谈会、问卷调查、电话访问等方式收集的。只有保证通过以上各种渠道收集的数据真实可靠，才能使市场分析的结果科学准确地指导项目开发。

（三）注重定性与定量相结合

定性分析和预测主要依靠人们的主观经验、专业知识和分析能力，参照已有资料，通过主观判断，对事物的未来的状态，如总体趋势、发生的各种可能性及其后果等做出分析和判断。由于目前我国房地产市场缺乏客观数据，因此定性预测在房地产市场分析中就显得非常重要，尤其是对市场的中长期预测。

定量分析和预测的基本思路是根据过去和现在的有关客观历史数据，从中鉴别出其发展的基本模式，并假设其不变，由此建立数学模型，用以定量描述预测对象未来的状态或发展趋势。如商品住宅的需求数量预测、写字楼租金标准等。定量预测主要用于短期和中期预测，往往要借助数学模型和现代统计分析方法。

在房地产市场分析中，要注意这两种方法的结合使用。既要避免纯外推型市场分析倾向，又要避免学院式的分析倾向，即运用数学模型进行宏观预测。因为任何数学模型也不能涵盖宏观经济环境中数不清的影响因素。

（四）房地产市场分析应注意现状与预测相结合

无论是房地产的开发投资还是置业投资，或是政府管理部门对房地产业实施宏观管理，其决策的关键在于把握房地产市场供求关系的变化规律，而寻找市场变化规律的过程实际上就是市场分析与预测的过程。房地产市场预测是指运用科学的方法和手段，根据房地产市场分析所提供的信息资料，对房地产市场的未来及其变化趋势进行测算和判断，以确定未来一段时间内房地产市场的走向、需求量以及相应的租金售价水平。

第二节　不同类型物业市场分析

一、居住物业投资市场分析

居住物业即住宅，是房地产市场的主要组成部分。要进行居住物业市场分析，首先要对居住物业进行细分，划分出各个居住物业子市场。

（一）居住物业市场细分

从供给的角度，可以把居住物业划分成以下类型：

(1) 根据建筑层数划分，居住物业可大致划分为高层、多层、小高层、低层等类型。

(2) 根据档次划分，居住物业可划分为经济适用住房、普通商品住宅、高档公寓、花园别墅等。

(3) 根据位置划分，居住物业可大致划分为市区住宅、郊区住宅、农村住宅等。

（二）居住物业市场供求分析方法

进行住宅供求分析，首先要寻找区域房地产市场的供给来源，如在北京市场上主要有存量房和增量房两个途径，增量房市场又有商品房、经济适用房和廉租房三个层次。其次要根据目标物业类型的主要供给来源进行供给总量和供给结构的分析并进行预测。最后再进行住宅市场需求总量和需求结构分析，寻找市场供求缺口，对拟开发项目进行市场定位。

在《房地产市场分析方法》（郑华编著，电子工业出版社 2003 年出版）中，对住宅市场需求总量的分析，是应用人口和住户规模资料进行推算的，即用以下的公式计算市场所需的住宅单位数量：

$$N_{\mathrm{d}}=\frac{P}{H_n}$$

式中 P——人口数目；

H_n——住户规模，即平均每一住户的家庭成员人数；

n——平均每一单位中的住户数目；

N_{d}——所需的住宅单位数量。

（三）居住物业市场分析的重点

1. 影响住宅市场供给的因素分析

住宅市场供给包括存量房和增量房供给。存量房市场即二手房市场，同样在一定程度上影响着增量房供给。影响增量房供给的因素还有：开发过程中各种资源的组合难易程度、建筑过程中所有要素的价格水平浮动程度及其生产技术和效率、市场中竞争者的数量及竞争程度和开发商对未来市场走势和项目的预期等因素。

2. 影响住宅市场需求的因素分析

影响住宅市场需求的主要因素包括：

消费者的家庭生命周期。家庭生命周期可分为初婚期、生育期、满巢期、空巢期、鳏寡期五个阶段。处于不同生命周期的家庭，消费对象和消费层次上会有不同的表现。

消费者的年龄结构。不同年龄结构对住宅的需求特征不同，如老年人需要的住宅和年轻人有很大的不同。

消费者的收入水平和职业构成。收入水平直接决定着消费者购买什么档次的住宅，而不同的职业对住宅的需求也有差别。如教师往往需要带有书房的住宅，而出租司机为主的家庭则通常不需要书房。

替代性住宅的价格水平和花费成本。每一种住宅产品都会有替代品，比如北京南城的住宅，崇文区的住宅和宣武区的同类型住宅可能是替代品，北京郊区，如通州区的住宅和 CBD 的住宅可能是替代品等等。CBD 住宅价格高，就会促使消费者到通州区去购买或租赁替代的住宅等。

消费者对未来的预期。消费者对未来的预期，可能极大地影响市场的需求水平，包括对未来经济形势、收入水平、住宅价格以及银行信贷利率的预期等。

二、写字楼物业市场分析

（一）写字楼物业的市场细分

目前我国还没有对写字楼的划分形成全国统一的标准，但市场上根据实践需要出发已约定俗成地将写字楼分为甲级、乙级、丙级三个档次，以方便衡量客户所享有的服务档次，确定合理的收费标准。

对于不同区域、不同要求有不同的分类，这取决于研究的具体需要和材料的条件。

（二）竞争区域的划分和界定

写字楼市场的区域特征明显，要对具体项目进行市场分析和研究，首先必须对整个地区市场进行区域划分，将具体项目放到区域背景中去考虑。通过市场调查搜集信息，了解区域内各项目的基本情况，根据各区域写字楼的基本情况和特点进行总结和比较，界定出拟开发项目的竞争区域。对划定的竞争区域的供给和需求状况、市场价格水平(租金和售价)、物业规模和档次、客户构成等方面进行比较分析，进而判定区域的成长阶段和竞争情况，进行准确的市场定位和策划并选择恰当的开发时机。

所谓“行业选择区域，区域决定行业”，一个地区会依据自身特点和长处来发展自己的支柱产业，因而在这一地区也会形成以特定从业人员为客户的写字楼。开发项目的成功与否，关键在于能否找到产业支持。

（三）写字楼物业市场的供求分析

写字楼的供给分析要充分利用政府的信息资料，结合现实供给和潜在供给量进行分析。这些供给量包括：已经被使用的写字楼的供给量；控制的可供出租的写字楼供给量；在建的写字楼供给量；竣工的写字楼供给量；预立项的写字楼面积；可能扩建改建为写字楼的面积。

写字楼的需求分析除了分析写字楼客户的需求特征外，另一个重要的内容就是需求量的分析与预测。通常，某地区写字楼需求量的计算公式为：

预计写字楼需求量＝预计写字楼工作人员总数×人均占用面积

预计写字楼工作人员总数的估算。城市产业人口中有一部分人是在写字楼中办公的，如果能够估计出城市各个产业中在写字楼里办公的人员的比例，或者找到有关白领就业人数在各产业中的比例，就可以估算出城市写字楼工作人员的总数。

人均占用面积指标的估计。根据目前我国现行的写字楼设计标准，一般的写字楼人均占用建筑面积是 $10m^2$。不过，随着社会经济的发展和科学技术的进步，这个指标还可能会有变动。

（四）写字楼物业市场分析注意问题

目前绝大多数写字楼物业市场分析报告在分析市场需求时，往往并不关注(或者说没有充分关注)区域产业结构的演变(过去、现在和将来)。而事实上，追本溯源，写字楼物业需求的诞生来源于产业结构的演化。

产业结构是决定写字楼物业的需求的内在要素。产业结构的转变不仅仅是城市写字楼物业需求产生的源动力和第一推动力，而且还是写字楼物业需求特征的决定性因素。以深圳为例，其产业结构与上海等城市就存在较大的差异，从而导致其写字楼物业需求与其他城市的差异。深圳聚集了大量创业型的高科技企业和服务型小企业，这一部分企业对写字楼物业的需求在中心区往往得不到很好的满足。中心西区的自由之光在2004年6月份推出的“创业专区”概念，力推SOHO工作方式，吸引了大量的创业者，便是从一个侧面反映了针对这一部分企业的写字楼供应不充足。住宅物业市场的细分已经发展到了一个淋漓尽致的地步，出现了不少量身定做型的楼盘(比如加州地带的“丁克家庭”)，但遗憾的是写字楼市场却一直在走同质化道路。在同质化的背后，反映了开发商们普遍对写字楼市场的分析和挖掘不够。

因此，在分析写字楼物业的需求时，必须注意一个城市产业结构的转变，包括对城市第一产业、第二产业以及第三产业的比例关系的分析。

三、商业物业市场分析

(一) 商业物业市场细分

商业物业市场细分是寻找商业经营的缺口和空白，从而寻找到商业物业的生存和发展空间，以及进行成功营销的基础。

按照不同的标准，可以把商业物业划分为不同的类型：

按照行业类型进行划分，可以分为零售、娱乐、餐饮、健身及休闲物业。零售物业又包括：百货商场、超市、商业街、商品批发中心、大型购物中心和SHOPPING MALL等。

按照建筑形式划分，可以分为单体建筑和综合建筑。单体建筑是指商业物业项目独立在特定地块上建设，自成一体。综合建筑指商业物业项目是综合物业项目功能的一部分。

按区域对商业物业细分，可以分为小区型商铺、区级型商铺、市级(省级)商铺和全国型商铺物业。

按规模划分，可以分为小型商场、中型商场、中大型商场、

大型商场、超大型商场。

按经营商品的类别划分，可以分为百货商店、专业商店、超级市场和方便店。

商业物业的种类不同，其分布规律便不同。人们的购物行为有不同的习惯，对于商业的要求也有所不同，这些都体现在商场的空间区划、室内交通规划、空间设计和环境布置上的差异性。因此，在设计商业物业时，要考虑以上细分的物业的各自特点。

(二) 商业物业的商圈分析

商圈又称为"商业圈"或"商势圈"。它是指商业企业吸引顾客的区域范围。商圈对企业而言，则是其业务活动的空间范围，是客流的来源范围。一个设定的商圈，从市场势力范围角度考察，其构成为点、线、面、流四个方面。点是指商圈的中心点，又是指市场区域据点的中心点。线是指区域间相互依存关系以线相连接，使商圈具有一定的吸引力。面是指中心点的吸引力范围。它是市场区域广度，表明市场区域的广泛性及其程度。流是指市场的动态或指区域职能的变化和发展的动向。实际工作中，商圈是由店、消费者购买行为空间和销售活动空间三者构成。确定商圈就是确定在一定的地域市场中的势力范围。

在实际的商圈分析中，一般把商圈分成三个层次：核心商圈、次级商圈和边缘商圈。核心商圈是从商业物业向四周行程20～30分钟路程为半径所构成的范围。核心商圈与商业物业紧密相联，吸引全部销售量的60%～70%；次级商圈是指商业物业能够得到的另外20%销售额的客源范围；其他的5%～10%的销售额应该是从边缘商圈中获得。商业物业的规模不同和类型不同，吸引顾客不同。居民区中的商店则没有边缘商圈的顾客。作为商业中心的商店，核心圈的顾客最少，而次级和边缘商圈的顾客相对要多。作为大型百货商店则边缘商圈的顾客最多。

商圈界定的典型模型是"零售引力法则"，又称为"雷利法则"，即说明两个城市商业中心之间的某一聚集区的居民是如何选择购物地点的。该法则指出：在正常条件下，两个城市商业中心吸引的零售贸易额与大城市的人口比重的一次方成正比，与两城市之间的居民聚集区到城市的距离的二次方成正比。公式如下：

$$\frac{B_a}{B_b}=\left(\frac{P_a}{P_b}\right)^1\left(\frac{D_b}{D_a}\right)^2$$

式中 B_a——到 a 城市的顾客比重；

B_b——到 b 城市的顾客比重；

P_a——a 城市的人口；

P_b——b 城市的人口；

D_a——城市之间的居民聚集区到 a 城市的距离；

D_b——城市之间的居民聚集区到 b 城市的距离。

这个公式表示的是在商圈内的消费者总数中，吸引到 a 城市和吸引到 b 城市的比值。若这个比是 1.5，就是说 a 城市吸引的客源是 b 城市的 1.5 倍，或者 a 城市吸收 60%的顾客；b 城市吸引 40%的顾客，用这种方法可以计算出任何两个商业中心，吸引的居民聚集区人口数量的比。这样，我们就可以把某商业中心对其具有相同吸引力比值的居民聚集中心地点连接起来，如把比值为 60%的地点连接起来，就得到了该商业中心的核心商圈。

理论上的商圈是形状规则、分布均匀的，在实际生活中除了人口规模、行程(距离)之外，还有许多因素影响着商圈的大小和形状。比如交通因素，高速公路可以扩大商圈，而交通拥挤则可缩小商圈。从经济方面看，商圈的大小还取决于商圈内竞争对手的数量，如果竞争对手较多，那商业的服务半径就会缩短。另外还取决于该零售商业组织的产品组合和产品线。

（三）商业物业的供求分析

对商业物业的需求主要取决与对经营产品和服务的引致需求，此外还有替代品的价格、信用条件和付款方式等条件。而零售产品和服务的需求是由消费者的人数、收入以及消费偏好决定的。

(1) 商业物业的供给要分析潜在的和现在的供给量。商业物业供给分析包括：①确定商圈内竞争性商铺物业的数量及其营业面积；②确定计划期和在建的项目的营业面积；③确定潜在的扩建面积，即现在商业营业网点可能在原有基础上进行的扩建。分析者还要在商圈内及附近作些调查，了解商圈内和附近可用的空间及其规划情况，特别是了解有可能变成现实供给的各种渠道和项目。

(2) 影响零售业需求的主要因素有：①购买力的大小。消费者数量与购买力成正比，与零售空间的需求成正比，购买力水平＝收入水平×消费者数量。如果是以个人为单位的消费，人均收入与人口就决定了购买力水平。购买力增长，引起对零售产品和服务的需求随着增长，进而提升对商业物业的需求水平。②商家的经营和服务组合是否迎合目标消费群的口味。方便的付款方式和灵活的信用条件以及产品线和产品服务组合是否能满足目标消费群的偏好，决定了对零售空间的需求。③目标消费群的年龄和职业等非经济特征，同样也会影响其消费活动以及对某一商业物业的光顾频率和价值认同，从而会影响物业的价格水平。④竞争性商铺物业的特色。因为具有替代性，竞争性商铺物业会凭借其某些优势或特色来削弱目标物业的市场竞争地位，进而影响对商铺物业的需求。

(3) 预测商业物业的需求，就要预测消费者对零售商品的需求：①计算商圈内不同收入阶层人们对各种商品的购买力。②计算不同商品的销售额与商铺营业面积的比。③计算总的商业物业需求。④用总需求减去商业物业的现实供给量，得出商业物业的需求缺口。

（四）商业物业市场租售价格分析

据北京赛睿投资顾问有限公司调查，影响商铺租金收益和价值升值收益的因素大约有以下 12 项，这些因素对不同类型商铺价值的影响是显著不同的。分析商业物业的租售价格，可以从这 12 个因素着手。

商情因子：指商铺所在地区商业环境、商业竞争状态及所吸引的主要客户群的规模及覆盖范围等。

客流量：客流量对于商铺的价值至关重要。商情因子阐释的是商铺所在地区的“宏观”商业状况，但客流量是针对商铺价值的“微观”量化。

“可视性”因子：商铺的“可视性”指经过建筑师创造性的设计，最大限度使得尽可能多的商铺在平面、立面范围内极容易被消费者看到。

楼层：商铺所在的楼层对商铺价值的影响力不小，一层的商铺无论是租金还是售价都要比二层、三层的商铺高出很多。

交通条件：交通条件往往意味着可能到访客流量的潜力。

停车条件：具体讲就是轿车停车场。强调停车条件的重要性，是出于中国经济强劲增长的势头。

规划设计的科学性：规划设计必须体现市场功能的需要。通常，开发商需要从市场的角度对项目规划设计进行调整。

硬件条件：商铺的硬件条件具体指商铺的设计和能源状况等，包括面宽、进深、层高及对消费者的有效引导，还有商铺的水、电、煤气、污水排放等技术性内容，以上因素对商铺的功能影响很大。

经营商品的类型：经营商品的类型与商铺的租金收益及价值升值收益有密切关系。不同的商品，其利润空间显著不同。

隶属项目的运营特点：商铺多数隶属于某个项目，所隶属项目的类型、运营方式、运营状态、管理水平等对该商铺租金、价值的影响是无法避免的。

商铺初始售价：商铺初始售价的高低将影响商铺投资的收益。商铺初始售价越高，投资收益率越低，资金风险也会越高。

周边房地产发展趋势：商铺价值提升是一个动态的过程，商铺周边房地产发展的状况及趋势将对商铺的价值起到核心作用。

（五）商业物业市场分析的重点

商业物业投资市场分析的重点，是要确定商业物业的需求数量或开发规模。零售商是商业物业的消费者，商业物业的数量、功能、地点、质量由零售商的需求决定，而零售商对商业物业的需求最终还是取决于消费他们所提供的商品的需求决定的。也就是说，零售商对商业物业的需求是由消费者对零售产品的需求决定的。

分析由零售商品和服务的需求决定零售空间的种类和数量，因此，在进行商业物业市场分析时，需要关注物业使用者的特征、行为以及特定零售活动的竞争力，因为商业物业的价值在很大程度上取决于商业活动本身的获利能力。

为了确定商业物业的开发规模，通常需要借助商业饱和度理论。商业饱和度是通过计算商业物业市场的饱和系数，达到测定特定商圈内某类商业的饱和程度，用以了解某个地区内商业面积过多还是不足，一般来说，饱和程度低的地区的商铺的成功率必然高于高饱和程度的地区。

商圈饱和度指数的计算公式为：

$$IRS=\frac{C\times RE}{RF}$$

式中 IRS——某地区的商品饱和度，即每一平方米营业面积的某类商品所能实现的销售额；

C——某地区商品的潜在顾客；

RE——某地区每一顾客每周平均购买额；

RF——某地区同类型商业物业营业总面积。

由上式，可以得到如下计算公式：

$$RF=\frac{C\times RE}{IRS}$$

这样，我们就可以通过某商圈的购物总额和合理的饱和度指数，来确定该商圈合理的商业面积。通过与现在商业面积之间的比较可以得出该区域商业面积是过剩、恰好或是不足。

【例 3-3】 北京市商业物业市场供需简要分析

1. 北京市商业物业总体供需状况

在逐步开放和激烈竞争的宏观形势中，北京市商业市场已经进入高速发展阶段，在其自身进行多次结构调整的推动下，现阶段北京商业市场发展水平已明显升级，个性鲜明的特色商业街、大型现代化购物场所、连锁超市、便利店等商业物业星罗棋布，商业市场呈现出现代化、市场化、多元化的发展趋势。

根据2004年北京市统计局统计数据显示，目前北京市商业零售业市场总建筑面积998.5万m^2，营业面积529万m^2；餐饮业建筑面积206.8万m^2，营业面积130万m^2；各类商业机构28.9万个，其中零售贸易业网点数量约19.3万个。

按1200万m^2的总体供应量计算，北京市人均零售商业面积约为0.78m^2，远低于国外发达国家人均1.2m^2商业面积之标准，同时少于上海人均1m^2的商业面积。根据北京市商委的商业发展规划，预计在2005年人均商业面积将达到0.9m^2，到2010年达到1m^2。

随着房地产市场竞争日趋激烈，商业物业开发由于其高额的投资回报逐渐得到重视，根据近期北京市商业物业市场现状可以发现，未来一段时间内商业物业供应将出现高峰并持续发展，北京市人均商业面积将在房地产市场的积极推动之下得到快速提升。

2. 北京市商业物业业态供需状况分析

现阶段，北京市商业物业市场供应结构呈现出多元化趋势，从现代化大型购物中心、中档、高档综合性商场、大型、中型、小型超级市场、不同业态之专业市场等到各种中小型专业店、专卖店都有不同程度的供应和需求。

大型商场的数量增长有限，但所占面积比重相对较大。相对而言，小型商业场所和中、小型店铺的数量增长速度较快，同时年租赁成交量较大，对商业物业的供应、需求增长较大。按行业划分，北京市对商业物业的消费集中在超市连锁业、餐饮服务业、服装服饰业等行业。

3. 北京市商业物业未来市场供应分析

目前北京市商业物业市场尚处于高速发展阶段，供给和需求均远未达到饱和状态，预计未来一段时间内市场容量相对较大。同时，在未来北京市商业物业市场需求方面，可以肯定在众多利好因素的推动下，仍将继续保持持续、稳定的需求状况。

2005 年将是北京市各类商业面积新增供应量最大的年份，供应量共有 149 万 m^2。新增供应量主要集中在中央商务区，越来越多的商业面积集中在含有写字楼、公寓和酒店的综合项目之中，尤其在中央商务区和中关村地区。同时，北京市未来将出现数量较多的大型购物设施和购物街，面积多在 15～30 万 m^2 之间。

第四章 房地产投资的资金筹措与决策

第一节 房地产投资资金筹措的途径

按照筹资是否通过银行或其他金融结构，可把房地产投资资金筹措的方式分为直接筹资和间接筹资。这两种筹资方式有不同的筹资途径。

一、房地产投资资金直接筹措的途径

房地产投资资金直接筹措是指不通过银行或其他金融结构而筹措资金的方式，具体途径主要有以下几个：

（一）自我积累

企业自我积累是指企业根据国家有关的财务管理制度，从产品生产成本和税后留利两条渠道中提取的资金。它表现为生产发展基金、后备基金和职工福利基金等。其中生产发展基金即企业从税后留利中提取的，用于补充流动资金不足部分的资金。

企业自我积累的资金是企业的自有资金。

（二）联营企业投入

如果联营各方共同出资组建房地产企业，则联营各方按照协议或企业章程投入到联营企业的资金均为联营企业的自有资金；如果联营各方仅就一个具体房地产项目按有关协议或合同投入资金，资金的接受方只能把它作为借入资金。

2003 年中国人民银行 121 号文件规定，房地产开发企业申请银行贷款，其自有资金(指所有者权益)应不低于开发项目总投资的 30%。

（三）内部集资

在房地产开发的过程中，房地产公司可以根据资金需求的具体的情况，临时向公司内部职工集资。向内部职工集资的资金，数量通常较小，所以一般只能作为应急流动资金使用。

（四）公司间的资金拆借

在公司开发经营过程中，往往有部分暂时闲置的资金，可在公司之间相互调剂利用。随着金融体制改革的深化，拆借资金的筹资方式将会得到越来越广泛的运用。

二、房地产投资资金间接筹措的途径

房地产投资资金间接筹措是指不通过银行或其他金融结构而筹措资金的方式，具体途径主要有以下几个：

（一）银行信贷

房地产投资银行信贷是指银行向在本银行开户的房地产投资者发放的、不需要任何物品做抵押或担保的贷款。

按规定，银行信贷的贷款要用于补充房地产开发经营企业为完成计划内房地产建设任务所需要的流动资金，不得挪作他用。

银行信贷的贷款期限为借款合同签订之日起到还本息为止所经过的时间。银行信贷的贷款期限一般不超过2年。

银行信贷贷款多采用到期还本付息的做法。借贷关系发生后，借款人有到期还本付息的义务，银行有监督借款人执行用款计划保证还款的权力。

（二）房地产抵押贷款

房地产抵押贷款是指借款人以抵押房地产为条件，来获取银行贷款的贷款方式。

房地产开发抵押贷款大致分为土地开发抵押贷款和房屋开发抵押贷款两种类型。

抵押贷款额度由贷款人根据借款人的资信程度、经营收益、申请借款金额和借款时间长短确定，一般不超过抵押房地产现行作价的70％。

抵押贷款利息实行按季结息的办法，利息的收取办法是由贷款人按季直接从借款人的存款账户中收取。

房地产抵押贷款具有保证偿还借款的优点，所以银行愿意采用这种方式。相对而言，银行信贷不是银行十分愿意采用的方式。对于房地产投资者来说，银行信贷资金不容易得到，而抵押贷款则比较容易得到。所以，当房地产投资者经判断投资收益率远高于抵押贷款利率时，就可以利用房地产抵押贷款。

（三）发行房地产股票

房地产股票发行的程序一般分为申报准备工作、申报、股票发行 3 个阶段。其中，比较关键是前两个阶段。

申报准备工作。主要资料与工作内容有：企业营业执照副本；企业章程；招股说明书；联系确定股票承销者，并与承销者签订股票承销合同。

申报。根据股票发行的管理权限向人民银行提出发行股票申请。在递交申请书的同时，上报申报准备工作完成的各项资料。如果是申请增资发行股票，另外还需提交的文件有：经股东大会通过的增资发行股票的决议；经会计师事务所及其注册会计师签证的前两年度和本年度上一个季度连续盈利的财务报表。

股票发行。可以委托专业机构实施。

利用发行房地产股票进行筹资，有许多好处，正因如此，房地产投资者是很喜欢采用这种筹资方式。只要条件允许，应尽量争取发行房地产股票来进行房地产投资的筹集。

（四）发行房地产债券

房地产债券有长期债券(10 年以上)、中期债券(1～10 年)和短期债券(一年以内)三种。由于短期债券要求偿还的时间紧迫，不利于房地产投资者作长远打算，而长期债券在银行利率降低时会发生资金成本提高的不利结果，所以，房地产投资者应以中期房地产债券为首选对象。实践中，往往以 1～3 年的债券为多见。

发行债券是房地产筹资的一种较好方式。只要房地产投资收益率远高于房地产债券利率的话，房地产投资者就应努力争取发行房地产债券。

（五）利用外资

房地产投资的利用外资是指房地产投资者利用国外资金进行房地产投资活动。房地产投资者利用外资的方式主要有外国商业银行贷款、与外资合资、发行国际债券等。

外国商业银行贷款的条件是根据国际金融市场行情来决定的。一般来说，贷款的利率较高，期限较短。虽然此种利用外资方式的代价较高，但由于其容易得到，而且贷款额可以较大，所以，它是利用外资的最主要贷款方式。

与外资合营指房地产投资者与外国投资者进行合作，与外国投资者共同投资的方式。它是目前利用外资的最主要方式。常见的中方投入土地，外方投入资金，双方共同投资开发经营房地产。

发行国际债券指房地产投资者通过国内几家大银行和国际信托投资公司等金融机构，在国际金融市场上发行房地产债券吸收外资的方式。国际债券利率一般略低于国际商业银行贷款利率，而且比起银行贷款具有债券的优点，比如不存在中途停止贷款或中途收回贷款的风险等，所以，房地产投资者也应争取采用这种方式取得使用外资的权利。

（六）预售商品房屋

预售商品房屋是指房地产投资者在商品房建成使用前，预先出售，并向购房者收取房款以筹集开发资金。它是目前房地产投资中，最受欢迎、也最常见的一种筹资方式。

利用预售房屋途径筹资时，应注意遵守国家和地方的有关规定。比如许多城市规定，房地产投资项目的投入资金达到地上建筑物预计投资的25％以上方能预售；也有的城市规定，要等到房地产投资项目的基础工程完工后才能预售。

房地产投资者应积极争取利用预售款进行筹资。同时，又注意研究在不同时期、不同地区的关于房地产预售的规定，在有关规定允许范围内，充分发挥预售款的作用。

（七）其他途径

国外房地产金融市场十分发达，房地产企业的投资资金来源可以有银行贷款、公司上市、抵押、发行债券、房地产基金、房地产信托等多种渠道。一方面融资渠道多样；另一方面，社会金融风险较低。因此，房地产投资资金筹措还可以考虑以下几种方式：房地产信托(REIT)；房地产基金；房地产资产证券化；房地产金融新产品（含按揭保险和权属保险）；房地产融资租赁；信托、担保、可换股债券、土地债券等等。

第二节　房地产投资资金筹措决策

一、房地产投资资金筹措成本

（一）房地产投资资金筹措成本的构成

房地产投资资金筹措成本包括三个部分：

(1) 资本占用费。资本占用费即使用资金所支付的费用。资金所有者即出资方将资金的使用权出租给资金的需求者即承租方，承租方以“利息”的方式补偿出租方的机会成本，利息即租金，也是需求方使用资金的代价。资本占用费与筹资额度、筹资期限有直接关系。

(2) 筹资费用。筹资费用即筹资过程中的资金与人力等耗费。筹资过程中的筹资费用产生于筹资中介机构的劳动消耗的必要补偿。这种耗费包括金融机构代理发行证券支付的注册费、代办费，向银行借款的手续费等等。

(3) 机会成本。房地产投资资金筹措机会成本，是指房地产投资者在特定条件下，从企业内部筹资所形成的机会成本。

（二）房地产投资资金筹措成本的测度

筹资成本通常用资金成本率来测度。由于筹资途径的不同，资金成本率也有不同。

1. 各单项筹资方式的资金成本率

(1) 银行贷款的资金成本率

影响银行贷款资金成本率的主要因素有贷款利息、抵减金额率和所得税率。计算公式为：

$$K_b=\frac{i(1-T_r)}{B_n(1-f)}$$

式中 K_b——银行贷款的资金成本率；

B_n——借入的贷款总额；

i——每年需支付的利息；

T_r——所得税税率；

n——贷款期限；

f——递减金额率。

（2）股票的资金成本率

① 普通股的资金成本率。普通股股息率最高，发行普通股票也需较高的筹资费，所以普通股资金成本率很高。其计算公式为：

$$K_e=\frac{D}{S(1-f)}\times 100\%+g$$

式中 K_e——普通股资金成本率；

D——普通股预期年股利支出；

S——普通股发行总额；

f——递减金额率；

g——股利预期增长率。

② 优先股资金成本率。优先股的显著特点是股利支出是固定的。其计算公式如下：

$$K_e=\frac{D}{S(1-f)}\times 100\%$$

（3）债券的资金成本率

发行债券同发行股票一样需发生一些筹资费用，如债券的印刷和摊销费等。债券资金成本率的计算公式为：

$$K_L=\frac{i(1-T_r)}{L(1-f)}$$

式中　K_L——债券的资金成本率；

i——每年需支付的利息；

L——企业债券发行总额；

T_r——企业所得税率；

f——递减金额率。

（4）留用利润筹资成本率

留用利润又称公司留存盈利，也应计算资金成本。留用利润的资金资成本率可按类似于普通股票的资金成本率计算法计算。计算公式为：

$$K'_e=\left[\frac{d}{P_0(1-f)}+g\right](1-T_i)$$

式中　K'_e——留用利润资金成本率；

d——最近一期股息利率；

P_0——普通股现行市价；

f——递减金额率；

g——股息预期增长率；

T_i——股东个人所得税率。

2. 综合筹资成本率

综合筹资成本率又称加权平均资金成本率，其计算公式为：

$$K=\sum_{i=1}^{n}K_i\times W_i$$

式中　K——综合资金成本率；

K_i——第 i 种筹资方式的资金成本率；

W_i——第 i 种筹资方式筹得的资本额占总筹资额的比重；

n——筹资方式的种类。

二、房地产投资资金筹措财务杠杆效应

所谓房地产投资资金筹措财务杠杆效应，是指房地产公司的利润因改变资金结构而发生改变的效应关系，是公司资本结构对股息的作用。

财务杠杆效应通常用财务杠杆系数（DFL）来表示，其计算公式为：

$$DFL=\frac{\text{每股普通股利润变动率}}{\text{税前利润变动率}}=\frac{\Delta F/F}{\Delta E/E}$$

该公式可以进一步简化为：

$$DFL=\frac{E}{E-I-L-d/(1-r)}$$

式中 E——增长前的税前利润额；

I——借款利息(包括债券利息)；

L——租赁费用；

d——优先股股息；

r——所得税税率。

三、房地产投资资金筹措决策

(一) 房地产投资资金筹措方案可行的标准

房地产企业在考虑运用各种筹资方式筹措资金时，应首先设计出筹措到所需资金的多个不同方案，进而对这些方案进行计算和分析，从中选出最优方案。然后再考虑所选方案，改进该方案的资本结构，使之达到最优。这个过程就是资本结构的优化与筹资决策。

房地产投资资金筹措决策有一个决策标准，筹资决策方案是否可行的标准如下：

1. 筹资方案的收益率大于综合资金成本率

考察筹资方案是否有利时，通常是用各种筹资方案的综合资金成本率与相应方案的投资收益率进行比较。如果投资收益率大综合筹资成本率，则表明此筹资方案是可行的。

2. 财务杠杆效应与财务风险之间达到最佳的均衡

当某一筹资方案确定的资本结构中的债务资本比例在某个范围内增加时，负债资本的资金成本率并不会增大，总资本的平均资金成本率会因此下降，这时企业可以在较小的财务风险条件下获得财务杠杆效应。但当资本结构中的债务比例超过某个范围时，财务风险迅速增大，负债资本资金成本率明显上升。这个范围，就是财务杠杆效应与财务风险之间的最佳均衡点。

3. 综合筹资成本率最低

在筹资方案中，不同的权益资本和不同的债务资本都各有不同的筹资成本率和不同的具体筹资条件和要求。因此，筹资者对经过前述两方面考虑后保留下来的筹资方案还要进一步优化，在诸多方案中选择一个综合筹资成本率最低的筹资方案。

（二）房地产投资资金筹措决策的步骤

一般而言，房地产投资资金筹措决策大致按以下步骤进行：

1. 根据项目的实际情况，编制房地产开发投资资金使用计划表；

2. 根据投资资金使用计划表和公司的资金情况，编制若干可能的筹资方案；

3. 计算各筹资方案的资本结构和资金成本率；

4. 选择资金成本率最低的筹资方案为待选方案；

5. 计算公司的财务杠杆效应，判断各方案资本结构的效益情况；

6. 计算各有关方案的财务比率等指标，判断各方案资本结构的风险程度；

7. 综合比较和分析，对待选方案的可行性进行判定；

8. 如果证明待选方案不可行性，则可从余下的方案中选择一个，重复上述过程。直至找到一个资金成本率较低，又通过可行性研究的筹资方案，便是决策方案。

【例 4-1】❶　某房地产项目总投资 12159 万元，设计了 5 种筹资工具，其中银行长期借款(10 年期，利率 8%)600 万元，发行金融债券(20 年，利率 9%)1000 万元，发行股票，优先股(股利 7%)420 万元，普通股 5334 万元，留用利润 2700 万元，共筹集资金 10054 万元。该项目资产负债表及相应的财务补充资料分

---

❶ 引自潘蜀键编著《房地产项目投资》，中国建筑工业出版社，1999 年版，292～297 页，有改动。

别如表 4-1、表 4-2 所示。试据此对该项目的筹资方案进行决策分析。

项目资产负债表 **表 4-1**

单位：万元

资　产	金额	负　债	金　额
流动资产		流动负债	
现金	2140	应付账款	1305
应收账款	760	应付银行贷款	450
存量商品房	7030	应付税费	65
预付费用	2150	应付到期长期债务	160
流动资产合计	12080	应付股利	125
		流动负债合计	2105
固定资产合计	79	长期债务	
		银行借款(10 年，8%)	600
		金融债券(面值 1000 元，20 年，9%)	1000
		负债合计	3705
		股东权益	
		优先股(面值 100 元，7%)	420
		普通股(面值 10 元)	5334
		留用盈余	2700
		股东权益总计	8454
资产总额		负债与股东权益总计	12159

项目财务补充资料 **表 4-2**

内　容	金额或数量
普通股：	
发行费率	3.0%
每股收益	1.0 元/股
每股现行市场价	12 元/股
每股股息	0.75 元/股
股息预期增长率	5.5%

续表

内　　容		金额或数量
优先股：		
发行费率		3.0%
每股股息		7.0 元/股
每股现行市场价		76.25 元/股
金融债券		
筹资费率		1.5%
现行市场价		997.50(万元)
公司所得税率		33%
个人所得税率		20%
相称活期存款余额		未清偿贷款 20%
最低活期存款余额		100 万元
税前利润额		630 万元
债务总额	10054	现行市场价 11018.55 万元

【解】

(一) 计算该项目单项资金成本率

1. 银行借款资金成本率 K_1

借款总额：$B_n=600$ 万元

年支付利息额：$i=600\times8\%=48$ 万元

所得税率：$T_r=33\%$

抵减金额率：$f=20\%$

故：$K_1=\dfrac{48(1-0.33)}{600(1-0.20)}=6.7\%$

2. 金融债券资金成本率 K_2

年支付利息额：$i=1000\times9\%=90$ 万元

债券发行总额：$L=1000$ 万元，现值市场价 997.5 万元

所得税率：$T_r=33\%$

抵减金额率：$f=1.5\%$

故：$K_2=\dfrac{90\times(1-0.33)}{997.5\times(1-0.015)}=6.14\%$

3. 优先股资金成本率 K_3

年股利支出额：$D=420\times7\%=29.4$ 万元

优先股发行总额：$S=420$ 万元

现行市场价：$76.25\times\frac{420}{100}=320.25$ 万元

抵减金额率：$f=3\%$（股票发行费率）

$$K_3=\frac{29.4}{320.25\times(1-0.03)}=9.46\%$$

4. 普通股资金成本率 K_4

预期年股利支出额：$D=\frac{5334}{10}\times0.70=373.38$ 万元

普通年股利支出额（现行市价）：$12\times\frac{5334}{10}=6400.8$ 万元

抵减金额比率：$f=3\%$（股票发行费率）

股利预期增长率：$g=5.5\%$

$$K_4=\frac{373.38}{6400.8\times(1-0.03)}+5.5\%=11.51\%$$

5. 留用利润资金成本率 K_5

最近一期股息利率：$d=0.75\div10=7.5\%$

普通股现行市价：$P_0=6400.8$ 万元

递减金额率：$f=3\%$

股息预期增长率：$g=5.5\%$

股东个人所得税率：$T_i=20\%$

$$K_5=\left[\frac{0.075}{6400.8\times(1-0.03)}+5.5\%\right]\times(1-0.20)=4.4\%$$

（二）计算该项目综合资金成本率（K）

根据公式：

$$K=\sum_{i=1}^{n}K_i\times W_i$$

其中，K_i 前面已经求出，W_i 分别计算如下：

$$W_1=\frac{600}{11018.55}=0.0545$$

$$W_1=\frac{997.5}{11018.55}=0.0905$$

$$W_3=\frac{320.25}{11018.55}=0.0291$$

$$W_4=\frac{6400.8}{11018.55}=0.5810$$

$$W_5=\frac{2700}{11018.55}=0.2450$$

将各单项资金成本率代入上式，便得该筹资方案综合资金成本率：

$$K=8.96\%$$

（三）计算该项目财务杠杆系数

由题设条件可知：

税前利润额：$E=630$ 万元

借款利息：$L=600\times8\%+1000\times9\%=138$ 万元

租赁费用：$L=0$

优先股股息：$d=420\times7\%=29.4$ 万元

所得税税率：$r=33\%$

$$DEF=\frac{630}{630-138-\frac{29.4}{1-0.33}}=\frac{630}{448.12}=1.4$$

该方案具有较高的财务杠杆系数。

（四）财务比率分析

1. 流动比率 η_1

$$\eta_1=\frac{12080}{2105}=5.74>2$$

2. 速动比率 η_2

$$\eta_2=\frac{12080-7030}{2105}=2.40>1$$

3. 负债比率

长期债务与股东权益之比

$$\eta_3=\frac{600+1000}{8454}=18.93\%$$

负债总额与资产总额之比

$$\eta_4=\frac{2105+1600}{12159}=30.47\%$$

由上述财务比率分析结果可判断,该方案的债务构成合理,具有较强的偿还短期债务的能力($\eta_1>$，$\eta_2>1$)，该项目筹资方案所决定的资金结构状况较好，长期负债仅占股东权益的18.93％，具有较强的偿还长期债务的能力。负债总额与资产总额之比为30.47％，说明该项目资产中，有30.47％来源于债务，69.53％来源于股东权益，该项目的资本结构是合理的。

第五章　房地产项目投资成本与收入估算

第一节　房地产开发项目成本费用估算

一、房地产项目投资与成本费用构成

在项目的前期阶段，为了对项目进行经济效益评价并作出投资决策，必须对项目的投资与成本费用进行准确的估算。

由于房地产项目的投资过程本身就是房地产商品的生产过程，因而其投资估算与成本费用估算不可截然分开，而应合二为一。房地产开发项目投资成本与费用估算的范围包括土地购置成本、土地开发成本、建筑安装工程造价、管理费用、销售费用、财务费用及有关开发期间的税费等全部投资。

房地产开发项目各项成本费用的构成复杂，变化因素多，不确定性大，尤其是依建设项目的类型不同而有其自身的特点，因此不同类型的建设项目之投资和费用的构成有一定的差异。对于一般房地产开发项目而言，其投资及成本费用由以下部分组成。

1. 土地费用
2. 前期工程费
3. 基础设施建设费
4. 建安工程费
5. 公共配套设施建设费
6. 开发间接费
7. 管理费用
8. 销售费用
9. 财务费用

10. 其他费用

11. 开发期间税费

12. 不可预见费

二、房地产开发项目投资与成本费用估算

（一）土地费用估算

房地产项目土地费用是指为取得项目用地使用权而发生的费用。房地产项目取得土地的方式有多种，所发生的费用各不相同。主要有以下几种：

1. 土地出让价款

国家以土地所有者的身份，将土地使用权在一定年限内有偿出让给土地使用者，并由土地使用者向国家支付土地使用权出让价款。主要包括向政府交付的土地使用权出让金和根据土地原有状况需要支付的拆迁补偿费、安置费、城市基础设施建设费或征地费。例如：以出让方式取得城市熟地土地使用权，土地出让价款由土地出让金加上拆迁补偿费和城市基础设施建设费构成。

土地出让价款的估算，一般可参照政府延期出让的类似地块的出让金额并进行时间、地段、用途、临街状况、建筑容积率、土地出让年限、周围环境状况及土地现状等因素的修正得到；也可以依据城市人民政府颁布的城市基准地价或平均标定地价，根据项目用地所处的地段等级、用途、容积率、使用年限等项因素修正得到。

2. 土地征用与拆迁费

土地征用与拆迁费分为农村集体土地征用补偿费和城镇房屋拆迁补偿费。

（1）农村土地征用补偿费

根据《土地管理法》的规定，征用耕地的补偿费用包括土地补偿费、安置补助费以及地上附着物和青苗补偿费。

① 土地补偿费。土地补偿费是征地费的主要部分，国家建设征用土地，由用地单位支付土地补偿费。土地补偿费的标准是：征用耕地的补偿费，为该耕地被征用前三年平均年产值的

6～10 倍；征用其他土地的补偿费标准由该省、自治区、直辖市参照征用耕地的补偿费标准规定。如，在北京近郊征用菜地大约每亩需要 20～30 万元，征用大田每亩大约需 10～15 万元；远郊区县征用菜地大约每亩需要 8～12 万元，征用大田大约每亩需要 5～8 万元。

② 安置补助费。安置补助费是为安置因征地造成的剩余劳动力的补助费，应按照需要安置的农业人口数计算。需要安置的农业人口数，按照被征用的耕地数量除以征地前被征地单位平均每人占有耕地的数量计算。每一个需要安置的农业人口的安置补助费标准，为该耕地被征用前 3 年平均年产值的 4～6 倍。但每公顷被征用耕地的安置补助费，最高不超过被征用前 3 年平均年产值的 15 倍。征用其他土地的安置补助费标准由省、自治区、直辖市参照征用耕地的安置补助费标准规定。

③ 地上附着物和青苗补偿费等。被征用土地上的附着物和青苗的补偿标准，由省、自治区、直辖市规定。地上附着物是指依附于土地上的各类地上、地下建筑物和构筑物，如房屋、水井、地上（下）管线等。青苗是指被征用土地上正处于生长阶段的农作物。

征用城市郊区的菜地，用地单位应当按照国家有关规定缴纳新菜地开发建设基金。城市郊区菜地，是指连续三年以上常年种菜或养殖鱼、虾的商品菜地和精养鱼塘。

(2) 城镇房屋拆迁补偿与安置费

在城镇地区，国家或地方政府可以依据法定程序，将国有储备土地或已由企业、事业单位或个人使用的土地出让给房地产开发项目或其他建设项目使用。因给出让土地原用地单位或个人造成经济损失，新用地单位应按规定给予合理补偿。拆迁安置补偿费实际包括两部分费用，即拆迁补偿费和拆迁安置费。

① 拆迁补偿费是指开发建设单位对被拆除房屋的所有权人，按照有关规定给予补偿所需要的费用。拆迁补偿的形式可分为产权调换与货币补偿相结合的形式。其中，货币补偿的金额，按照

被拆除房屋的区位、用途、建筑面积等因素，以房地产市场评估价格确定。产权调换是指拆迁人用自己建造或购买的产权房屋与被拆迁房屋进行产权调换，并按拆迁房屋的评估价和调换房屋的市场价进行结算调换差价的行为。

② 拆迁安置费。在拆除租赁房屋的情况下，《拆迁条例》规定了租赁协议的处理方式，即由拆迁人对房屋所有人进行补偿，由所有人对承租人进行安置。拆迁补偿前，已经解除了租赁协议或出租人对承租人进行了安置，实质上相当于非租赁房屋的补偿、安置，根据《拆迁条例》的规定，对所有人进行补偿、安置。

3. 土地转让费

土地转让费是指土地受让方向土地转让方支付土地使用权的转让费。依法通过土地出让或转让方式取得的土地使用权可以转让给其他合法使用者。土地使用权转让时，地上建筑物及其他附着物的所有权随之转让。

4. 土地投资折价

房地产项目土地使用权可以来自房地产项目的一个或多个投资者的直接投资。在这种情况下，不需要筹集现金用于支付土地使用权的获取费用，但一般需要对土地使用权评估作价。

（二）前期工程费

前期工程费主要包括开发项目的前期规划、设计、可行性研究、水文地质勘测以及“三通一平”等土地开发工程费支出。

(1) 项目的规划、设计、可行性研究费用一般可按项目总投资的一个百分比估算。一般情况下，规划设计费为建安工程费的3%左右，可行性研究费用占项目总投资的1%～3%，水文、地质、勘探所需费用可根据所需工作量结合有关收费标准估算，一般为设计概算的0.5%左右。

(2)“三通一平”等土地开发费用，主要包括地上原有建筑物、构筑物拆除费用、场地平整费用和通水、电、路的费用。这些费用的估算可根据实际工作量，参照有关计费标准估算。

（三）基础设施建设费

基础设施建设费是指建筑物2m以外和项目用地规划红线以内的各种管线和道路工程。其费用包括供水、供电、道路、绿化、供气、排污、排洪、路灯、电讯、环卫等工程建设费用，以及各项设施与市政设施干线、干管、干道的接口费用。基础设施建设费通常采用单位指标估算法及实际工程量来计算。一般说来，详细估算时，供水工程可按水增容量(吨)指标计算，供电及变配电工程可按电增容量(千伏安)指标计算，采暖工程按耗热量(瓦特)指标计算，集中空调安装按冷负荷量(瓦特)指标计算，供热锅炉安装可按每小时产生蒸汽量指标计算，各类围墙、管线工程长度按米指标计算，室外道路按道路面积平方米指标计算。粗略估算时，则各项基础设施工程均可按建筑平方米或用地平方米造价计算。

（四）建安工程费

建安工程费是指建造房屋建筑物所发生的建筑工程费用、设备采购费用和安装工程费用等。具体包括建筑工程费(结构、建筑、特殊装修工程费)、设备采购及安装工程费(给排水、电气照明及设备安装、空调通风、弱电设备及安装、电梯及安装、其他设备及安装等)和室内装饰家具费等。在可行性研究阶段，建筑安装工程费的估算，可以采用单元估算法、单位指标估算法、工程量近似匡算法、概算指标估算法等，也可根据类似工程经验估算。当房地产项目有多个单项工程时，应对各个单项工程分别估算建筑安装工程费用。

（五）公共配套设施建设费

公共配套设施建设费是指居住小区内为居民服务配套建设的各种非盈利性的公共配套设施(又称公建设施)的建设费用，主要包括：居委会、派出所、托儿所、幼儿园、公共厕所等。一般按规划指标和实际工程量估算。

（六）开发间接费

开发间接费是指开发企业所属独立核算单位在开发现场组织管理所发生的各项费用。主要包括：工资、福利费、折旧费、修理费、办公费、水电费、劳动保护费、周转房摊销和其他费用。

当开发企业不设立现场机构，由开发企业定期或不定期派人到开发现场组织开发建设活动时，所发生的费用可直接计入开发企业的管理费用。

（七）管理费

管理费指企业管理部门为管理和组织房地产项目的开发经营活动而发生的各种费用，包括公司经费、工会经费、职工教育培训经费、劳动保险费、待业保险费、董事会费、咨询费、审计费、诉讼费、排污费、房地产税、土地使用税、开办费摊销、业务招待费、技术转让费、技术开发费、无形资产摊销、坏账损失、报废损失及其他管理费用。管理费可按项目投资或前述五项费用总和的一个百分比计算，这个百分数一般为3%左右。

如果房地产开发企业同时开发若干房地产项目，管理费用应在各个项目间合理分摊。

（八）财务费用

财务费用是指企业为筹集资金而发生的各项费用，主要为借款或债券的利息，还包括金融机构手续费、融资代理费、承诺费、外汇汇兑净损失以及企业筹资发生的其他财务费用。利息的计算可参照金融市场利率和资金分期投入的实际情况按复利计算，利息以外的其他融资费用一般占利息的10%左右。

有时，财务费用也指项目开发所有投资的资金使用成本。因为即使这些资金全部是开发商的，也有一个资金使用成本问题。

（九）销售费用

是指开发建设项目在销售其产品过程中发生的各项费用以及专设销售机构或委托销售代理的各项费用。包括销售人员工资、奖金、福利费、差旅费、销售机构的折旧费、修理费、物料消耗费、广告宣传费、代理费、销售服务费及销售许可证申领费等。它主要包括三项：

(1) 广告宣传及市场推广费用。约为销售收入的2%～3%；

(2) 销售代理费。约为销售收入的1.5%～2%；

(3) 其他销售费用。约为销售收入的 0.5%～1%。

以上各项费用的合计，销售费用约占到销售收入的 4%～6%。

(十) 开发期间税费

项目所负担的与房地产投资有关的各种税金和地方政府或有关部门征收的费用。主要包括土地使用税、市政支管线分摊费、分散建设市政公用设施建设费、绿化建设费、人防工程费等等。在一些大中型城市，这部分税费已成为房地产项目投资费用中占较大比重的费用。各项税费应根据当地有关法规标准估算。

(十一) 其他费用

主要包括临时用地费和临时建设费、工程造价咨询费、施工图预算和标底编制费、工程合同预算或标底审查费、招标管理费、总承包管理费、合同公证费、施工执照费、开发管理费、工程质量监督费、工程监理费、竣工图编制费、保险费等杂项费用。这些费用的估算一般按当地有关部门规定的费率估算。

(十二) 不可预见费

不可预见费根据项目的复杂程度和前述各项费用估算的准确程度，以(一)到(十)项各项费用的 3%～7%估算。

三、投资与成本费用估算结果的汇总

为了便于对房地产和开发项目各项成本与费用进行分析和比较，常把估算结果以汇总表的形式列出，见表 5-1。

房地产开发项目成本费用估算表 **表 5-1**

单位：万元

费 用 项 目	计费标准与依据	总 价	单 价
一、土地费用			
1. 土地出让地价款			
2. 土地征用拆迁费			
3. 土地转让费			
4. 土地投资折价			
二、前期工程费			
1. 地质勘测测绘费	设计概算的 0.5%左右		

续表

费用项目	计费标准与依据	总价	单价
2. 规划设计费	建安工程费的3%左右		
3. 可行性研究费	占总投资的1%～3%		
4. 三通一平费			
三、基础设施建设费			
四、建安工程费			
五、公共配套设施建设费			
六、开发间接费			
七、管理费用	约为前五项的3%左右		
八、销售费用	销售收入的4%～6%		
九、财务费用			
十、开发期间税费			
十一、其他费用			
十二、不可预见费	前十项之和的3%～7%		
合计	上述十二项之和		

第二节 房地产开发项目收入估算

一、房地产开发项目收入项目及估算

根据有关规定，房地产项目的收入主要包括房地产产品的销售收入、租金收入、土地转让收入(以上统称租售收)、配套设施销售收入和自营收入几个部分。

(一) 租售收入

租售收入等于可供租售的房地产数量乘以单位租售价格。在进行租售收入估算前，通常需要确定开发项目的租售方案。房地产租售方案一般包括以下内容：

(1) 开发项目的经营形式，即该项目是出售、出租还是租售并举，如果是租售并举，则租售比例多大等。经营形式的确定需要市场调查的结果来支撑，不能偏离市场实际情形。

(2) 可租售物业面积以及可分摊面积的大小及其在建筑物中的位置。

(3) 租售的时间进度安排和各时间阶段内租售面积。要与市场实际相符合，并能满足项目资金再投入及还本付息的需要。

(4) 租金和售价的平均水平。租金和售价的具体数据也需要通过对市场调查的结果进行认真分析后得到。租金和售价的水平应反映市场的可接受的程度。

(5) 收款方式和收款计划的确定。做这项工作时，必须考虑本地房地产交易的付款习惯和惯例，以及分期付款的期数和各期付款的比例。

估算商品房销售收入时，要注意相应年度的“销售面积”、“单位售价”、“销售比例”，以及可销售面积(不一定是竣工面积)。

估算出租房出租收入时，要注意各类出租房的“出租面积”、“单位租金”、“出租率”及各类出租房的可出租面积。

另外，估算租售收入时应注意可出售面积比例的变化对销售收入的影响；空置期(项目竣工后暂时找不到租户的时间)和出租率对租金收入的影响；以及由于规划设计的原因导致不能售出面积比例的增大对销售收入的影响。

有时，项目租售需要较长的时间，这时就要考虑一个租金或售价的增长率，以便客观的反映租售实际。

(二) 自营收入

自营收入是指开发企业以开发完成后的房地产为其进行商业和服务业等经营活动的载体，通过综合性的自营方式得到的收入。进行自营收入估算时，应充分考虑目前已有的商业和服务业设施对房地产项目建成后产生的影响，以及未来商业、服务业市场可能发生的变化对房地产项目的影响。

(三) 配套设施销售收入

用于估算开发小区内允许有偿转让的市政性配套设施项目(如停车位)的收入。注意相应年份的“销售收入”、“成本”、“税金”。

（四）土地出租收入

相应年度各类土地的“出租面积”、“单位租金”和“出租率”及各类土地的可出租面积。

原有建筑物拆除后的残值和安置用房的出租及销售收入应冲减拆迁费用。以出让土地使用权为目标的成片土地开发项目，其土地开发工程费用还应包括基础设施建设费用和配套工程建设费用。

二、房地产开发项目收入的扣减

房地产开发项目在销售和交易阶段要发生一些税费，这些费用不参与投资与成本费用构成，只是作为销售收入的扣减。这些税费主要包括两大部分：

（一）与房地产转让有关的税费

1. 营业税(%)

在中华人民共和国境内提供应税劳务、转让无形资产或者销售不动产的单位和个人应当缴纳营业税。对房地产开发项目来说，营业税是根据房地产经营收入和规定税率计算交纳的税金。建筑业中建筑安装业务实行分包或者转包的总承包人是营业税扣缴义务人。

转让土地使用权以及销售建筑物及其他土地附着物的营业税率为5%。

2. 城市建设维护费(%)

城市维护建设税是随增值税、消费税、营业税附征并专门用于城市维护建设的税。城市建设维护税实行时有地区差别生产率，按照纳税人所在地的不同，税率分别规定为7%、5%、1%三个档次。纳税人所在地为城市市区时，税率为7%；所在地为县城、建制镇时，税率为5%；其余的地方税率为1%。外资企业通常免交。

3. 教育费及附加(%)

凡缴纳增值税、消费税、营业税的单位和个人，均要缴纳教育费附加，一般税率为营业税的3%。外资企业通常免交。

4. 教育专项基金(%)

以营业税为计税依据，不同地方提取不同比率。外资企业通常免交。

5. 防洪工程维护费(%)

按每年应纳税营业额(房地产销售额)的一定比例计征。外资企业减半交纳。

6. 交易管理费(%)

该项费用包括与房地产交易有关的一切手续、估价及表格、资料等费用。按房屋交易额的一定比例计征，此比例指由买方负担的费用。

7. 交易印花税(%)

按房地产交易价的一定比例计征，买卖双方各负担一半。

（二）土地增值税

土地增值税是以转让房地产取得的增值额为征税对象征收的一种税。其实质是对土地收益的课税。土地增值税实行四级超额累进税率。考虑到目前的实际，房地产投资分析中通常不考虑这方面的影响。

（三）企业所得税

企业所得税是指对在我国境内实行独立经济核算的企业或组织的生产、经营所得和其他所得征收的一种税。

企业所得税以应纳税所得额为计税依据。纳税人每个纳税年度的收入总额减去准予扣除项目金额以后的余额，为应纳税所得额，其计算公式是：

应纳税所得额＝收入总额－准予扣除项目金额

应纳所得税的计算公式为：

应纳所得税额＝应纳税所得额×税率

纳税人年应纳税所得额在3万元以下(含3万元)的，可减按18%税率征税；年应纳税所得额在3万元到10万元(含10万元)之间的，可减按27%的税率征税；年应纳税所得额超过10万元的，一律按33%的比例税率征收。企业上一年度发生亏损，可用当年所得予以弥补，按弥补亏损后的所得额确定适用税率。当年所得(税前利润)不足弥补的，可以在五年内延续弥补；五年内不足弥补的，用税后利润弥补。

三、房地产开发项目收入估算结果汇总

综合以上估算要点，可以用表5-2来表示房地产开发项目的收入的具体估算过程：

房地产开发项目收入估算汇总表 **表5-2**

序号	项目	估算依据及备注
1	销售收入	售价与可销售面积的乘积
2	出租收入	租价与可出租面积的乘积
3	自营收入	根据实际具体估算
4	配套销售收入	售价与可销售部分的乘积
5	配套出租收入	租价与可出租部分的乘积
6	土地出租收入	租金与出租面积的乘积
	扣减项目	
7	营业税(%)	一般营业税率为5%
8	城市建设维护费(%)	按不同的税率计征
9	教育费及附加(%)	一般税率为营业税的3%
10	教育专项基金(%)	以营业税为计税依据计征
11	防洪工程维护费(%)	按每年房地产销售额的一定比例计征
12	交易管理费(%)	按房屋交易额的一定比例计征
13	交易印花税(%)	按房地产交易价的一定比例计征
14	土地增值税(%)	实行四级超额累进税率
15	企业所得税(%)	一般按企业应纳税所得额的33%计征

第六章　房地产投资财务分析

第一节　房地产投资财务分析原理

一、房地产投资财务分析的作用

房地产项目财务分析是从房地产投资企业角度对项目进行的经济评价，是在房地产投资环境、市场分析，项目策划，投资、成本费用以及收入估算等基本资料和数据的基础上，通过编制基本财务报表，计算财务分析指标，依据国家现行财税制度、现行价格和有关法规，对房地产项目的财务盈利能力、清偿能力和资金平衡情况进行分析，并借以考察项目财务可行性的一种方法。财务分析也是决定项目投资命运的重要决策依据。

房地产投资财务分析是房地产投资分析的重要组成部分，是项目可行性研究的核心内容，是房地产投资和贷款决策的重要依据，是进一步开展国民经济评价的重要基础。其作用可总结为以下三点：

（一）房地产投资财务分析是项目投资决策的重要依据

对投资者或对企业来说，评价投资项目优劣总是把微观的财务净效益放在很重要的位置加以考虑。在项目的财务评价中，确定项目建设所需资金的数额和来源；预测项目竣工后的成本、收入和获利能力；估算项目贷款的偿还能力等，都是衡量项目财务净效益的重要方面。这些方面状况如何当然成为投资决策的重要依据。

（二）房地产投资的财务分析是搞好项目管理的基础

通过分析投资估算的准确程度、资金筹措方式和贷款偿还能力，可以预测工程概算是否会超支和按期偿还贷款的可靠性，为控制投资规模、实行投资包干和招标承包等提供依据。帮助经营管理者在项目建设期内合理安排资源使用情况。

（三）房地产投资的财务分析是向银行申请贷款的必要条件

市场经济中，企业筹集资金的主要渠道是所有者投资和银行的贷款。引导所有者投资行为的是项目较高的获利能力；引导债权人贷款行为的是企业良好的财务状况、足够的偿债能力以及良好的信誉。对银行而言，只有正确的判断出项目的大方向，明确项目的清偿能力以及贷款的风险大小，才能决策是否给予贷款支持。通过各项数据、比率和分析指标，银行可以掌握项目未来的财务状况，判断项目的偿还能力，决定是否应给与建设贷款。一般来说，一个项目建成后的收益，只有按通常的利息率，在标准的偿还期内，有能力偿还贷款的条件下，才具备向银行借款的起码条件。

二、房地产投资财务分析的原理与方法

（一）房地产投资财务分析的原理

房地产投资财务分析的原理主要有资金的时间价值原理和财务会计分析原理。资金的时间价值原理第一章已经介绍。财务会计分析的基本原理是从基本报表中取得数据，计算财务评价指标，然后与基本参数作比较，根据一定的评价标准，决定项目的取舍。因此，财务评价是一种规范化的体系，该体系由三部分组成：财务报表、财务评价指标和用于财务评价的行业或国家参数。其作用原理如下图：

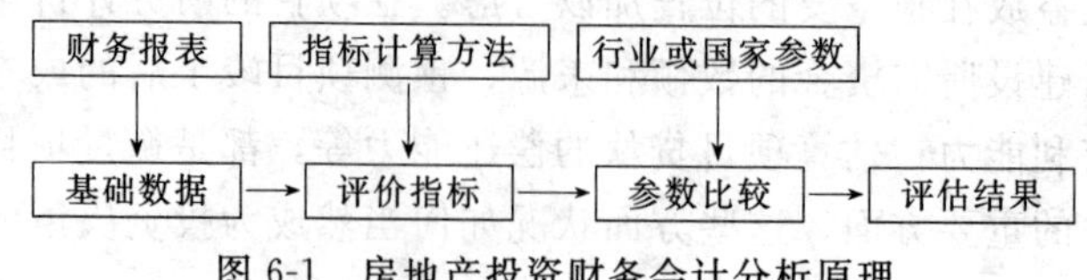

图 6-1 房地产投资财务会计分析原理

（二）房地产项目财务评价方法

1. 动态分析与静态分析相结合，以动态分析为主

静态分析不考虑资金的时间价值，只把不同时间发生的现金流量直接相加，计算有关指标来决定项目的取舍，因此反映不出项目整个寿命期的全面情况，但其分析计算简便、直观、简单易行。

动态分析着眼于投资全过程，并强调时间因素，利用复利计算方法将不同时间内现金流入和流出折算成同一时点的价值，这就为不同方案和不同项目的经济比较提供了相同的基础，较为全面客观的反映项目投资收益，尽管计算稍微复杂，但是比较科学的评价方法。

当然，强调动态指标并不排斥静态指标，在项目财务分析过程中可根据项目的特点以及工作阶段和深度的要求，利用静态指标进行辅助分析。

2. 定量分析与定性分析相结合，以定量分析为主

项目财务分析的本质要求是通过对项目建设过程中的现金流量的计算分析，对项目开发建设过程中的诸多经济因素给出明确的数量概念，从而得出结论和建议。因此，在财务分析中，凡能定量化的经济要素都应进行定量分析和计算，用定量指标表现出来。但是，房地产项目投资是个复杂的系统，总会有一些不能定量化的因素，这就要求进行实事求是的、准确的定性分析和描述，结合定量分析得出评价结论。

3. 预测分析与统计分析相结合，以预测分析为主

项目建设完毕后租售是未来的事，未来市场需求、未来国民经济发展状况如何，直接影响着项目的经济效益。因此，进行项目财务评价，既要以现有状况水平为基础，又要进行有根据的预测。

三、房地产投资财务分析的内容和步骤

（一）房地产项目投资财务分析主要内容

房地产项目投资财务分析主要内容包括三个方面：

收益分析。通过计算分析项目的收益和成本费用的有关数据，得出项目投资的合理经济效益区间；

风险分析。通过分析项目的资产负债及现金流状况，判断项目的财务风险和经营风险；

资金流动性分析。通过分析项目的资金和资金结构状况，判断项目资金充裕度、资金结构合理性。

(二) 房地产项目投资财务分析的步骤

1. 分析、估算项目的财务基础数据

在对投资项目的总体了解和对投资环境、市场、技术方案充分调查、研究的基础上，对包括项目总投资、资金筹措方案、成本费用、租售收入与税金，以及其他与项目有关的财务数据进行分析、鉴定和评估。这些财务数据主要来自房地产投资分析报告的投资、成本估算、资金规划等部分，它几乎涉及到房地产投资分析的所有实际环节。因此，对项目财务数据的分析、审查与评价，离不开对项目实体部分的考察与评价。所以对于财务数据的评价，不仅要分析各种数据及辅助报表的准确性，还应注意审查财务数据与各实际环节的协调与一致性。

2. 编制和分析财务基本报表

财务基本报表是根据财务数据填列的，也是计算反映项目盈利能力、清偿能力的技术经济指标的基础，所以在分析和估算财务数据之后，需要编制和分析评估财务基本报表，主要是对现金流量表、损益表、资金来源与运用表等进行分析和评价。不仅要审查基本报表的格式是否符合规范要求，还要审核所填列的数据是否准确。如果格式不符合要求或者数据不准确，则要重新编制表格，填列分析人员所估算的财务数据。

3. 分析财务效益指标

财务效益指标包括反映项目盈利能力的指标和反映项目清偿能力的指标(具体见下节)。对财务效益进行分析和评估，要从静态和动态两个角度进行分析。要保证计算方法和计算结果的准确性。若计算方法不正确或计算结果有误差，则需重新计算。

4. 提出财务分析结论

将计算出来的有关指标与标准指标进行对比分析，并从财务角度提出项目可行与否的结论。

第二节　房地产投资财务报表分析

一、房地产投资财务报表体系

根据报表的作用不同，财务报表可分为基本财务报表与辅助财务报表。

基本报表包括：现金流量表、损益表、资金来源与运用表、资产负债表。基本财务报表按照独立法人房地产项目(项目公司)的要求进行科目设置；非独立法人房地产项目基本财务报表的科目设置，可参照独立法人项目进行，但应注意费用与效益在项目上的合理分摊。

辅助报表包括：成本费用估算表、投资计划与资金筹措表、贷款还本付息表、销(出)售收入估算表、出租收入估算表、折旧摊销表、营业成本表等等。

二、辅助性财务报表的编制与分析

(一) 成本费用估算表的编制与分析

第五章房地产项目投资成本与收入估算对房地产投资成本费用有比较详细的介绍，综合第五章的介绍，可以得到开发项目总投资估算表：

开发项目总投资估算表　　**表 6-1**

单位：万元

序　号	项　　目	计费标准与依据	总　价	单　价
1	开发建设投资			
1.1	土地费用			
1.2	前期工程费			
1.3	基础设施建设费			
1.4	建筑安装工程费			
1.5	公共配套设施建设费			

续表

序　号	项　　目	计费标准与依据	总　价	单　价
1.6	开发间接费			
1.7	管理费用			
1.8	财务费用			
1.9	销售费用			
1.10	开发期税费			
1.11	其他费用			
1.12	不可预见费			
2	经营资金			
3	项目总投资			
3.1	开发产品成本			
3.2	固定资产投资			
3.3	经营资金			

注：项目建成运营时，固定资产将形成固定资产、无形资产与递延资产。

表 6-1 中各项费用具体估算可采用表 6-2～表 6-8 进行。

土地费用估算表　　　　**表 6-2**

单位：万元

序　号	项　　目	金　　额	估 算 说 明
1	土地出让金		
2	征地费		
3	拆迁安置补偿费		
4	土地转让费		
5	土地租用费		
6	土地投资折价		
	合　　计		

前期工程费估算表　　　　**表 6-3**

单位：万元

序　号	项　　目	金　　额	估 算 说 明
1	规划、设计、可研费		
2	水文、地质勘察费		

续表

序 号	项 目	金 额	估算说明
3	道路费		
4	供税费		
5	供电费		
6	土地平整费		
	合 计		

基础设施建设费估算表 **表 6-4**

单位：万元

序 号	项 目	建设费用	接口费用	合 计
1	供电工程			
2	供水工程			
3	供气工程			
4	排污工程			
5	小区道路工程			
6	路灯工程			
7	小区绿化工程			
8	环卫设施			
	合 计			

建筑安装工程费用估算表 **表 6-5**

单位：万元

项 目	建筑面积	建安工程费		装饰工程费		金额合计
		单价	金额	单价	金额	
单项工程 1						
单项工程 2						
…						
合 计						

公共配套设施建设费估算表 **表 6-6**

单位：万元

序　号	项　　目	建 设 费 用	估　算　说　明
1	居委会		
2	派出所		
3	托儿所		
4	幼儿园		
5	公共厕所		
6	停车场		
	合　　计		

开发期税费估算表 **表 6-7**

单位：万元

序　号	项　　目	金　　额	估 算 说 明
1	固定资产投资方向调节税		
2	土地使用税		
3	市政支管线分摊费		
4	供电贴费		
5	用电权费		
6	分散建设市政公用设施费		
7	绿化建设费		
8	电话初装费		
	合　　计		

其他费用估算表 **表 6-8**

单位：万元

序　号	项　　目	金　　额	估 算 说 明
1	临时用地		
2	临建图		
3	施工图预算或标底编制费		
4	工程合同预算或标底审查费		
5	招标管理费		

续表

序号	项目	金额	估算说明
6	总承包管理费		
7	合同公证费		
8	施工执照费		
9	工程质量监督费		
10	工程监理费		
11	竣工图编制费		
12	工程保险费		
	合计		

以上表格是就一般开发项目编制的，不同的城市，不同的开发项目，可以根据自己的特点，列出相应的费用项，不必拘泥于上述表格。

将表 6-2～表 6-8 的数据估算完毕并填制后，再统一汇总到表 6-1 就可完成开发项目投资的成本费用总表。

（二）投资计划与资金筹措表的编制与分析

1. 投资计划与资金筹措表的格式

在确定项目的资金筹措方案和筹资计划时，应先结合项目实施进度计划与投资估算编制投资计划表，以保证项目实施资金的需求和资金的合理、有效使用。所以，必须把投资计划与筹资计划有机地结合起来。

房地产开发项目的投资计划与资金筹措计划表的格式如表 6-9 所示。

投资计划与资金筹措表 **表 6-9**

单位：万元

序号	项目	合计	建设经营期(年、季、月)				
			1	2	3	…	n
1	项目总投资						
1.1	开发建设投资						

续表

序 号	项 目	合 计	建设经营期(年、季、月)				
			1	2	3	…	n
1.2	经营资金						
2	资金筹措						
2.1	自有资金(资本金)						
2.2	借贷资金						
2.3	预售收入						
2.4	预租收入						
2.5	其他收入						

2. 投资计划与资金筹措表的编制

投资计划应根据项目投资估算与项目进度计划来制定，并把项目实施进度计划中各项具体开发建设的内容、特点和实施进度要求等与资金供给的可能性结合起来。比如，上表中，开发建设投资第一年需要1个亿，但实际上开发单位自己没有这么多的自有资金，所有它就必须筹资，包括发行债券和向银行借款等。这些都应该考虑到报表编制中去。

3. 投资计划与资金筹措表的分析评价

投资计划与资金筹措表编制好后，需要从两个方面对其审查评价，一是要看项目实施进度计划是否能与筹资计划相吻合，投资计划能否与项目实施进度相衔接；二是要看各项不同渠道来源的资金使用是否合理。特别是预售收入的再投入部分是否与销售收入计划相配合与协调。不能出现没有资金支持的投资计划，也不能有筹集资金过多而有不使用的现象。

（三）贷款还本付息表的编制与分析

1. 贷款还本付息表的格式

贷款还本付息表的格式见表6-10。

贷款还本付息估算表 **表 6-10**

序号	项目	合计	开发经营期(年、季、月)				
			1	2	3	…	n
1	借款及还本付息						
1.1	年初贷款余额						
1.2	本年贷款						
1.3	本年应计利息						
1.4	本年偿还本息						
1.5	年末贷款余额						
2	偿还本息资金来源						
2.1	销售及出租纯收入						
2.2	短期贷款						
	贷款利率(%)						
	还款方式	等额还本付息还是等额还本、利息照付					
	借款偿还期						

2. 贷款还本付息表的编制

编制贷款还本付息表需要注意三个方面的问题：

一是贷款还本付息金额要与相应的资金来源相一致，不能出现没有资金来源却有还本付息的现象。

二是还本付息额的计算方法。贷款每年应计利息的计算公式如下：

每年应计利息=(年初借款本息余额+本年借款额/2)×年利率

如非按每年计息计算，还应做相应的转换，如转换成季度等。

三是具体的还款方式。在编制还本付息表时，还本付息额是由借贷合同规定的还本付息方式及借贷偿还期限、利率确定的。常见的贷款还本付息方式有等额还本付息和等额还本、利息照付两种方式。要注意这两种方式还款数额的不同及计算方式的差异。

3. 贷款还本付息表的作用

贷款还本付息表在实际房地产开发决策中通常都比较重要，

其作用主要体现在以下几个方面：

(1) 了解开发项目的债务清偿能力和安排开发建设资金

贷款还本付息表非常明确的显示了项目还本付息的时间与数额，开发单位可以根据表中的信息安排开发建设资金，包括做好提前借款和还款的准备工作等。

利用贷款还本付息表还可以计算开发项目的借款偿还期。所谓借款偿还期，是指在国家财税规定及项目具体财务条件下，以项目投产后可用于还款的资金偿还固定资产投资的借款本金和建设期利息所需要的时间。借款偿还期的具体计算公式为：

借款偿还期＝借款偿还开始出现盈余的年份－开始借款年份＋(当年应偿还借款金额/当年可用于还款的金额)

(2) 分析项目资金筹措方案的合理性

项目贷款还本付息表显示了资金筹措方案所决定的筹资结构、筹资成本状况，为筹资方案的调整及优化提供了依据。一旦发现筹资方案和还本付息表有出入，就要及时分析可能的问题，并适当调整筹资方案。

(3) 评价房地产开发项目的财务风险

通过贷款还本付息表所提供的信息，能够全面地分析开发项目的负债结构、还贷方式以及负债程度的合理性，评价项目因举债带来的财务风险大小及如何降低风险及降低风险的可能性大小等等。

(四) 销售(出租)收入估算表的编制与分析

1. 销售(出租)收入估算表的格式

销售(出租)收入估算表的格式可参考表 6-11。

销售(出租)收入与经营税金及附加估算表 **表 6-11**

单位：万元

序号	项　目	合计	开发经营期(年、季、月)				
			1	2	3	…	n
1	销售(出租)收入						
1.1	可销售(出租)面积						

续表

序号	项　　目	合计	开发经营期(年、季、月)				
			1	2	3	…	n
1.2 1.3	单位售价(租金) 销售(出租)比例						
2	经营税金及税金附加						
2.1 2.2 2.3 2.4 2.5 …	营业税 城市维护建设税 教育费附加 交易管理费 交易印花税						
3	销售(出租)毛总收入						
4	营业税及附加(5.5%)						
5	税后销售(出租)总收入						

注：1. 当房地产开发项目有预租时，在开发期存在租金收入；

2. 出租一定时间后，可以转售，净转售收入一般在期末实现。

2. 销售(出租)收入估算表的编制与分析

填列和编制销售(出租)收入估算表，首先需要确定项目的租售方案。房地产开发项目租售方案的内容见第五章第二节“房地产开发项目收入估算”所述。

在上述租售方案的基础上，把具体的数据填列在表格中。

(五) 折旧摊销表的编制与分析

1. 折旧摊销表的格式

折旧摊销表的格式见表6-12。

折旧摊销表 **表6-12**

单位：万元

项　　目	经济使用年限	年平均折旧率	合　计	开发经营期(年)		
				1	…	n
房屋建筑物						

续表

项　　目	经济使用年限	年平均折旧率	合　计	开发经营期(年)		
				1	…	n
原值 本年折旧 账面净值						
机电设备						
原值 本年折旧 账面净值						
无形资产						
原值 本年摊销 账面净值						
开办费						
原值 本年摊销 账面净值						
其他						
原值 本年摊销 账面净值						
原值总计						
折旧摊销总计						
账面净值总计						

2. 折旧摊销表的编制与分析

表 6-12 折旧摊销表中，房屋建筑物即指房屋建筑物的建筑主体结构部分，其原值按成本费用表中的房屋建安造价的一定比例填列；

机电设备是指房屋建筑物中的电梯、中央空调等机电设备部分，其原值按成本费用表中的房屋建安造价扣除房屋建筑物后的比例填列；

无形资产主要是指土地使用权的取得费用，其原值按成本费用表中的土地使用权的费用填列；

开办费主要包括项目的前期工程费(含工程监理费、勘探设计费、可研费等)以及开发管理费等，其原值按成本费用表中的相应数据填列；

其他是指除上述费用外的费用，其原值按成本费用表中的数据填列。

编制折旧摊销表是确定转售收入的基础，也是营业成本表中“折旧及摊销”一栏中数据的来源。

（六）营业成本表的编制与分析

1. 营业成本表的格式(见表6-13)

营业成本表 **表6-13**

单位：万元

应计项目	计算标准	金额总计	开发经营期(年、季等)		
			1	…	n
经营费用					
房产税					
小　计					
折旧及摊销					
财务费用					
小　计					
营业成本合计					

注：1. 经营费用中包含物业管理费支出、建筑物维护与能源费、行政费用及营销费等内容。通常按租金收入的5%计算；

2. 房产税按出租房屋出租收入的12%估算。

2. 营业成本表的编制与分析

营业成本表是编制出租项目损益表和现金流量表的重要辅助报表。表中各指标按照前述各表中的数字填列。注意和前述各表在年月、数值上的一一对应。

三、基本报表的编制与分析

（一）损益表的编制与分析

1. 损益表的格式

损益表是反映房地产项目开发经营期内各期的利润总额、所得税及各期税后利润的分配情况，用以计算投资利润率、投资利税率、资本金利润率和资本金净利润率等静态评价指标的表格。

损益表的格式参见表 6-14。

损益表 **表 6-14**

单位：万元

序号	项　目	合计	开发经营期(年、季等)				
			1	2	3	…	n
1	经营收入						
1.1	销售收入						
1.2	出租收入						
1.3	自营收入						
2	经营成本						
2.1	商品房开发成本						
2.2	出租房营业成本						
3	运营费用						
4	修理费用						
5	经营税金及附加						
6	土地增值税						
7	利润总额						
8	所得税						
静态财务分析指标：							
税前(/税后)利润							
(全)投资利润率：							
资本金利润率：							
静态投资回收期：							

注：本表适用于独立法人的房地产开发项目(项目公司)。非独立法人的房地产开发项目可参照本表使用，同时应注意开发企业开发建设投资、经营资金、运营费用、所得税和债务等的合理分摊。

2. 损益表的编制与分析

损益表反映项目计算期内各年的利润总额、所得税及税后利润的分配情况。

(1) 产品销售(出租)收入、销售税金及附加、总成本费用的各年度数据分别取自相应的辅助报表。

(2) 利润总额＝产品销售(出租)收入－税金及附加－总成本费用。

(3) 所得税＝应纳税所得额×所得税税率。

(4) 税后利润＝利润总额－所得税。

(5) 税后利润按法定盈余公积金、公益金、应付利润及未分配利润等项进行分配。

以销售为主的损益表和以出租为主的损益表基本相同。

（二）现金流量表的编制与分析

现金流量表通过反映房地产项目开发经营期内各年的现金流入和现金流出用以计算财务内部收益率、财务净现值及投资回收期等评价指标，分析项目财务盈利能力。按投资计算基础不同，现金流量表分为全部投资和自有资金现金流量表。

1. 全部投资现金流量表

该表从项目本身角度出发，不分投资资金来源，以全部投资作为计算基础，用以计算全部投资财务内部收益率、财务净现值及投资回收期等评价指标，考察房地产项目全部投资的盈利能力，为各个投资方案(不论其资金来源及利息多少)进行比较建立共同的基础。

全部投资现金流量表的格式见表 6-15。

全部投资财务现金流量表 **表 6-15**

单位：万元

序号	项　　目	合计	开发经营期(年、季等)				
			1	2	3	…	n
1	现金流入						
1.1	销售收入						
1.2	出租收入						
1.3	自营收入						
1.4	净转售收入						
1.5	其他收入						
1.6	回收固定资产余值						
1.7	回收经营资金						

续表

序号	项　目	合计	开发经营期(年、季等)				
			1	2	3	…	n
2	现金流出						
2.1	开发建设投资						
2.2	经营资金						
2.3	运营费用						
2.4	修理费用						
2.5	经营税金及附加						
2.6	土地增值税						
2.7	所得税						
3	净现金流量						
4	累计净现金流量						
动态财务分析指标		税　前			税　后		
财务净现值：							
内部收益率：							
动态投资回收期：							

注：1. 本表适用于独立法人的房地产开发项目(项目公司)。非独立法人的房地产开发项目可参照本表使用，同时应注意开发企业开发建设投资、经营资金、运营费用、所得税和债务等的合理分摊；

2. 开发建设投资中不含财务费用；

3. 在运营费用中应扣除财务费用、折旧费和摊销费。

对于房地产投资项目而言，其经营成本已包含在项目的投资与成本费用之内，故不再单独列出作为现金流出的项目。全部投资中不含建设期利息，同时也不考虑全部投资的本金和利息的偿还问题。

表中各栏目含义及填写方法：

(1) 销售(出租或自营)收入。是指企业销售产品或出租等取得的收入。根据产品销售(营业)收入和销售税金及附加估算表的数据填列。

(2) 回收固定资产余值。固定资产余值即是固定资产残值。根据折旧摊销估算表填列在项目计算期最后一年。

(3) 回收经营资金。全部经营资金在计算期末收回，填列在计算期最后一年。

(4) 开发建设投资。开发建设投资应按投资计划与资金筹措表填列在项目建设期各年。

(5) 经营资金。按投资计划与资金筹措表的数据填列。

(6) 经营的各种成本和费用。根据总成本费用表的数据填列。

(7)经营税金及附加。按销售收入和经营税金及附加估算表数据填列。

(8) 所得税。从开发期第一年起至计算期末逐年填列。各年所得税在损益表估算。

2. 资本金(自有资金)现金流量表

资本金(自有资金)现金流量表从投资者的角度出发，以投资者的出资额作为计算基础，把借款本金偿还和利息支付视为现金流出，用以计算资本金财务内部收益率、财务净现值等评价指标，考察项目资本金的盈利能力。

资本金(自有资金)现金流量表的基本格式见表 6-16。

资本金(自有资金)财务现金流量表 **表 6-16**

单位：万元

序号	项　目	合计	开发经营期(年、季等)				
			1	2	3	…	*n*
1	现金流入						
1.1	销售收入						
1.2	出租收入						
1.3	自营收入						
1.4	净转售收入						
1.5	其他收入						

续表

序号	项目	合计	开发经营期(年、季等)				
			1	2	3	…	n
1.6	长期借款						
1.7	短期借款						
1.8	回收固定资产余值						
1.9	回收经营资金						
2	现金流出						
2.1	开发建设投资						
2.2	经营资金						
2.3	运营费用						
2.4	修理费用						
2.5	经营税金及附加						
2.6	土地增值税						
2.7	所得税						
2.8	借款本金偿还						
2.9	借款利息支付						
3	净现金流量						
4	累计净现金流量						

动态财务分析指标	税前	税后
财务净现值：		
内部收益率：		
动态投资回收期：		

注：本表适用于独立法人的房地产开发项目(项目公司)。非独立法人的房地产开发项目可参照本表使用，同时应注意开发企业开发建设投资、经营资金、运营费用、所得税和债务等的合理分摊。

资本金(自有资金)现金流量表形式与全部投资现金流量表基本相同，不同的是现金流出项目增加了借款本金偿还和借款利息支出两个项目。另外，在形成这张表时，由于假定了全部投资中除自有资金外的投资都通过债务资金来解决，两者抵消后，在现金流入中就不把债务资金作为流入，也不把全部投资作为流出，只把自有资金投资作为流出。

资本金现金流量表主要考察自有资金的盈利能力和向外部借款对项目的有利程度。在对拟建项目进行投资分析时，要分别对两种现金流量表进行审查和分析，并根据分析人员所估算的基础数据编制两种现金流量表，并计算相应的分析指标。

3. 投资者各方现金流量表

该表以投资者各方的出资额作为计算基础，用以计算投资者各方的财务内部收益率、财务净现值等反映投入资本盈利能力的评价指标。

投资者各方现金流量表的基本格式见表6-17。

投资者各方现金流量表 **表6-17**

单位：万元

序号	项　　目	合计	开发经营期(年、季等)				
			1	2	3	…	n
1	现金流入						
1.1	应得利润						
1.2	资产清理分配						
(1)	回收固定资产余值						
(2)	回收经营资金						
(3)	净转售收入						
(4)	其他收入						
2	现金流出						
2.1	开发建设投资出资额						
2.2	经营资金出资额						
2.3	借款利息支付						
3	净现金流量						
4	累计净现金流量						
动态财务分析指标		税　前			税　后		
财务净现值：							
内部收益率：							
动态投资回收期：							

投资者各方现金流量表是把投资者放大为几个而不是原来的一个投资者，或者说，把若干投资者都分别假设为开发商，在此条件下，计算投资者的投资效益指标，为各个投资者投资决策提供参考。投资者各方现金流量表是房地产项目开发上筹措资金时一个重要的表格。

（三）资金来源与运用表的编制与分析

1. 资金来源与运用表的格式（见表 6-18）

资金来源与运用表 **表 6-18**

单位：万元

序号	项目	合计	开发经营期（年、季等）				
			1	2	3	…	n
1	资金来源						
1.1	销售收入						
1.2	出租收入						
1.3	自营收入						
1.4	自有资金						
1.5	长期借款						
1.6	短期借款						
1.7	回收固定资产余值						
1.8	回收经营资金						
1.9	净转售收入						
2	资金运用						
2.1	开发建设投资						
2.2	经营资金						
2.3	运营费用						
2.4	修理费用						
2.5	经营税金及附加						
2.6	土地增值税						
2.7	所得税						
2.8	应付利润						
2.9	借款本金偿还						
2.10	借款利息支付						
3	盈余资金						
4	累计盈余资金						

注：本表适用于独立法人的房地产开发项目（项目公司）。非独立法人的房地产开发项目可参照本表使用，同时应注意开发企业开发建设投资、经营资金、运营费用、所得税和债务等的合理分摊。

2. 资金来源与运用表的编制与分析

资金来源与运用表中的各指标可以直接从上述辅助报表以及损益表和现金流量表中得到并直接填列。

资金来源与运用表反映房地产项目开发经营期各期的资金盈余或短缺情况，用于选择资金筹措方案，制定适宜的借款及偿还计划，并为编制资产负债表提供依据，同时还可用以计算借款偿还期。资金来源与运用表能反映项目的资金活动全貌。

（四）资产负债表的编制与分析

1. 资产负债表的结构与格式

资产负债表的主体结构包括三大部分：资产、负债和所有者权益，其平衡关系用会计等式表示即：资产＝负债＋所有者权益。

资产负债表综合反映项目计算期内各年年末资产、负债和所有者权益的增减变化及对应关系，以考察项目资产、负债、所有者权益的结构是否合理，用以计算资产负债率、流动比率、速动比率等指标，进行清偿能力分析与资本结构分析。

资产负债表的格式见表 6-19。

资产负债表 **表 6-19**

单位：万元

序号	项　目	合计	开发经营期(年、季等)				
			1	2	3	…	n
1	资产						
1.1	流动资金						
1.1.1	应收账款						
1.1.2	存货						
1.1.3	现金						
1.1.4	累计盈余资金						
1.2	在建工程						
1.3	固定资产净值						
1.4	无形及递延资产净值						
2	负债及所有者权益						

续表

序号	项　　目	合计	开发经营期(年、季等)				
			1	2	3	…	n
2.1	流动负债总额						
2.1.1	应付账款						
2.1.2	短期借款						
2.2	借款						
2.2.1	经营资金借款						
2.2.2	固定资产投资借款						
2.2.3	开发产品投资借款						
	负债小计						
2.3	所有者权益						
2.3.1	资本金						
2.3.2	资本公积金						
2.3.3	盈余公积金						
2.3.4	累计未分配利润						

计算指标：1. 资产负债率(%)
2. 流动比率(%)
3. 速动比率(%)

表中具体项目的含义如下：

(1) 应收账款，是指在下一个经营年度内收回的赊购商品或劳务的款项。如分期付款形式销售的房地产产品余下的应收账款。

(2) 存货，是指为生产经营活动而储备的实物资产。包括商品、半成品、在产品及各种材料等。如代销的商品房、待用的空调、电梯等。

(3) 现金，即以货币形态存在的，可立即用作支付手段的资金，包括货币、银行或其他金融机构存款。

(4) 累计盈余资金，即过去经营年度的盈余资金，由上年财务结转。

(5) 在建工程，指正在进行施工建设的工程项目所投入的资金。这是房地产开发项目占用最大比例的资产。

(6) 固定资产净值，指生产经营活动中投入使用的，使用期一年以上，单位价值在规定标准以上，并且在使用过程中保持原有实物形态的资产净值。如公司的办公用房等。根据开发建设估算表有关数据填列。

(7) 无形及递延资产净值，是指企业长期使用而没有实物形态的资产和不应全部计入当年损益，应由以后年度分期摊销的各种费用的净值。

(8) 应付账款，指项目开发建设中购进商品或接受外界提供劳务、服务而未付的欠款。

(9) 经营资金借款，指从银行或其他金融机构借入的短期贷款。

(10) 固定资产投资借款，指投资用于固定资产方面的期限在一年以上的银行借款、抵押贷款和向其他单位的借款。

(11) 开发产品投资借款，指用于开发产品方面的长期借款。

(12) 资本金，是项目实际注入的投资者资本。根据投资计划与资金筹措表所列各年投入的自有资金中资本金求出的累计资本金数额填列。

(13) 资本公积金，指包括股本发行溢价、法定财产重估后增值、接收捐赠的非货币资产的价值及外商注入资本的汇率折算差额等新增的资本金。填列方法同资本金。

(14) 盈余公积金，是按国家规定从利润中提取形成的公积金。根据损益表中盈余公积金进行填列。

(15) 未分配利润，指实现利润在扣除所得税、提取盈余公积金和分配利润后的余额所得未分配利润的历年积累。根据损益表中数据填列。

2. 资产负债表的分析

资产负债表分析可以提供四方面的财务信息：项目所拥有的

经济资源；项目所负担的债务；项目的债务清偿能力以及项目所有者所享有的权益。

资产负债分析主要考察房地产项目开发经营期间的资产与负债状况。各期资产应等于负债和所有者权益之和，否则，应检查其他基本报表。

第三节　房地产投资财务指标分析

一、房地产投资财务分析指标体系

财务分析主要指标体系及其与基本财务报表的对应关系见表6-20。

房地产投资财务分析指标体系　　　　**表 6-20**

评估内容	基本报表	财务分析主要指标	
		静态主要指标	动态主要指标
盈利能力分析	全部投资现金流量表	全部投资回收期 财务净现金流量	财务内部收益率 财务净现值 动态投资回收期
	自有资金现金流量表	—	财务内部收益率 财务净现值 动态投资回收期
	损益表	投资利润率 投资利税率 资本金利润率	—
清偿能力分析	借款还本付息表 资金来源与运用表 资产负债表	借款偿还期 还本付息比率 资产负债率 流动比率 速动比率	— —

二、房地产投资财务静态指标分析

所谓静态指标，是指不考虑货币时间价值的指标。它的主要特点是静止地看问题，不计算货币的时间价值，所采用的年度资金流量是当年的实际数值，而不用折现值。该指标在建设工期短的小型项目的投资分析中有一定的使用价值，对大中型投资项目，在投资机会研究或初步可行性分析阶段，也有较多的应用。

主要的静态指标分析如下：

（一）静态全部投资回收期(P_t)

1. 含义与计算

静态全部投资回收期是指在不考虑资金时间价值的条件下，以房地产项目的净收益抵偿全部投资所需要的时间。它是考察项目在财务上的资金回收能力的主要静态评价指标。一般以年表示，并从房地产项目开发期的起始年算起。

静态投资回收期的具体计算方法有两种：

(1) 当项目投入运营后，每年的收益额大致相同时

投资回收期＝项目总投资/项目年平均收益额

式中的项目总投资额应考虑投资贷款利息。项目的年平均收益额是由项目的年平均营业收入(租金收入)扣除年平均经营成本(不含折旧)及各种税金后的余额。

(2) 当项目投入运营后，每年的收益额相差较大时

投资回收期＝(累计净现金流量开始出现正值期数－1)＋(上期累计现金流量的绝对值÷当期净现金流量)

其中的净现金流量和累计净现金流量可直接利用全部投资现金流量表中的数据计算得到。当累计净现金流量等于零或出现正值的年份，即为项目静态投资回收期的最终年份。

上述公式中的期数在实际计算中可能是年、季、月。出于习惯考虑，如果得出的期数不是年，应换算成年。

2. 具体应用及注意问题

在财务评价时，求出的回收期指标(P_t)应与行业的基准投资回收期(P_c)比较，当 $P_t \leqslant P_c$ 时，表明该项目能在规定的时间内收回投资。

静态投资回收期指标计算简单、容易理解、直观；其缺点是

没有考虑项目回收资金以后的情况，不能评价项目计算期内的总收益和盈利能力，因此通常不能仅仅根据投资回收期的长短来评价项目的优劣，而必须和其他指标(如财务内部收益率和财务净现值)结合使用，以免得出错误结论。

3. 有关例题

【例 6-1】 某项目投资兴建后各年的现金流量状况如下表所示，试计算项目的静态投资回收期。

年份	投资额	收入	成本	折旧	净现金流量	累计净现金流量
1	－1500				－1500	－1500
2	－1800				－1800	－3300
3	－650	622.2	－52.2	60	－20	－3320
4		860.5	－70.5	60	850	－2470
5		872.7	－72.6	60	860.1	－1609.9
6		884.7	－75.8	60	868.9	－741
7		1075	－84.8	60	1050.2	309.2

【解】

由上表累计数字可看出，该项目的收益额各年不同，且相差较大。因此要用第二种方法计算项目投资回收期。

根据公式：

投资回收期＝(累计净现金流量开始出现正值期数－1)＋(上期累计现金流量的绝对值÷当期净现金流量)

代入表中数字可得：

投资回收期＝7－1＋｜－741｜÷1050.2＝6.71

即项目将在 6.71 年，约 6 年零 8 个多月收回投资。

(二) 投资利润率

1. 含义与计算公式

投资利润率又称投资收益率，是指项目达到正常生产能力后的一个正常年份投资利润总额与项目总投资的比率，是考察项目盈利能力的静态指标。年利润总额指项目达到设计生产能力时正常年份的利润总额，如果在生产期内利润总额变化幅度较大，则利用年平均利润总额计算。其计算公式为：

投资利润率＝年利润总额或年平均利润总额÷项目总投资×100％

年利润总额＝年产品销售收入－年产品销售税金及附加－年总成本费用

项目总投资＝固定资产投资＋建设期利息＋流动资金

投资利润率＝年平均利润总额÷总投资×100％

投资利润率可根据损益表中的有关数据计算求得。

2. 具体应用及注意问题

进行财务评价时，要将投资利润率与行业平均投资利润率对比，以判别项目单位投资盈利能力能否达到本行业的平均水平。

对于房地产项目的基准投资利润率的确定要考虑以下一些因素：当前的宏观经济情况、银行的贷款利率以及其他行业的投资利润率水平；房地产投资项目的类型；房地产项目的开发建设周期。一般而言，宏观形势好，利率高、其他行业投资利润率水平高，则房地产的基准投资利润率也会高；投资开发商业物业又比投资住宅的基准投资利润率高；开发建设周期越长，基准投资利润率相对也会越高，等等。

投资利润率指标值的优点是计算简单、直观、易于理解，缺点在于正常年度利润额的选择有困难，因为房地产投资项目是根据房地产的市场行情，以及推销能力和预售情况等来反映每年的销售收入业绩的，很难确定其正常年份的利润额，所以按预计回收期内全部售完的几年内的平均值为年利润总额来计算投资利润率较为合理。

投资利润率指标一般适用于投资额小、比较简单的项目的财务评价，对于各年收益不同的多个方案进行比较并做方案选择是不合适的。

（三）投资利税率

是指房地产投资项目开发建设完成以后正常年度的年利税总

额(或预计回收期内全部售完的几年内的年均利税)与项目总投资的比率。计算公式为:

投资利税率＝年利税总额或年平均利税总额÷项目总投资×100％

这里的分子与投资利润率的分子情况相似，年利税总额是年利润总额与年销售税金及附加之和，或者是年销售收入与年总成本费用之差。

投资利税率指标值越大，说明项目或方案的获利能力越大。投资利税率的优缺点基本上与投资利润率相同。如果总投资利税率大于或等于基准投资利税率，则项目可行。

(四)资本金利润率

资本金利润率是指项目达到正常生产能力后的一个正常生产年份的年利润总额或项目生产期内年平均利润总额与资本金的比率，它反映了投入项目开发的资本金的盈利能力。计算公式为:

资本金利润率＝年平均利润总额÷资本金×100％

式中，年平均利润总额为税前利润；资本金为投入项目的全部自有资金(或权益投资，不包括借贷资金等)。计算出来的资本金利润率要与行业的平均资本金利润率或投资者的目标资本金利润率进行比较，若前者大于后者或等于后者，则认为项目是可以考虑的。

【例 6-2】 假设某房地产项目总投资支出为 116673 万元，从开发第二年起，开始有建成房屋可售，每年可实现利润总额 20262 万元，销售税金 7572 万元，资本金为 31500 万元。如果标准收益率为 16％，试计算项目的投资利润率、投资利税率、资本金利润率，并判断项目是否可行。

【解】

投资利润率＝20262÷116673×100％＝17.37％

投资利税率＝(20262＋7572)÷116673×100％＝23.86％

资本金利润率＝20262÷31500×100％＝64.32％

投资利润率、投资利税率和资本金利润率分别为 17.37％、

23.86%、64.32%，均大于标准收益率16%，因此，项目可行。

（五）借款偿还期

1. 国内借款偿还期

具有自营部分的房地产项目应计算国内借款偿还期。仅含产品租售的房地产项目一般可不计算国内借款偿还期。

国内借款偿还期是指在国家规定及房地产项目具体财务条件下，在房地产项目开发经营期内，使用可用作还款的利润、折旧摊销及其他还款资金，偿还房地产项目借款本息(I_{d})所需要的时间。其计算公式为：

$$I_{\mathrm{d}} = \sum_{t=1}^{P_{\mathrm{d}}} R_{\mathrm{t}}$$

式中　P_{d}——国内借款偿还期，从借款开始期计算；

R_{t}——第 t 期可用于还款的资金，包括：利润、折旧摊销及其他还款资金。

借款偿还期可由资金来源与运用表或国内借款还本付息计算表直接计算，其详细计算公式为：

P_{d}＝借款偿还后开始出现盈余期数－开始借款期数＋(当期偿还借款额÷当期可用于还款的资金额)

以上计算结果是以期为单位，注意将其转换成以年为单位。

2. 国外借款偿还期

国外借款偿还期涉及利用外资的房地产项目，其国外借款的还本利息，一般是按已经明确或预计可能的借款偿还条件(包括宽限期、偿还期及偿还方式等)计算。当借款偿还期满足贷款机构的要求期限时，即认为房地产项目具有清偿能力。

（六）还本付息比率

还本付息比率有时也称为偿债能力比率、偿债保障比率，表示项目净经营收益与年债息总额(年还本付息额)之间的关系，或者说，还本付息比率是物业实际总收入扣除营业支出后仍可以用来偿付固定支出的倍数。其计算公式为：

还本付息比率＝净经营收益/年还本付息额

该指标数值越大，则项目面临的财务风险越小，贷款的安全程度越高。银行通常用该指标来评估其发放贷款风险及决定放款的额度。国外房地产投资方面的资料表明，贷款人一般希望该比率至少为1.2，项目才具有清偿能力，贷款机构才可以考虑接受这样的项目贷款。

（七）资产负债率

资产负债率是项目负债总额与资产总额之比。表明在整个项目资金构成中，债权人提供资金所占的比率。资产负债率揭示了项目投资者对债权人债务的保障程度，是分析项目长期债务清偿能力的重要指标。资产负债率的计算公式为：

资产负债率＝负债总额÷资产总额×100％

一般来说，项目盈利率较高，其可承受负债率也高一些；规模较大、期限较长、投资额较大的项目，其资产负债率也较高，房地产项目的资产负债率一般在70％～80％之间。

资产负债率增加，说明项目债务压力增加，破产风险增大。但对其分析还要结合资金利润率的变化分析同时进行。一般而言，当自有资金利润率大于银行贷款利率时，说明负债经营是正确的，反之则说明负债给项目带来了风险，负债偏高，应采取适当调整措施。

（八）流动比率

流动比率是项目流动资产与流动负债之比，是反映项目流动资金变现为现金以偿还流动负债的能力的指标。其计算公式为：

流动比率＝流动资产÷流动负债×100％

流动比率的高低反映了项目承受流动资产贬值的能力和偿还中、短期债务能力的强弱。流动比率越高，说明该项目偿还能力越强；对贷款人来说，其债权就越安全。

一般认为，房地产业的流动比率在1.2左右比较合适。

（九）速动比率

速动比率是项目速动资产与流动负债之比。计算公式为：

速动比率＝速动资产÷流动负债×100％

速动资产是指能迅速转变为货币资金的资产，如货币资金、应收账款等。由于流动资产中包括有存货这类变现能力较差的资产，影响了用流动比率评价短期偿债能力的可靠性，因而用速动比率评价项目短期偿债能力更精确。一般，速动比率接近100%比较合适，这也是提供贷款的机构愿意接受的。房地产业速动比率总体水平一般是65%。

三、房地产投资财务动态指标分析

动态分析指标采用了折现现金流量的方法，其计算特点是考虑了货币的时间价值，能如实反映资金实际运用情况和全面体现项目整个寿命期内的经济活动和经济效益，因而比静态指标更能够正确地对项目财务做出符合实际的评估。其主要分析指标有：

(一) 财务净现值($FNPV$)

1. 含义与计算公式

财务净现值是反映项目在整个寿命期内总的获利能力的主要动态评价指标。是指按照投资者最低可接受的收益率或设定的基准收益率 i_c，将房地产项目开发经营期内各期净现金流量折现到开发期初的现值之和。

以 i_c 为例，其表达式为：

$$FNPV = \sum_{t=1}^{n}(CI - CO)_t(1 + i_c)^{-t}$$

式中 CI——现金流入量；

CO——现金流出量；

t——第 t 年的净现金流量；

n——计算期；

i_c——财务基准收益率或设定的收益率。

财务净现值指标表示用现金流入现值补偿现金流出现值后的余额，可通过全部投资财务现金流量表和自有资金财务现金流量表中的净现金流量求得。

2. 财务净现值的作用

财务净现值是用来判别投资项目是否可行的动态评价指标之

一，它可能大于等于零，也可能小于零。净现值评价标准的临界值是零。

通常，财务净现值大于或等于零，表明投资项目的收益率正好等于基准收益率或贴现率所预定的投资收益水平，该项目是可以考虑接受的；否则认为项目的经济效益较低，甚至亏损，项目开发应该拒绝。

在投资总额相等的情况下，毫无疑问净现值越大经济效益越显著。

3. 财务净现值指标的优缺点

净现值指标是投资分析与评价中最常用的指标之一，在房地产投资分析中也得到了广泛的应用。它的优点是考虑了项目寿命期内各年现金流量的现值，在投资总额相等的情况下可以按净现值的大小对项目或备选方案排序。

但是净现值指标的缺点也是明显的：

(1) 如果投资总额不等，仅仅根据净现值的大小进行决策就可能导致失误，同时，净现值不能反映项目或备选方案的确切的收益水平；

(2) 贴现率不易确定。贴现率是计算净现值必不可少的数据，它的准确与否，对净现值的影响很大，尤其对长期经营项目和后期资金流量较大的项目更为明显。

因此，财务净现值指标计算虽然较简单，能够反映项目在整个计算期内的绝对效果，但不能反映单位投资的效果。为了克服净现值法在投资总额不等的情况下不能排序的缺点，有时也有必要计算净现值率这一指标。

4. 有关例题

有关财务净现值的计算，可参考本书第一章例 1-1 和本节例 6-4。

(二) 财务净现值率($FNPVR$)

财务净现值率是项目财务净现值与全部投资现值的比值，即单位投资的净现值，是反映项目效果的相对指标。其表达式为：

$$FNPVR=FNPV/I$$

式中　I——总投资的现值。

财务净现值率可以作为财务净现值的一个补充指标。一般来说，不同的方案中，净现值率大的方案为可选方案。

与净现值相对应，净现值率也有三种情况，即净现值率大于、等于零或小于零。

【例 6-3】　设某一房地产项目的开发建设有以下三个投资方案(见下表)，试选择最佳投资方案。

方　案	净现值(万元)	总投资现值(万元)
方案一	1500	8200
方案二	1050	5100
方案三	800	3000

【解】　分别计算各方案的净现值率：

方案一：$FNPVR=1500/8200\times100\%=18.3\%$

方案二：$FNPVR=1050/5100\times100\%=20.6\%$

方案三：$FNPVR=800/3000\times100\%=26.7\%$

计算结果说明，虽然第一、第二方案的净现值大于第三方案，但第三方案的财务净现值率大于第一、第二方案，这样第三方案才为最佳。

该例说明，净现值大的方案不一定净现值率也大，选取投资方案应综合分析各种因素和指标。

(三) 财务内部收益率($FIRR$)

1. 本质含义

根据财务净现值的计算公式，如果现金流量每年不变，则财务净现值将随折现率的变化而成反方向变化，即财务净现值与折现率呈反向变动关系。可用下图所示：

上图中，当 i 值小于 $FIRR$ 时(如 i_1)，对于所有的 i 值，$FNPV$ 都是正值；当 i 值大于 $FIRR$ 时(如 i_2)，对于所有的 i 值，$FNPV$ 都是负值；在折现率由小到大取值的过程中，必有

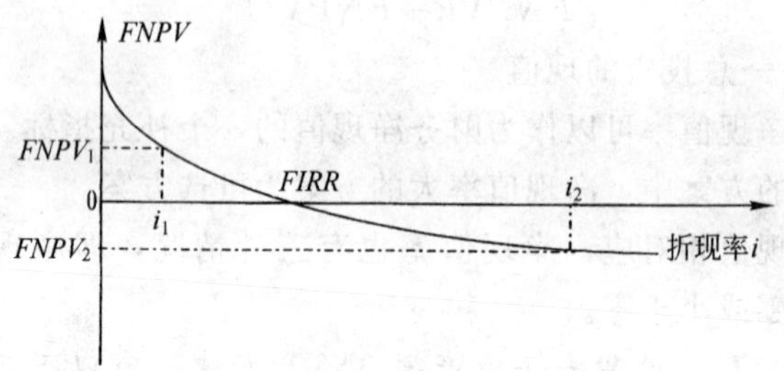

图 6-2 财务净现值与折现率的关系图

一个折现率使得财务净现值等于零，这个折现率就是内部收益率 *FIRR*。

由此可见，房地产项目的财务内部收益率是指房地产项目在整个开发经营期内各期净现金流量现值累计等于零时的折现率。财务内部收益率又称内部报酬率或预期收益率，是考察项目盈利能力的主要动态指标。

实际财务分析中，具体的投资项目可以计算两种 *FIRR* 指标，即全部投资财务内部收益率和资本金(自有资金、权益投资)财务内部收益率。

财务内部收益率的表达式为：

$$\sum_{t=1}^{n}(CI-CO)_t(1+FIRR)^{-t}=0$$

式中 CI——现金流入量；

CO——现金流出量；

$(CI-CO)_t$——第 t 期的净现金流量；

n——开发经营期(开发期与经营期之和)。

从经济角度看，财务内部收益率是指在这样的折现率下，到项目计算期终了时，当初的所有投资都可以完全被收回。

2. 具体计算

由内部收益率的上述公式可以看出，正向求解 *FIRR* 需要求解一个高次方程，难度很大。在实际工作中，财务内部收益率可根据财务现金流量表中的净现金流量套用函数公式直接得到。如果没有编制现金流量表，也可以利用内插法，或称试算法来求解出 $FIRR$ 的近似值。

内插法的公式为：

$$FIRR=i_1+\frac{|NPV_1|(i_2-i_1)}{|NPV_1|+|NPV_2|}$$

式中 i_1——当净现值为接近于零的正值时的折现率；

i_2——当净现值为接近于零的负值时的折现率；

NPV_1——采用低折现率时净现值的正值；

NPV_2——采用高折现率时净现值的正值。

式中 i_1 与 i_2 之差不应超过 2%，否则，折现率 i_1、i_2 和净现值之间不一定呈线性关系，从而使所求得的内部收益率失真。

具体计算步骤为：

(1) 用估计的某折现率对拟投资项目整个计算期内各年财务净现金流量进行折现，并得出净现值。如果得到的净现值等于零，则所选定的折现率即为财务内部收益率。如果所得到的财务净现值为一正数，则再选一个更高一些的折现率，再次试算，直到正数财务净现值接近于零为止。该步骤得到的财务净现值和折现率分别为 NPV_1 和 i_1。

(2) 在第一步的基础上，在继续提高折现率，直到计算出接近零的负数财务净现值为止。该步骤得到的财务净现值和折现率分别为 NPV_2 和 i_2。

(3) 把前两步计算所得的正、负财务净现值及其相应的折现率，代入内插法计算公式求得财务内部收益率。

当财务报表按月、季或半年编制时，计算求出的财务内部收益率应换算为以年为期单位的财务内部收益率，然后再与开发企业最低可接受的收益率进行比较。如以季为期的单位，换算公式为：

$$FIRR_{年}=[(1+FIRR_{季})^4-1]\times 100\%$$

3. 主要作用

财务内部收益率是项目折现率的临界值。在进行独立方案的分析评价时，一般是在求得投资项目的内部收益率后，与同期贷款利率 i 以及同期行业基准收益率 i_c 相比较，以判定项目在财务上是否可行。具体作用体现在：

(1) 可以指出投资者能够承受的贷款利率上限。财务内部收益率是项目贷款可以承受的贷款利率上限，超过这个界限，项目投资就会亏损。

(2) 与同期贷款利率 i、基准收益率及投资者可接受的最低收益率 (MARR)比较，以评判独立项目的取舍。

当 $FIRR>i$，则项目盈利；

当 $FIRR=i$，则项目盈亏平衡；

当 $FIRR<i$，则项目亏损。

当 $FIRR>i_c$，则项目盈利超出行业平均收益水平；

当 $FIRR=i_c$，则项目盈利等于行业平均收益水平；

当 $FIRR<i_c$，则项目盈利低于行业平均收益水平。

当 $FIRR\geqslant MARR$，则项目盈利能力已满足投资者的最低回报要求；

当 $FIRR<MARR$，则项目盈利能力不能满足投资者的最低回报要求；

上述几种情况中，$FIRR\geqslant i_c\geqslant MARR\geqslant i$ 时，项目在财务上是可以考虑接受的。投资开发商可以在此基础上，再根据其他方面的信息，决定是否进行项目的投资开发。

(3) 能够比较互斥项目单位投资回报的优劣。

一般来说，内部收益率越大，盈利越多，盈利时间越早，因此，可以根据内部收益率的高低来分析项目的优劣。

由于内部收益率反映了项目的收益水平，而基准收益率是根据全国同行业平均先进收益水平确定的，所以要求项目的内部收益率必须大于或等于基准收益率；同时，应将项目的内部收益率和项目的资金成本进行比较，在任何情况下，都应当要求内部收益率大于项目的资金成本。

4. 优缺点

财务内部收益率指标与财务净现值比较，其优点是比较直观、容易理解，计算时不需事先确定一个折现率；但其计算复杂、费事，需借助专用计算器或电子计算机才能达到比较满意的效果，而且也需要又一个基准财务内部收益率作为比较的标准。尤其需要注意的是，这个指标不能直接用于进行互斥方案的比较，在进行互斥方案比较时应用差额投资内部收益率指标。

5. 存在问题

有时，内部收益率作为评价指标得出的决策信号和其他指标，如财务净现值、财务净现值率等得出的结果相矛盾，其原因在于其自身存在以下问题：

(1) 再投资利率问题。采用内部收益率法对各种项目进行比较时，暗含了这样一个假设，即回收期内的现金流入以内部收益率再投资。而这种假设成立的前提是，当时市场上其他各种可接受的投资机会的收益率与其内部收益率相同。这种假设在实际中很难成立，或者很难一直成立。所以用内部收益率作为再投资收益率显然是不合理的假设。这样，从理论上说，把内部收益率作为房地产投资项目的收益率是错误的，尤其对于几十年的房地产经营项目来说，该指标更是不能说明收益水平。但是，在现有房地产投资分析领域的复杂程度、投资者的收益水平和所有可能获得信息的条件下，人们仍然偏爱使用相对简单的内部收益率分析法来判断一个投资项目的收益水平。

(2) 多重根问题。由于房地产投资开发模式不同，现金流量模式也不尽相同，投资项目会有许多不同的内部收益率。除了初始投资外，投资途中有时仍会出现负现金流量，这种情况下，内部收益率的数量可能会与相反的现金流量(从正值到负值，或相反)数量一样多，即出现多重根现象。不过很多时候，尽管出现了相反的现金流量，内部收益率方程除了一个实数根外，其他都是虚根，即方程有且只有一个内部收益率解。

解决多重根的方法一般是，把投资途中出现的负现值再折现到较大的正现值中，使净现值的符号只变化一次，这样，就能得到一个财务净现值。

6. 有关例题

【例 6-4】 某投资者投资 100 万元购买一栋住宅用于出租，共租出 10 年。租约规定每年年初收租，前两年租金均为 10 万元，以后每两年租金增加 10%，在租约期满后将住宅售出，得到收益 90 万元，假设投资项目的贴现率为 12.5%，试计算投资项目的净现值，并求出本项目投资的内部收益率。

【解】 根据题中已知数据，可以编制下表：

年期期初	投资额	租金收入或售价
1	−1 000 000	100 000
2		100 000
3		$100\ 000(1+10\%)^1$
4		$100\ 000(1+10\%)^1$
5		$100\ 000(1+10\%)^2$
6		$100\ 000(1+10\%)^2$
7		$100\ 000(1+10\%)^3$
8		$100\ 000(1+10\%)^3$
9		$100\ 000(1+10\%)^4$
10		$100\ 000(1+10\%)^4$
10 年末售出		900 000

净现值＝售楼收入现值＋租金总收入现值－投资额现值

$$=900\ 000/(1+12.5\%)^{10}+\sum_{t=1}^{10}(CI-CO)_t(1+i)^{-t}$$

$$=277\ 151.53-900\ 000+100\ 000/(1+12.5\%)$$

$$+\frac{100\ 000(1+10\%)}{(1+12.5\%)^2}\left[1+\frac{1}{(1+12.5\%)}+\frac{(1+10\%)}{(1+12.5\%)^2}\right.$$

$$\left.+\cdots\cdots+\frac{(1+10\%)^3}{(1+12.5\%)^7}\right]$$

$$=-533\ 959.11+538\ 654.47=4\ 695.36(\text{万元})$$

此净现值为一正值。

假设贴现率为13%，再计算一次净现值。

净现值＝售楼收入现值＋租金总收入现值－投资额现值

＝－19790.54(万元)

净现值为一负值。采用内插法公式，可以求得 $FIRR$：

$$FIRR = i_1 + \frac{|NPV_1|(i_2 - i_1)}{|NPV_1| + |NPV_2|}$$

＝12.5%＋4 695.36×(13%－12.5%)/(4 695.36＋19 790.54)

＝12.60%

以上计算表示投资者要获得利润，回报率必须高于12.60%。

(四) 动态投资回收期(P_t)

1. 含义与计算公式

动态投资回收期是指在基准折现率(或基准收益率) i_c 条件下，项目从投资开始到净收益补偿投资额为止所经历的时间。其计算公式为：

$$\sum_{i=1}^{P_t}(CI - CO)_t(1 + i_c)^{-t} = 0$$

式中 P_t——动态投资回收期；其他同前。

动态投资回收期可直接从财务现金流量表累计净现值求得。其计算公式为：

动态投资回收期＝累计财务净现值出现正值期数－1＋(上年累计财务净现值的绝对值/当年财务净现值)

动态投资回收期一般以年表示。其他时间单位可以折算为年数，小数部分可以折算为月数。

2. 主要作用

动态投资回收期指标一般用于评价开发完成后用于出租或经营的房地产项目需要多长时间收回开发经营投资。

计算得出的动态投资回收期要与行业基准动态投资回收期相比较，以判别项目的投资回收能力。当前者小于后者时，表明该项目的投资能在规定的时间内收回。

投资回收期这一指标特别适用于风险较大的投资项目。一般来说，预先有确定的标准投资回收期，用计算出来的投资回收期和标准投资回收期进行比较，如果某方案的投资回收期小于标准投资回收期，则该方案可以考虑接受，反之则不可取。

3. 主要优缺点

与静态投资回收期指标比较，动态投资回收期的优点是考虑了资金的时间因素，能够真正反映资金的回收时间，其缺点是计算比较麻烦。通常，在投资回收期不长或折现率不大的情况下，不影响项目评价或方案的比较选择。但若静态投资回收期较长的情况下，两种投资回收期的差别可能比较明显。

动态投资回收期也有明显的局限性。这一指标只强调投入资本的回收快慢，而忽视了投入资本的盈利能力，更没有考虑投资回收以后的收益情况。因此，一般来说，不应以投资回收期来作为评价投资方案的主要指标，只能作为辅助指标。

【例 6-5】 续例 6-4。试求项目的动态投资回收期。

【解】 根据例 6-4 给定表格，编制下表：

单位：万元

年期期末	投资额	租金收入或售价	折现值	累计折现值
0	−100	10	−90	−90
1		10	8.89	−81.11
2		$10(1+10\%)^1$	8.69	−72.42
3		$10(1+10\%)^1$	7.73	−64.69
4		$10(1+10\%)^2$	7.55	−57.14
5		$10(1+10\%)^2$	6.71	−50.43
6		$10(1+10\%)^3$	6.57	−43.86
7		$10(1+10\%)^3$	5.84	−38.02
8		$10(1+10\%)^4$	5.71	−32.31
9		$10(1+10\%)^4$	5.07	−27.24
10		90	27.72	0.48

由此可见，出现正值的年份为第10年，根据计算公式：

动态投资回收期＝累计财务净现值出现正值期数－1＋(上年累计财务净现值的绝对值/当年财务净现值)

代入数据：

动态投资回收期＝10－1＋27.24/27.72＝9.98(年)

实际上，在9.98年的时候，本项目投资的住宅并没有售出，因此，项目投资并没有收回。真正收回投资的时间应该在第10年末，即住宅卖出的时刻，即动态投资回收期应该为10年。这说明了动态投资回收期和实际的回收期并不一致，也表明了利用数学公式得到的数据和实际往往并不相符。

第七章　房地产投资不确定性分析

第一节　房地产投资盈亏平衡分析

在进行房地产投资项目投资决策时，投资决策建立在对房地产投资项目经济效果预测的基础之上，而我们对未来的预测能力和影响能力是有限的，项目在未来的实际经济效果与我们预测的结果可能有差距，即作为决策重要依据的经济效果本身具有不确定性，为了减少投资风险，避免决策失误，就必须对项目经济效果的不确定性及项目对各种不确定性的承受能力进行分析，即进行不确定性分析。

不确定分析包括盈亏平衡分析和敏感性分析，本节先介绍房地产投资开发项目的盈亏平衡分析。

一、房地产投资盈亏平衡分析的意义

盈亏平衡分析，又称保本点分析，即分析利润为零时项目的成本、售价或销售率所处的状态。但有时盈亏平衡分析的方法也用来分析达到目标收益水平时项目的销售价格或租金、成本、销售率或出租率所处的状态，因此盈亏平衡分析也称量本利分析、盈亏临界分析和收支平衡分析。

盈亏平衡分析是研究房地产投资项目在一定时期内的开发数量、成本、税金、利润等因素之间的变化和平衡关系的一种分析方法。找出盈亏平衡点，判断项目对不确定因素的承受力并以此为基础进行分析是盈亏平衡分析的主要方法。盈亏平衡点是指项目盈利与亏损的分界点，在这一点上，项目的收入和支出持平，净收益等于零。

盈亏平衡分析可以对房地产投资项目的风险情况及项目对各个因素不确定性的承受能力进行科学的判断，为投资决策提供依据。把资金的时间价值及多个因素同时变化的情况纳入到盈亏平衡分析中，可以克服传统盈亏平衡分析的不足，提高房地产投资项目投资决策的科学性和可靠性。

盈亏平衡分析可分为线性盈亏平衡分析和非线性盈亏平衡分析。以下分别予以介绍。

二、线性盈亏平衡分析

（一）线性盈亏平衡分析的含义

线性盈亏平衡分析是指收入、成本、利润等均和产量呈线性关系的盈亏平衡分析，它一般需要满足以下五个条件：

一是在所分析的租售范围内，房地产产品的固定成本与单位租售价格在产品租售期间保持不变；

二是房地产产品的变动成本是建筑面积(或产销量)的正线性函数；

三是房地产产品的开发量和销售量相等，即开发的房地产全部租售出去；

四是房地产产品的总销售收入和生产总成本是房地产开发面积(或产品产量)的线性函数；

五是计算所使用的各种数据是正常生产年度的数据。

（二）线性盈亏平衡分析的步骤与计算法

线性盈亏平衡分析一般按如下步骤与方法进行：

1. 分离固定成本和可变成本

房地产投资项目的成本可以分为固定成本和可变成本，固定成本是指不随开发数量的变化而变化的成本，如土地取得费、企业管理费、固定资产折旧费等；可变成本是指随开发数量的变化而变化的成本，如建安工程费、公共配套设施建设费、专家咨询费等。

固定成本与变动成本的分离是项目盈亏平衡分析首先要解决的问题。实际中，要在考虑具体的情况下，采用费用分解法、高低点法以及回归分析法等方法来实现两类成本的分离。

（1）费用分解法。即按投资项目的实际成本项目构成来分别确定哪些成本项目属于固定成本，哪些属于变动成本。汇总后得出总固定成本和总变动成本。采用这种方法有时很难把各成本项目严格地划分为固定成本和变动成本，它需要项目分析工作者掌握较多的知识和具有丰富的经验。

（2）高低点法。即以项目产量最高和最低两个时期的成本数据为样本，通过求出单位变动成本来推求固定成本和变动成本。其计算公式为：

$$v=\frac{C_{max}-C_{min}}{X_{max}-X_{min}}$$

式中　v——单位变动成本；

C_{max}，C_{min}——最高和最低时期的成本额；

X_{max}，X_{min}——最高和最低时期的产量。

求出单位变动成本后，就可利用以下公式分离变动成本和固定成本：

总变动成本（C_v）＝单位变动成本×产量

总固定成本（C_F）＝最高或最低时期的总成本－对应的总变动成本

（3）回归分析法。即采用一元线性回归方程：$y=a+bx$ 来描述成本和产量（开发量）之间的线性关系。计算公式如下：

$$v=\frac{N\sum x\cdot C-\sum x\cdot\sum C}{N\sum x^2-(\sum x)^2}$$

$$C_F=\frac{\sum C-v\sum x}{N}$$

式中　x——每个时期的产量；

C——每个时期的总成本额；

N——统计的样本数。其余符合同前。

2. 建立线性盈亏平衡分析模型

设某开发项目的总成本为 C，其中固定成本为 C_F，变动成本为 C_V，单位变动成本为 V，开发数量为 Q，销售收入为 S，销

售税率为 r，销售单价为 P，利润为 E，则有：

$$C=C_F+C_V=C_F+VQ$$

$$S=PQ-rPQ=PQ(1-r)$$

$$E=S-C=PQ(1-r)-(C_F+VQ)$$

3. 进行线性盈亏平衡分析

上述线性盈亏平衡分析模型 $E=S-C=PQ(1-r)-(C_F+VQ)$中，含有 6 个相互联系的变量，只要给定其中的 5 个，便可以求出另外的一个变量的值。具体来说，可以分别得到以下公式：

(1) 求预期利润时：$E=S-C=PQ(1-r)-(C_F+VQ)$

(2) 求销售量时：$Q=\dfrac{E+C_F}{P\ (1-r)\ -V}$

当 $E=0$，即开发项目达到盈亏平衡时，项目的销售量(企业生产单一房地产产品时)Q^* 为：

$$Q^*=\frac{C_F}{P(1-r)-V}$$

当房地产开发项目的产(销)量达到 Q^* 时，项目开发的总收入与总支出相等。也即是说，Q^* 是房地产开发项目在预定的产品售价条件下，为了实现盈亏平衡，所必须达到的最低销售量。

Q^* 与预计产品销售量之间的差距越大(小)，说明该房地产开发项目承受市场风险的能力越强(弱)。

分析盈亏平衡销售量还需计算销售量允许降低的最大幅度(η_Q)。其计算公式为：

$$\eta_Q=\frac{Q-Q^*}{Q}\times 100\%$$

通过市场调查与预测，可以判断最大幅度(η_Q)出现的可能性。可能性越大，说明项目的风险越大，反之亦反。

(3) 求销售单价时：$P=\dfrac{E+VQ+C_F}{Q\ (1-r)}$

盈亏平衡($E=0$)时，销售单价 P^* 为：$P^*=\dfrac{VQ+C_F}{Q\ (1-r)}$

P^* 表示开发项目产品售价下降到预定可接受的最低盈利水平(一般为不亏不盈)时的最低售价。

P^* 与预计售价之间的差距越大(小)，说明该房地产开发项目承受风险的能力越强(弱)。

分析盈亏平衡销售单价还需计算销售单价允许降低的最大幅度(η_P)。其计算公式为：

$$\eta_P = \frac{P - P^*}{P} \times 100\%$$

通过市场调查与预测，可以判断最大幅度(η_P)出现的可能性。可能性越大，说明项目的风险越大，反之亦反。

(4) 求销售收入时：$S = \frac{E + C_F}{P(1-r) - V} \times P(1-r)$

盈亏平衡($E=0$)时，销售收入 S^* 为：$S^* = \frac{C_F}{P(1-r) - V} \times P(1-r)$

S^* 为开发项目不发生亏损的最低销售收入。S^* 与预计销售收入差距越大(小)，说明该房地产开发项目的抗风险能力越强(弱)。

分析盈亏平衡销售收入还需计算销售收入允许降低的最大幅度(η_s)。其计算公式为：

$$\eta_s = \frac{S - S^*}{S} \times 100\%$$

通过市场调查与预测，可以判断最大幅度(η_s)出现的可能性。可能性越大，说明项目的风险越大，反之亦反。

(5) 求单位变动成本时：$V = \frac{PQ(1-r) - C_F - E}{Q}$

(6) 求固定成本时：$C_F = PQ(1-r) - VQ - E$

以上主要针对销售为主的开发项目在盈亏平衡状态时的销售量、销售单价与销售收入。当房地产产品以出租为主时，可相应进行盈亏平衡租金、盈亏平衡出租面积以及盈亏平衡出租率等的计算分析。

(三) 线性盈亏平衡分析的图解法

盈亏平衡分析既可以用前述的计算法分析，也可以利用图解法分析。

如图 7-1 所示，以纵轴表示成本 C 或收入 S，横轴表示开发数量 Q，图中的四条直线分别表示固定成本线、变动成本线、总成本线和销售收入线。C 线和 S 线的交点即为盈亏平衡点，A 点所对应的开发数量 Q^*，即为盈亏平衡时的开发数量（或销售量），或称保本量，其数额大小可在坐标轴上查得。AQ^* 线将图示区域分隔为两个部分，左侧总成本线高于收入线，为亏损区，右侧总成本线低于收入线，为盈利区。或者说，

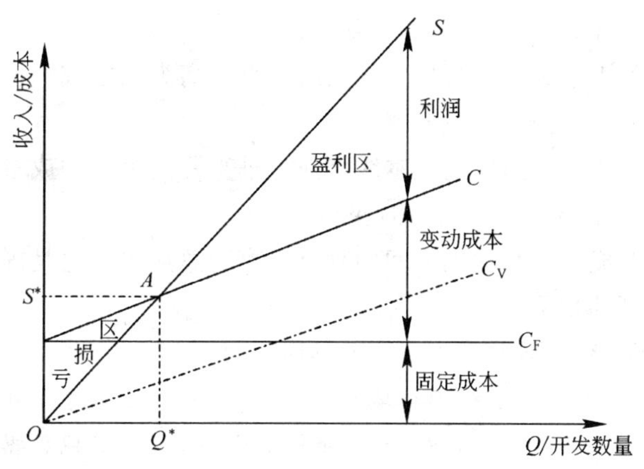

图 7-1　线性盈亏平衡分析示意图

当 $Q>Q^*$ 时，项目盈利；

当 $0\leqslant Q<Q^*$，项目亏损；

当 $Q=Q^*$ 时，项目不盈不亏。

由此可见，盈亏平衡点越低，达到该点的开发量（或销售量）、销售收入及成本也就越少，只要开发少量的房地产产品就能达到项目的收支平衡。所以，盈亏平衡点的值越小，项目的盈利机会就越大，亏损的风险就越小。

绘制盈亏平衡分析图，可根据计算法的有关计算公式和具体

数据，按下列步骤进行：

(1) 选定直角坐标系，以成本或收入为纵轴，开发量或销售量为横轴；

(2) 在纵轴上找出固定成本数值，以此为起点，绘制一条与横轴平行的固定成本线；

(3) 以固定成本线的起始点为起点，以单位变动成本为斜率，绘制总成本线；

(4) 以坐标原点为起点，以单价为斜率，绘制销售收入线。

这样就得到一个具体的盈亏平衡分析图，相关数据可以直接从该图中得到。

盈亏平衡分析图表达的意义如下：

(1) 固定成本线与横轴之间的垂直距离为固定成本值，它不因开发量的增减而变动；

(2) 成本线与固定成本线之间的垂直距离为变动成本，它随开发量的增减而呈正比例的变动；

(3) 成本线与横轴之间的垂直距离为总成本，它是固定成本与变动成本之和。

(四) 线性盈亏平衡分析的具体应用

【例 7-1】 已知某房地产开发项目固定成本为 1000 万元，单位变动成本为 1000 元/m^2，销售税率为 6%，其他数据及要求工作见表 7-1。

开发项目相关数据及工作表 **表 7-1**

指标假设	指标数据	要求工作
假设一	商品房平均售价 P 为 2500 元/m^2 开发商拟获利 E 为 500 万元	求至少应开发的商品房面积 Q
假设二	开发的商品房面积 Q 为 5 万 m^2 开发商拟获利 E 为 1000 万元	求商品房定价至少不能低于多少
假设三	在假设二的基础上，市场商品房平均售价 P 为 2000 元/m^2	求实际可获开发利润

【解】 已知：$C_F=1000$ 万元，$V=1000$ 元/m^2，

假设一：已知：$P=2500$ 元/m^2，$E=500$ 万元

将已知条件代入计算式，便得：

$Q^*=1000\times10^4/[2500(1-6\%)-1000]=7407m^2$

$Q_r=(500\times10^4+1000\times10^4)/[2500(1-6\%)-1000]=11111m^2$

计算表明，该项目最少要开发 $7407m^2$ 的商品房，才能保证不会亏损。若希望盈利 500 万元，则应至少开发 $11111m^2$ 的商品房。

假设二：已知：$Q=50000m^2$，$E=1000$ 万元

将已知条件代入计算式，便得：

$P^*=(1000\times10^4+1000\times5\times10^4)/[5\times10^4(1-6\%)]$

$=1278$ 元/m^2

$P_r=(1000\times10^4+1000\times10^4+1000\times5\times10^4)/[5\times10^4(1-6\%)]$

$=1489$ 元/m^2

计算表明，该项目定价最少为 1277 元/m^2，才能保证不会亏损。若希望盈利 1000 万元，则应把房价至少确定为 1489 元/m^2。

假设三：已知：$Q=50000m^2$，$P=2000$ 元/m^2

将已知条件代入计算式，便得：

$E=2000\times50000\times(1-6\%)-1000\times50000-1000\times10^4$

$=3400$ 万元

计算表明，当以市场平均销售价格销售时，本项目可以获得 3400 万元的利润，比预期利润(拟获利)多 2400 万元，说明本项目开发的可行性较高。

三、非线性盈亏平衡分析

(一) 非线性盈亏平衡分析原理

线性盈亏平衡分析是在假设销售收入和生产总成本与产销量呈线性关系的条件下进行的，但这只是一种理想的状态。实际中，固定成本、单位产品变动成本和售价等均会发生变动，销售收入和生产成本与产销量的关系不是线性关系。为了更为准确地

分析相关指标的盈亏平衡问题，就需要采用非线性盈亏平衡分析法。

下面通过图 7-2 对非线性盈亏平衡分析法进行简要说明。

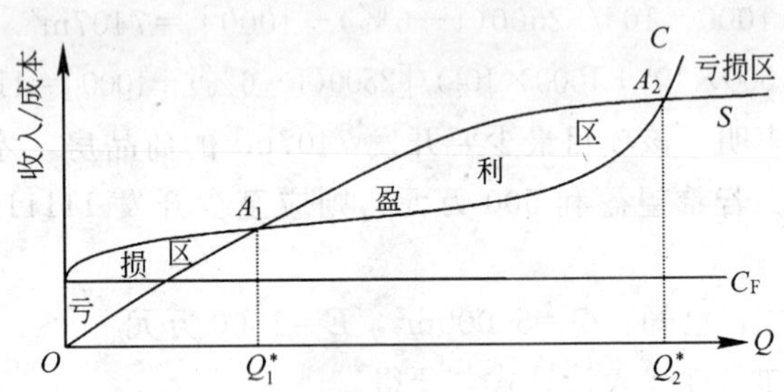

图 7-2 非线性盈亏平衡分析示意图

以纵轴表示收入或成本 C，横轴表示开发数量 Q，图中平行于横轴的直线表示固定成本线，两条曲线表示总成本线和销售收入线。C 线与 S 线的两个交点 A_1 和 A_2 均为盈亏平衡点，A_1 和 A_2 分别对应开发数量 Q_1^* 和 Q_2^*，即为盈亏平衡时的开发数量。从图中可以看出：

当 $Q_1^* < Q < Q_2^*$ 时，项目盈利；

当 $0 \leqslant Q < Q_1^*$ 或 $Q > Q_2^*$ 时项目亏损；

当 $Q = Q_1^*$ 或 $Q = Q_2^*$ 时，项目不盈不亏。

开发数量 Q_1^* 和 Q_2^* 的具体求法是让成本曲线和收入曲线的函数式相等，从中解出 Q_1^* 和 Q_2^*。

求出盈亏平衡点 Q_1^* 和 Q_2^* 后就可以知道盈利区的具体范围，在该范围内，可以求出企业最大利润时的开发量或销售量。

$$E(Q) = F(Q) - C(Q)$$

令：$$\frac{\mathrm{d}[E(Q)]}{\mathrm{d}(Q)} = \frac{\mathrm{d}[F(Q)]}{\mathrm{d}(Q)} - \frac{\mathrm{d}[C(Q)]}{\mathrm{d}(Q)} = 0$$

则：$$\frac{\mathrm{d}[F(Q)]}{\mathrm{d}(Q)} = \frac{\mathrm{d}[C(Q)]}{\mathrm{d}(Q)}$$

由此可求得利润极值时的产量。

由于有时盈利区和亏损区从图中难以看出，求出的开发量或销售量是否对应着最大利润值还无法判别，因此还需要通过二次求导，利用极值原理加以判定。即：

$$\frac{d^2[E(Q)]}{dQ^2}=\frac{d^2[F(Q)]}{dQ^2}-\frac{d^2[C(Q)]}{dQ^2}$$

如果上式小于零，则求得的产量就是利润最大时的开发量或销售量，反之为亏损最大时的开发量或销售量。

（二）非线性盈亏平衡分析的具体应用

【例 7-2】 某房地产开发公司开发商品房项目，已知该项目的开发固定成本为 5000 万元，单位变动成本为 1000 元/m^2，商品房的销售价格为 5000 元/m^2。虽然市场需求量很大，但市场竞争也十分激烈，因此公司决定采取降价促销的措施，按销售量的 1%递减售价，并按销售量的 1%递增单位变动成本，试问：该房地产公司的开发规模在什么范围内可以实现盈利？如果盈利，则实现最大盈利的开发规模是多少？

【解】 已知：$C_F=5000\times10^4$ 元，$V=1000$ 元/m^2，$P=5000$ 元/m^2，售价和单位变动成本的变动率均为 1%。

设该房地产公司的开发规模为 Q，则有，

销售收入 $S=(P-Q\times1\%)Q=5000Q-0.01Q^2$

开发总成本 $C=C_F+(V+Q\times1\%)Q=5000\times10^4+1000Q+0.01Q^2$

盈亏平衡时，$S=C$，即：

$$5000Q-0.01Q^2=5000\times10^4+1000Q+0.01Q^2$$

经整理可得到：

$$-0.02Q^2+4000Q-5000\times10^4=0$$

解此一元二次方程，可得：

$$Q_1=13397.46，Q_2=186602.54$$

显然，该项目盈利区落在(13397.46，186602.54)范围内。即该房地产公司的开发规模在(13397.46，186602.54)范围内可以实现盈利。

为求出最大盈利开发规模，可以对方程 $y(Q)=-0.02Q^2+$

$4000Q-5000\times10^4$ 分别求一阶导数和二阶导数，并令一阶导数等于零，则得到：

$$\frac{\mathrm{d}y(Q)}{\mathrm{d}Q}=-0.04Q+4000=0$$

$$Q=100000$$

$$\frac{\mathrm{d}^2y(Q)}{\mathrm{d}Q^2}=-0.04<0$$

所以，当 $Q=100000\mathrm{m}^2$ 时，开发项目达到了最大的盈利点。把 $Q=100000$ 代入下列方程，可以得到最大的盈利为：

$$\begin{aligned}y(Q)&=-0.02\times100000^2+4000\times100000-5000\times10^4\\&=150000000\text{ 元}=15000\text{ 万元}\end{aligned}$$

即最佳开发规模为 10 万 m^2，最大盈利为 15000 万元。

四、房地产投资项目动态盈亏平衡分析

上述线性盈亏平衡分析和非线性盈亏平衡分析实质上都是静态的分析，即把盈亏平衡状态定义为利润等于零的状态。由于没有考虑资金的时间价值，这种分析不大让人信服。实际中，通常需要进行动态盈亏平衡分析。所谓动态盈亏平衡分析，就是将项目盈亏平衡状态定义为净现值等于零的状态，然后考察各个因素的变动对净现值的影响。由于净现值的经济实质是项目在整个经济计算期内可以获得的、超过基准收益水平的、以现值表示的超额净收益，所以，净现值等于零意味着项目刚好获得了基准收益水平的收益，实现了资金的基本水平的保值和真正意义的“盈亏平衡”。

动态盈亏平衡可以用公式表示为：

$$NPV=\sum_{t=1}^{n}NCF_t(P/F,i_c,t)=0$$

即：$\sum_{t=1}^{n}(TR-OC-TA-FI-LI+S_V+SLI)\frac{1}{(1+i_c)^t}=0$

$$\sum_{t=1}^{n}(PQ-VQ-OC_F-POr-FI-LI+S_V+SLI)\frac{1}{(1+i_c)^t}=0$$

$P=f(Q)$

$V=g(Q)$

式中 NCF——所得税前年净现金流量；

TR——年销售收入；

OC——年经营成本；

TA——年销售税金及附加；

FI——年固定资产投资；

LI——流动资金本年增加额；

S_V——回收固定资产残值；

SLI——回收流动资金；

OC_F——固定经营成本；

i_c——基准收益率；

r——销售税金的税率；

t——年份。

根据净现值等于零的等式，可以计算出销售收入、经营成本、固定资产投资、产量、价格、单位产品可变成本等各个因素的动态盈亏平衡点。

实际的应用中，多因素盈亏平衡分析和动态盈亏平衡分析可以很好地结合，即在项目盈亏平衡分析时要分析多个因素同时变动对项目净现值的影响。例如，双因素动态盈亏平衡分析可以确定坐标平面上的一条盈亏平衡线，三因素动态盈亏平衡分析可以确定坐标空间上的一个盈亏平衡面，如果分析的因素超过三个，则所确定的是一个盈亏平衡的多个因素变动率关系。

根据净现值等于零的等式可以计算出净现值等于零时销售收入、经营成本、固定资产投资、产量、价格、单位产品可变成本等多个因素同时变动的多个因素变动率关系。

【例 7-3】 有一个房地产投资开发项目，其投资额、年销售收入、年经营成本、年销售税金、期末资产残值如表 7-2 所示。由于对未来影响经济效益的某些因素把握不大，投资额、经营成本和产品价格均有可能在±20%的范围内变动，设基准收益率为 10%，试进行动态多因素盈亏平衡分析。

某房地产投资开发项目数据 表 7-2

单位：万元

年　　份	投资期	第 1 年	第 2～10 年	第 11 年
投 资（I）	30000			
销售收入（TR）			44000	44000
经营成本（OC）			30400	30400
销售税金（TA）（销售收入的 10%）			4400	4400
期末资产残值（S_V）				4000

【解】 根据表 7-2，可以编制该项目的现金流量表，见表 7-3。

某房地产开发项目现金流量 表 7-3

单位：万元

年　　份	投资期	第 1 年	第 2～10 年	第 11 年
现金流入				
销售收入（TR）			44000	44000
期末资产残值（S_V）				4000
现金流出				
投资（I）	(30000)			
经营成本（OC）			(30400)	(30400)
销售税金（TA）			(4400)	(4400)
净现金流量（NCF）	(30000)	0	9200	13200

根据净现值计算公式，可求出本项目的净现值为：

$$NPV = -30000 + \frac{9200}{(1+10\%)^2}\left(1 + \frac{1}{(1+10\%)} + \cdots + \frac{1}{(1+10\%)^8}\right) + \frac{13200}{(1+10\%)^{11}}$$

$$= 22793（万元）$$

NPV 为 22793 万元是在确定情况下的数值。题中，投资额、经营成本和产品价格均有可能在±20%的范围内变动，因此，需要考虑投资额与经营成本的变动。

为计算的方便，假设投资额变动的百分比为 x，经营成本变动的百分比为 y，则两个因素同时变动对方案净现值影响的计算公式为：

$$NPV=-I(1+x)+[TR-OC(1+y)-TA](P/A,10\%,10)(P/F,10\%,i)+S_V(P/F,10\%,11)$$

式中，$i=2$，3，…，11

将表中的数据代入上式，经整理可得：

$$NPV=22793-30000x-169800y$$

取 NPV 的临界值，即令 $NPV=0$，则有：

$$y=-0.1767x+0.1342$$

分别取 x 为 10%、20%、30%、40%、50%、60%、70%，可以得到相应的 y 值分别为 11.65%、9.87%、8.12%、6.35%、4.59%、2.82%、1.05%，根据这些值可以作出 $y=-0.1767x+0.1342$ 的图像，该图像是一条直线，它是$NPV=0$ 的临界线，它与 x 轴交于(75.98%，0)，与 y 轴交于(0，13.42%)，如图 7-3 所示。

当 $NPV>0$，则 $y<-0.1767x+0.1342$，即在临界线左下方的区域为盈利区，右上方为亏损区。也就是说，无论投资与经营成本如何变动，只要其变动率的组合落在临界线的左下方，开发项目就可以实现盈利。

在两因素敏感性分析的基础上，还可以进行三因素敏感性分析。当投资额、经营成本、产品价格同时变动时，设产品价格变动的百分比为 z，产品价格的变动将导致销售收入和销售税金的变动，销售收入和销售税金变动的比例与产品价格变动的比例相同，对净现值的影响可以表示为：

$$NPV=-I(1+x)+[(TR-TA)(1+z)-OC(1+y)](P/A,10\%,10)(P/F,10\%,i)+S_V(P/F,10\%,11)$$

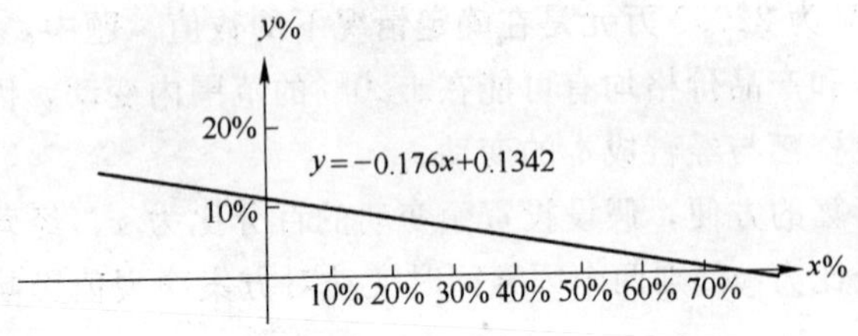

图 7-3　二维动态盈亏平衡分析示意图

式中，$i=2, 3, \cdots, 11$

代入有关数据，经整理可得：

$$NPV=22788-30000x-169800y+221186z$$

令 $NPV=0$，则有：$22788-30000x-169800y+221186z=0$

这是一个三维空间上的盈亏分界面，斜面的上方为盈利空间(见图 7-4)。也就是说，无论投资、经营成本和产品价格如何变动，只要其变动率的组合落在临界面的上方，方案就可以盈利。

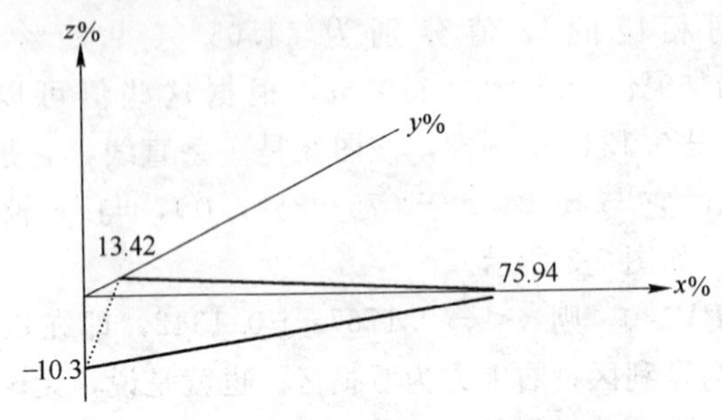

图 7-4　三维动态盈亏平衡分析示意图

五、盈亏平衡分析的优缺点

(一) 盈亏平衡分析的优点

盈亏平衡分析方法在不确定性分析方法中最为简单，无论是从计算上，还是从原理上讲都是如此。仅仅通过对一个投资项目的量本利之间的平衡关系进行分析计算，找出平衡点(或临界点)，就可以了解项目对市场需求变化的适应能力，掌握各种不确定因素的变化对项目收支平衡的影响，从而使决策者清楚在什么环节上下功夫，才能使一笔投资得到最有效的利用。

通过盈亏平衡分析还有助于了解项目可承受的风险程度，合理确定项目的经济规模，以及项目工艺技术方案的决策。特别是在分析某些不确定因素，如销售量、产品价格、产品成本等的变化对项目利润水平的影响时，盈亏平衡分析有着其他不确定性分析方法所不能替代的独到之处。由于盈亏平衡分析使决策的外界条件简单化，因而使我们很容易弄清分析的目的和结果。所以盈亏平衡分析被广泛地应用在房地产投资项目评价中。

（二）盈亏平衡分析的局限性

盈亏平衡分析方法的局限性一方面来源于这种方法建立的假定前提条件。这些假设都是理想化的，实际中很难满足。即使其中个别条件能够满足，也不可能所有条件都同时满足，这又使盈亏平衡分析的结果带有一定程度的不确定性。

盈亏平衡分析的另一局限性在于，这种分析使决策过于简单化，对于有些问题，比如市场需求量有没有可能低于保本量，如果有可能，这种可能性有多大等，盈亏平衡分析就不能回答。

另外，仅以盈亏平衡点的高低来判断投资方案的优劣，并不一定能够得到最优方案，因为，有时需要在更高的盈利安全性与获取更大盈利的可能性这两者之间做出抉择，这一点盈亏平衡分析难以作到，只能依靠风险分析来实现。

总的说来，盈亏平衡分析方法是一种很实用的不确定性分析方法，但仍只能作为对项目评价检验的辅助手段。

第二节　房地产投资敏感性分析

一、房地产投资敏感性分析的目的

（一）房地产投资敏感性分析的含义

在项目的整个寿命周期内，会有许多不确定性因素对项目的经济效益产生影响，但影响程度各不相同。有些因素较小的变化就会引起经济效益评价指标较大的变化，甚至于变化超过了临界点，影响到原来的决策，这些因素称之为敏感性因素；反之，有些因素在较大的数值范围内变化却只引起经济效益评价指标很小的变化甚至不发生变化，这些因素被称为不敏感因素。敏感性分析就是指通过分析、测算项目的主要制约因素发生变化时引起经济效益评价指标变化的幅度，了解各种因素的变化对实现预期目标的影响程度，从而对投资项目对各种风险的承受能力作出判断。

敏感性分析实质上就是在诸多的不确定因素中，确定哪些是敏感性因素，哪些是不敏感因素，并分析判明敏感性因素对项目经济评价指标的影响程度。

（二）房地产投资敏感性分析的目的

敏感性分析是房地产开发项目不确定性分析中的一种主要方法。房地产开发项目评估所采用的基本数据与参数，大都来自于估算或预测，不可能完全准确，因而就使得开发商做出的决策具有潜在的误差和风险。通过敏感性分析，开发商就能了解各种不确定因素，如价格、投资费用、项目寿命周期等的变化对投资项目经济效益的影响程度，为项目的正确决策提供依据。具体而言，敏感性分析的目的有以下几点：

1. 找出影响项目效果的最主要因素

影响项目的敏感性因素可能不止一个，而且影响程度也不一样，通过敏感性分析，找出对经济效益评价指标影响程度最大的因素，即最敏感因素，作为项目经济分析的重点因素，进一步提高与之相关的数据的可靠程度，从而有利于提高整个评估工作的质量。

2. 了解和比较项目开发各方案的风险程度

同一投资项目的不同投资方案，对同一敏感性因素的敏感程度是不相同的，一般而言，敏感程度大的方案，风险大；敏感程度小的方案，风险小。通过敏感性分析，开发项目决策部门就可以了解和比较项目各开发方案风险的大小，从中可以进行方案优选和进行投资决策的选择。

3. 了解各种敏感性因素的偏差在多大范围内是可行的

通过敏感性分析预测项目经济效益变化的最乐观和最悲观的临界条件或临界数值，可以为投资决策者提供可能的风险范围，从而有助于决策者对原方案采取某些控制措施或寻求可替代的方案，以保证预期经济效益指标的实现。比如，价格是开发项目中的一个非常重要的敏感性因素，其变化幅度通常难以把握，通过敏感性分析可以揭示出价格在什么范围内变动时，项目仍然是有利可图的，以此作为把握价格风险的尺度，并据此根据实际情况调整价格策略。

4. 掌握各种不确定因素的利弊及其大小

掌握了各种不确定因素的利弊及其大小后，就能在项目的实施过程中，有针对性地充分利用有利因素，尽量避免不利因素，从而有助于投资项目的经济效益的提高。

二、房地产投资敏感性分析的步骤

（一）选择经济评价指标

进行敏感性分析时，应选择最能反映项目经济效益的指标作为分析对象，房地产投资项目的敏感性分析可以围绕内部收益率、净现值、投资回收期、贷款偿还期、开发商利润、投资利润率等经济指标进行。

（二）选择不确定性因素并确定其变化范围

从众多影响项目投资效益的不确定性因素中选取对经济评价指标有重大影响，并在开发周期内有可能发生变动的因素作为敏感性分析中的不确定性因素。不确定因素的特点通常有两个：一是因素在可能变动的范围内的变动结果将会比较强烈的影响经济评价指标；二是因素变动的可能性较大，并且其变动将很有可能对项目造成不利的影响。

房地产开发项目的不确定性因素主要有：土地成本、容积率的限制、建筑面积、建设期、建安费用、租售价格、出租期、出租率或空置率、基准收益率或折现率等。

确定不确定因素的变动范围的方法是根据房地产业的统计资

料、房地产企业的生产经营资料、专家的经验和市场调查的结果做出综合性的估计。

(三) 计算各不确定因素变动对评价指标变动的数量效果

首先，对某特定因素设定变动数量或幅度(如－10%、－5%、0%、5%、10%)，在其他因素固定不变的情况下，计算该特定因素变动后各经济评价指标的变动结果；其次，对其他不确定因素的每一变动重复以上计算，得到各个不确定因素变动后各经济评价指标的变动结果；最后，利用 Excel 表格将以上计算结果做成表或图形，用以直观显示评价指标对各不确定因素变动的敏感程度。

(四) 找出较为敏感的变动因素，做出进一步的分析

通过分析各个不确定因素变动带来的各经济评价指标的变动情况，可以查明每种因素的变化对评价指标的影响程度，并能对影响程度的大小进行排序。那些有较小变化便会带来评价指标较大变化的因素，就可以确定为该开发项目的敏感性因素。在这个基础上，还需要对项目的风险情况做出进一步判断。

三、房地产投资敏感性分析的方法

(一) 单变量敏感性分析

单变量敏感性分析是敏感性分析的最基本方法。进行单变量敏感性分析时，首先假设各变量之间相互独立，然后每次只考察一项可变参数的变化而其他参数保持不变时，项目评估结果的变化情况。

敏感性分析需要找到导致开发项目由可行变为不可行的不确定因素变化的临界值。临界值可以通过单变量敏感性分析图求得。

单变量敏感性分析图的具体做法是：首先，将各个不确定变量的变化幅度或变化率作为横坐标，以某个评价指标，如内部收益率、净现值等作为纵坐标，然后作图；其次，根据敏感性分析的计算结果绘出各种不确定因素变化导致收益率的变化曲线(取点范围小时，近似为直线)，其中与横坐标相交角度较大的变化曲线所对应的因素就是敏感性因素；最后，在坐标轴上做出项目

分析指标的临界曲线(如 $NPV=0$，$FIRR=i_c$ 等)，求出变量因素的变化曲线与基准收益率曲线(即临界曲线)的交点，则交点处所对应的横坐标称为变量因素变化的临界值，即该变量因素允许变动的最大幅度，或称极限变化。不确定因素的变化超过了这个极限，开发项目就由可行变为不可行。将这个幅度与估计可能发生的变化幅度相比，如果前者大于后者，则表明项目经济效益对该因素不敏感，项目承担的风险不大。

单变量敏感性分析图如图 7-5 所示。

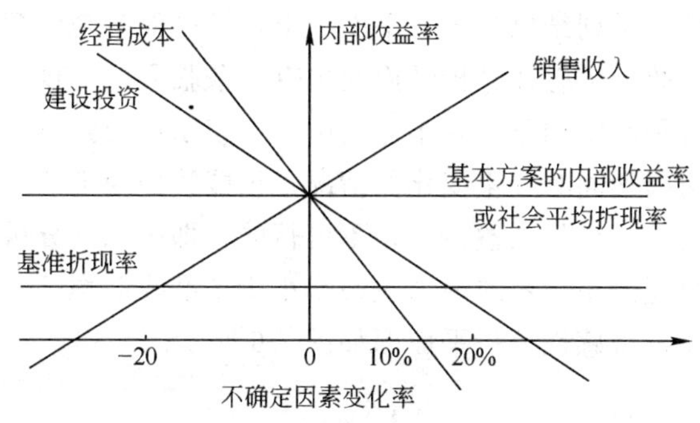

图 7-5　单变量敏感性分析示意图

单变量敏感性分析方法是敏感性分析中最基本的方法，它给开发商提供了关于项目盈利性的有用信息和它对评估变量的敏感性，同时指出哪些变量是最关键的变量。但该分析方法忽视了各变量之间的相互作用关系。在实际项目开发中，很可能有几个变量同时发生变化。因此，很有必要做更进一步的敏感性分析，以弥补上述方法的不足。

(二) 多变量敏感性分析

多变量敏感性分析是分析两个或两个以上的变动因素同时发生变化时，对项目评估结果的影响。

多变量敏感性分析的假定条件是：同时变动的因素相互独立，即各种因素发生变化的概率相等。

一次改变一个变量因素的敏感性分析可以得到一条敏感性曲线。

两个变量因素同时变化时的敏感性分析，则可以得到一个敏感面。

两变量敏感性分析的基本步骤如下：首先，选定敏感性分析的主要经济指标作为分析对象；其次，从众多的不确定因素中，选择两个最敏感的因素作为分析的变量；再次，列出方程式，并按分析的期望值要求，将方程式转化为不等式；最后，作出敏感性分析的平面图。

敏感性分析平面图的做法与单变量敏感性分析图类似。主要做法是：以横轴和纵轴分别代表两种因素的变化率，并将不等式等于零的一系列结果描绘在平面图上，该平面就是两变量敏感性分析平面图。敏感性分析平面图中有一条临界线，该临界线把敏感性分析平面图划分为两半。其中一半表示投资开发项目的效益指标在两因素同时发生变化的情况下仍能达到规定的要求，而另一半则表示项目的效益指标是不可行的，即敏感性分析平面图的该部分净现值小于零或内部收益率小于基准收益率。

两变量敏感性分析平面图如图 7-6 所示。

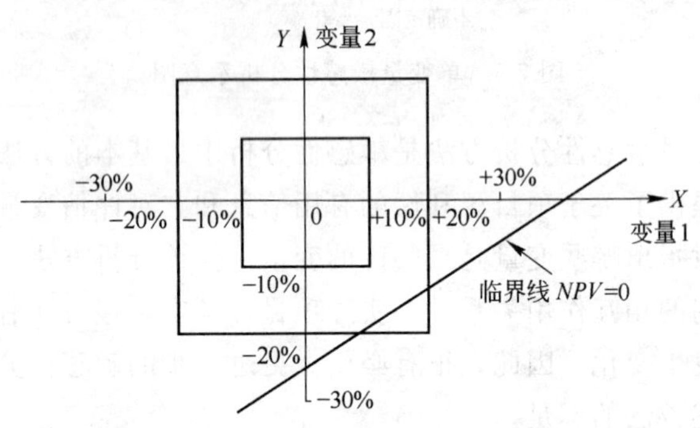

图 7-6　两变量敏感性分析示意图

由于项目评估过程中的参数或变量同时发生变化的情况非常普遍，所以多变量敏感性分析也有很强的实用价值。

（三）“三项预测值”法

一般情况下，多变量同时发生变化所造成的评估结果失真比单变量大，因此，对一些重要的、投资额大的开发项目除了要进行单变量敏感性分析外，还要进行多变量敏感性分析。“三项预测值”分析方法是多变量敏感性分析方法中的一种。

“三项预测值”的基本思路是，对房地产开发项目中所涉及的不确定因素，分别给出三个预测值(估计值)，即最乐观预测值、最可能预测值、最悲观预测值，根据各不确定因素三个预测值的相互作用来分析，判断开发商利润受影响的状况。

一般说来，敏感性分析中所涉及的变量全部为最乐观或最悲观情况，在实际开发过程中是很少出现的。但不管怎样，对影响经济效益指标的各个变量进行全面分析，有助于投资开发商进行正确的决策。

四、敏感性分析的具体应用

下面以一个具体案例来说明敏感性分析在房地产投资分析中的应用。

【例 7-4】 某房地产开发项目的占地面积为 2000m^2，容积率为 2.5，楼面地价为 1500 元/m^2，建安造价为 3000 元/m^2，项目开发期为 2 年，前期费用(可研、设计、招标等费用)为建安造价的 3%，建设期管理费用及不可预见费均为土地费用、建安造价以及前期费用之和的 2%。假设土地开发费和前期费用在开发初期一次性投入，建安成本在开发期内均匀投入，管理费用在建设期均匀投入，出租营销费用为出租总收入的 1%，其他开发成本费用不考虑。预计项目建成后即出租，可出租面积系数为 0.75，租金的初始水平为 250 元/(m^2·月)(可出租面积)，出租成本为毛租金收入的 25%，假设从第二年起该项目的租金按 2% 的比例上升，五年后稳定不变，出租 10 年后出售，净售价为 3000 万元。如果该类项目出租的平均投资收益率为 15%，年贷款利率为 7%，试进行该投资项目的敏感性分析。

说明：进行投资项目的敏感性分析必须首先编制成本估算表、投资进度预测表、出租收入估算表、营业成本估算表、损益表以及现金流量表等若干表格，在这个基础上，才能开始。因为本例只要求进行敏感性分析，为简便考虑，这里省略了相关数据的计算过程，并且只粗略地编制损益表以及现金流量表，并据此计算出相关财务指标和进行单因素敏感性分析。

【解】

第一步，编制项目的损益表以及现金流量表。分别如下：

年度损益表　　表 7-4

单位：万元

项　　目	合　计	每期一年	每期一年	每期一年	每期一年	每期一年	每期一年
		0	1	2	3	4	5
收　　入							
租金收入	12065.00				1125.00	1147.50	1170.45
售　　价	3000.00						
小　　计	15065.00		—	—	1125.00	1147.50	1170.45
营业税及附加	(663.57)				(61.88)	(63.11)	(64.37)
支　　出							
建设成本	(2386.80)	(795.00)	(795.90)	(795.90)	—	—	—
营业成本	(3016.25)				(281.25)	(286.88)	(292.61)
资金成本	(167.08)	(55.65)	(55.71)	(55.71)			
税前利润	8831.30	(850.65)	(851.61)	(851.61)	781.88	797.51	813.46
累计利润		(850.65)	(1702.26)	(2553.88)	(1772.00)	(974.49)	(161.03)

项　　目	每期一年	每期一年	每期一年	每期一年	每期一年	每期一年	每期一年
	6	7	8	9	10	11	12
收　　入							
租金收入	1193.86	1217.74	1242.09	1242.09	1242.09	1242.09	1242.09
售　　价							3000.00
小　　计	1193.86	1217.74	1242.09	1242.09	1242.09	1242.09	4242.09
营业税及附加	(65.66)	(66.98)	(68.31)	(68.31)	(68.31)	(68.31)	(68.31)
支　　出							
建设成本	—	—	—	—	—	—	—
营业成本	(298.46)	(304.43)	(310.52)	(310.52)	(310.52)	(310.52)	(310.52)
资金成本							
税前利润	829.73	846.33	863.25	863.25	863.25	863.25	3863.25
累计利润	668.71	1515.03	2378.29	3241.54	4104.79	4968.05	8831.30

由项目的年度损益表可以得到项目的利润为 8831.30 万元，年投资利润率为 28.82%。

现金流量表 **表 7-5**

项目	合计	每期一年	每期一年	每期一年	每期一年	每期一年	每期一年
		0	1	2	4	5	6
现金流入							
租金收入	12065.00				1147.50	1170.45	1193.86
售价	3000.00	—	—	—	—	—	—
现金流出							
建设成本	(2386.80)	(795.00)	(795.90)	(795.90)	—	—	—
营业成本	(3016.25)				(286.88)	(292.61)	(298.46)
营业税及附加	(663.57)				(63.11)	(64.37)	(65.66)
税前净现金流量	8998.37	(795.00)	(795.90)	(795.90)	797.51	813.46	829.73
累计净现金流量		(795.00)	(1590.90)	(2386.80)	(807.41)	6.05	835.78
税前净现值	1611.08	(795.00)	(692.09)	(601.81)	455.98	404.43	358.72
累计净现值		(795.00)	(1487.09)	(2088.90)	(1118.83)	(714.39)	(355.68)

项目	每期一年	每期一年	每期一年	每期一年	每期一年	每期一年
	7	8	9	10	11	12
现金流入						
租金收入	1217.74	1242.09	1242.09	1242.09	1242.09	1242.09
售价	—	—	—	—		3000.00
现金流出						
建设成本	—	—	—	—	—	—
营业成本	(304.43)	(310.52)	(310.52)	(310.52)	(310.52)	(310.52)
营业税及附加	(66.98)	(68.31)	(68.31)	(68.31)	(68.31)	(68.31)
税前净现金流量	846.33	863.25	863.25	863.25	863.25	3863.25
累计净现金流量	1682.11	2545.36	3408.62	4271.87	5135.12	8998.37
税前净现值	318.17	282.20	245.39	213.38	185.55	722.07
累计净现值	(37.51)	244.69	490.08	703.46	889.01	1611.08

由项目的现金流量表可以得到项目的净现值为 1611.08 万

元，内部收益率为26.57%。

第二步，选择经济评价指标。本题可以选择利润、净现值、投资利润率、内部收益率四个经济评价指标。

第三步，选择不确定性因素并确定其变化范围。本题中比较明显的不确定性因素包括容积率、楼面地价、建安造价、初始租金、售价以及基准收益率(本题的社会平均投资收益率，也是折现率)。这里选择容积率、楼面地价、建安造价、初始租金以及基准收益率作为敏感性分析的不确定性因素进行分析。

第四步，计算各不确定因素变动对评价指标变动的数量效果。

这里首先进行单因素敏感性分析。各不确定因素变动对评价指标变动的数量效果见表7-6所示。

单因素敏感性分析表 **表7-6**

因素	变动率	税前利润(万元)	净现值(万元)	投资利润率(%)	内部收益率(%)
容积率	−10%	8248.17	1506.05	29.90	26.80
	−5%	8551.40	1560.67	29.31	26.68
	0%	8831.30	1303.57	28.82	26.57
	5%	9134.53	1665.70	28.33	26.47
	10%	9414.43	1716.12	27.93	26.38
楼面地价(元/m^2)	−10%	8914.76	1688.52	30.07	27.52
	−5%	8873.03	1649.80	29.43	27.04
	0%	8831.30	1303.57	28.82	26.57
	5%	8789.57	1572.36	28.22	26.12
	10%	8747.84	1533.64	27.64	25.69
建安造价(元/m^2)	−10%	9003.23	1742.53	31.50	28.00
	−5%	8917.26	1676.81	30.11	27.27
	0%	8831.30	1303.57	28.82	26.57
	5%	8745.33	1545.36	27.61	25.90
	10%	8659.37	1479.63	26.47	25.25

续表

因　素	变动率	税前利润（万元）	净现值（万元）	投资利润率（%）	内部收益率（%）
初始租金[元/(m²·月)]	－10%	7992.78	1297.16	26.08	24.46
	－5%	8395.27	1447.84	27.39	25.48
	0%	8831.30	1303.57	28.82	26.57
	5%	9233.79	1761.77	30.13	27.56
	10%	9669.82	1925.01	31.55	28.62
收益率(%)	－10%	8831.30	1962.65	28.82	26.57
	－5%	8831.30	1780.92	28.82	26.57
	0%	8831.30	1303.57	28.82	26.57
	5%	8831.30	1452.23	28.82	26.57
	10%	8831.30	1303.57	28.82	26.57

根据以上计算结果，以内部收益率作为纵坐标，可以作成单因素敏感性分析图形，如图 7-7 所示。

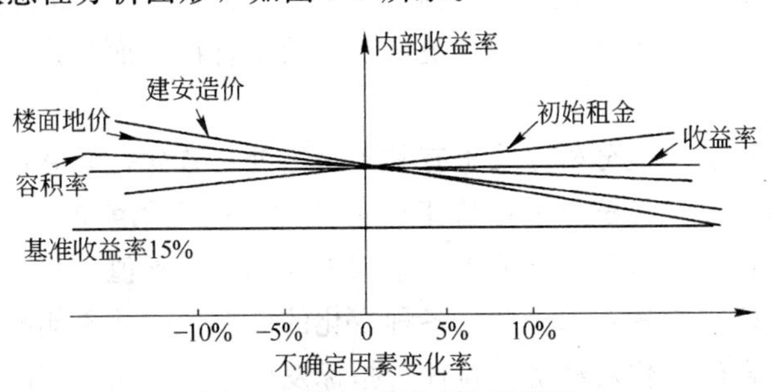

图 7-7　单因素敏感性分析图

在单因素敏感性分析的基础上，还可以以建安造价和初始租金两个因素的变动为例作两因素敏感性分析(略)。

第五步，找出较为敏感的变动因素，做出进一步的分析。

从单因素敏感性分析表与分析图可以看出，本项目投资的内部收益率对楼面地价、建安造价以及初始租金等几个变量的反应都很敏感，因此，应该采取各种措施进行投资控制以降低成本，并且应适当提高租金。

这只是一个简单化了的例子。在实际工作中，敏感性分析需要的数据很多，计算工作量大。因为现金流量包括现金收入和支出，影响两者变化的因素很多，当这些变量中每一个变量发生变化时，都要算出投资方案的利润、投资利润率、净现值、内部收益率等一系列经济效益指标的相应变化幅度，计算量非常大，没有电子计算机的帮助以及分析者的高度耐心，敏感性分析很难圆满完成。

五、敏感性分析的优缺点

敏感性分析方法是投资决策中进行方案优选、评审项目取舍不可缺少的决策手段。敏感性分析在一定程度上就各种不确定因素的变动对方案经济效益指标的影响作了定量描述，有助于决策者更为详细地了解方案的各方面风险情况，而不像盈亏平衡分析那样只着眼于经营风险的研究，从而可以更好地认识投资方案的风险性，帮助决策者进行正确决策。此外，敏感性分析还有助于确定在决策过程中及方案实施过程中需要重点研究和控制的因素。所以，敏感性分析不仅是经济决策中常用的而且是主要的不确定性分析方法。

但是敏感性分析方法也有其不足之处。首先，敏感性分析只是指出了项目经济效果评价指标对各种不确定因素的敏感程度，以及项目可行所能允许的不确定因素变化的极限值，却没有考虑各种不确定因素在未来发生各种变化的概率，因此不能够表明不确定因素的变化对经济效益评价指标发生某种影响的可能性，以及在这种可能性下对经济评价指标的影响程度。其次，敏感性分析把各个相互联系的因素割裂开来进行考察，在分析多个因素同时变化对项目产生的影响，或各个因素之间的相互制约和影响上显得无能为力。再次，敏感性分析所涉及到的因素变化范围实际上是按照分析人员的主观意志所确定的，没有给出这些因素发生变化的概率，因而在分析中具有一定的主观性和猜测性，缺乏科学性，作为决策依据也就存在风险。

第八章　房地产投资风险分析

第一节　房地产投资风险及其度量

一、房地产投资风险的含义

一般来讲，风险就是一个事件产生人们不希望后果的可能性。从房地产投资的角度来说，风险可以定义为未来获得预期收益的可能性。或者说，房地产投资风险是由于投资房地产而造成损失的可能性大小，这种损失包括所投入资本的损失和预期收益未达到的损失。

房地产投资具有的最大优势是可以获得较高的利润，但是它与一切投资类型一样存在风险，特别是由于房地产投资价值量大、周期长、位置的不可移动性以及市场竞争不充分等特点，使房地产投资的风险程度更高。

在房地产投资活动中，风险的具体表现形式有：

(1) 高价买进的房地产，由于种种原因只能以较低的价格卖出；

(2) 卖出价虽然高于买入价，但是卖出价低于市场价或预期价格；

(3) 用于房地产投资的资金没有按期、足量收回，或不能收回；

(4) 迫于各种压力，在违背自己意愿的情况下低价抛售房地产。

二、房地产投资风险的类型

房地产投资风险，按不同标准可分为不同类别。这里从房地产开发投资的角度，按实质内容的不同，把房地产投资风险分为以下几种：

(一) 政策风险

政策风险是指由于国家或地方政府有关房地产投资的政策条件发生变化而带来的投资风险。房地产投资是一项政策性很强的业务，它受多种政策的影响和制约，例如，投资政策、金融政策、产业政策、房地产管理政策以及税费政策等。这些政策都会对房地产投资者收益目标的实现产生巨大影响，从而给房地产开发投资者带来投资的风险。

政府的政策对房地产业的影响是全局的，房地产政策的变化趋向直接关系到房地产投资者的成功与否。房地产业由于与社会经济发展紧密相关，因此，在很大程度上受到政府的控制，政府对租金、售价的限制，对外资的控制，对土地的控制，对环境保护的要求，尤其是对投资规模、投资方向以及金融的控制，以及新税务政策的制定，都对房地产投资者构成风险。在市场环境还不完善的情况下，政策风险对房地产市场的影响尤为重要。因此，房地产投资上都非常关注房地产政策的变化趋势，以便及时处理由此引发的风险。

（二）市场供求风险

任何市场的供给与需求都是动态的和不确定的，这种动态不确定性决定了市场中的经营者收入的不确定性，因为经营者的收入主要由市场的供给和需求决定的，房地产市场的经营者所承担的风险比在一般市场情况下要大些。比如，当供给短缺或是需求不足时，都将令房地产市场的主体，即买方或卖方中的一方受到损失，这种由于供给和需求之间的不平衡而导致的房地产经营者的损失，就是供求风险。这是整个房地产市场中最重要、最直接的风险之一。

市场是不断变化的，房地产市场上的供给与需求也在不断变化，而供求关系的变化必然造成房地产价格的波动，具体表现为租金收入的变化和房地产价值的变化，这种变化会导致房地产投资的实际收益偏离预期收益。更为严重的情况是，当市场内结构性过剩(某地区某种房地产的供给大于需求)达到一定程度时，房地产投资者将面临房地产积压或空置的严峻局面，导致资金占压严重、还贷压力增加，极易导致房地产投资者投资的失败。

因此，只有对房地产供求关系做出客观、准确的判断，并进行科学的预测，把握房地产市场供求关系的客观规律，才有可能规避该风险。

（三）财务风险

财务风险指房地产项目融资、负债经营等财务管理方面带来的风险。房地产开发企业负债经营的目的是借助杠杆效应，减少平均负担的固定成本，从而增加额外收益。然而，如果过度举债、资金运用不当，不仅会增加融资成本，减少投资收益，还有可能因无法按期清偿债务，而失去抵押物或使企业面临破产危险。特别是当房地产市场疲软，销售不畅，利润下降，杠杆效应就会呈现负影响状态。尤其是当开发项目的利润率低于借款利息时，将使企业的税后盈利受到额外的损失。

（四）经营风险

经营风险是指房地产投资项目经营管理决策失误造成的风险。例如承包形式的决策、承包方的选择、营销渠道的选择、营销策略的制定，价格定位等经营决策上与管理决策上存在的风险。

对房地产开发投资来讲，经营风险是一个十分重要的风险项目。通常，开发商都很重视该风险的预防，通过加强市场调研与分析来努力避免该风险的发生。

除上述四种类型外，如果按房地产投资开发周期角度来划分，还可以把房地产投资风险分为以下几种类型：

(1) 投资开发前期的风险。房地产投资开发前期的风险是指投资计划实施前期的风险，例如选址风险、市场定位风险、融资风险、投资方案决策风险等。该风险主要是由市场研究与项目评估分析与预测的准确性带来的。当然，融资资本结构的变化也是该项风险的诱因。

由于房地产投资的自身特点，这一阶段风险的危害特别大。一旦决策失误，往往会使项目遭受较大的收益损失，甚至导致项目开发的惨重失败。

(2) 开发建设期间的风险。开发建设期间的风险是指从房地产项目正式动工到交付使用这一阶段的风险。例如按时完工风险、成本控制风险、工程质量风险等。该项风险的主要原因涉及到承包商的项目控制与管理能力、通货膨胀以及不可预见事件的发生等等。

(3) 经营阶段的风险。房地产经营阶段的风险包括两部分内容：一是投资经营的风险。例如由于投资计划安排不当、融资计划考虑不周带来的资金周转风险；二是指房地产市场营销风险，例如由于市场定位及定价和营销措施不力等带来销售期长短以及消费者支付能力与方式等的变化，致使营销业绩不佳等也对房地产投资带来一定风险。

(4) 竣工验收风险。在竣工验收阶段，能否按时完成竣工验收和向购房者交房直接关系到项目开发是否真正成功。一旦不能按时交房，不但需要承担违约责任，同时还要面临其他由此引起的风险，比如信誉风险、政策风险等等。

(5) 管理阶段风险。管理风险是指房地产工程竣工、交付使用后的物业管理阶段的风险。例如与住户关系处理不当带来的纠纷，住户入住后的安全、卫生管理问题存在的风险等等。

三、房地产投资风险的度量

投资风险的度量包括风险程度和风险概率两个方面。

1. 投资风险程度的度量

投资风险程度是描述风险造成损失的大小，又称为投资损失强度。在最大风险的情况下，投资者可能损失全部投资，也可能损失部分投资。投资风险损失强度是指在某一投资市场上，由于风险的存在使投资者可能遭受的最大损失在直接投资总额中所占的比重。计算公式为：

$$\text{投资风险损失强度}=\frac{\text{投资支出}-\text{投资收入}}{\text{投资支出}}\times 100\%$$

式中，投资支出是指项目投资总额，投资收入是指扣除因风险可能遭受的最大损失后的净收益。

投资风险强度的三种取值，分别相当于盈亏平衡分析的盈(投资风险强度<100%)、亏(投资风险强度>100%)以及平衡(投资风险强度=0)。

2. 投资风险概率的度量

投资风险概率用来描述投资风险发生可能性的高低，一般是用随机事件的概率分布评价指标，即标准方差来描述。

投资风险强度只能用来描述投资风险给投资者带来损失的大小，而投资风险的发生是一种随机事件，人们无法确切地获知风险发生的时间、地点，因此只能依据统计结果的分布状态来衡量其发生可能性的大小。

当描述风险参数的统计量呈正态分布时，可用标准方差(σ_x)及其变异系数(v)来衡量其分布的离散程度，进而描述其发生风险可能性的大小。有关计算公式如下：

$$\sigma_x=\sqrt{\sum_{i=1}^{n}(x_i-E(x_i))^2\cdot P(x_i)}$$

$$v=\sigma_x/E(x_i)$$

期望值描述的是统计数列的集中(平均值)状态，标准方差则反映了统计数列偏离期望值的状态，即所谓的离散趋势。σ_x 的值越大(小)，说明未来的投资收益值偏离期望值的可能性越大(小)，投资风险也就越大(小)。

第二节　房地产投资风险的概率分析

一、概率、期望值与方差

概率是度量不确定性的方法，因此在任何存在有不确定性的决策中，都要用到概率。了解概率的相关概念，有助于房地产投资的概率分析。

(一) 概率 $P(X)$及概率分布

在房地产投资过程中，某一个参数是变动的，但变动多少，什么时间变动，是无法事先把握的，我们把这个参数称为随机事件。概率就是用来表示随机事件发生可能性大小的数值。具体来说，出现某种随机事件的次数与各种可能出现的随机事件的次数之和的比值就称为某一随机事件的概率。通常用 $P(X)$ 表示随机事件 X 可能出现的概率。

概率有以下基本性质：

(1) 概率为非负值，即 $P(X)\geqslant 0$；

(2) 任何随机事件 X 的概率都介于 0 和 1 之间，即 $0\leqslant P(X)\leqslant 1$；

(3) 必然事件 μ 的概率总是 1，即 $P(\mu)\equiv 1$；

(4) 不可能事件 V 的概率总是 0，即 $P(V)\equiv 0$；

(5) 所有随机事件的概率总和为 1，即 $\sum P(X_i)\equiv 1$，i 为随机事件的次数。

所有随机变量可能出现的概率取值的分布情况，或者所有可能结果以及他们相关概率的排列，称之为概率分布。概率分析就是分析和研究随机变量的概率分布情况，并据以预测期望值和标准差。在进行房地产开发项目评价时，一般只分析离散型随机变量的概率分布。

离散型随机变量的概率分布是指随机变量个数是有限的，其分布不是连续的，这时可以确定的概率值表示其概率分布情况。如房地产价格在销售时可能会出现下降 10%、下降 5%、不变、上升 5%、上升 10% 五种情况，出现的随机变量的个数是有限的，因此可以称之为离散型随机变量。如果可以判定上述随机变量出现的概率分别为 0.1，0.3，0.3，0.2，0.1，则可以编制房地产价格的概率分布表，见表 8-1。

房地产价格的概率分布 表 8-1

房地产价格变动	−10%	−5%	0%	+5%	+10%
概率 $P(X_i)$	0.1	0.3	0.3	0.2	0.1

（二）期望值 $E(X)$

随机变量的各个取值，以相应的概率为权数的加权平均数，叫随机变量的预期值，也称数学期望或均值，它反映随机变量取值的平均化。

一般地，我们可以将随机变量的期望值定义为：

$$E(X)=\sum X_i P(X_i)$$

上式中，X_i 表示各种随机变量；$P(X_i)$表示 X_i 各种可能结果出现的概率；$i=1$，2，3，…，n。

随着随机变量取值的增多，相应的概率分布值也就越多，加权平均值就越接近于实际可能值。所以期望值并不是一个真实的准确值。

（三）方差与标准差

方差是各种可能结果同预期结果差的平方和的加权平均值，可以用代数式表示为：

$$\sigma_x^2=\sum_{i=1}^{n}(x_i-E(x))^2\cdot P(x_i)$$

由于方差用的观测值与分布均值的平方，其关系是非线性的，因此，用方差的平方根，即标准方差能够消除这种影响。准方差的计算公式为：

$$\sigma_x=\sqrt{\sum_{i=1}^{n}(x_i-E(x_i))^2\cdot P(x_i)}$$

标准方差也称标准差、均方差以及标准偏差，反映了随机变量与预期值的偏离程度。标准差越小，说明随机变量取值偏离其期望值的离散程度越小，项目风险就越小；反之亦反。

二、概率的确定方法

在房地产开发项目投资分析中，确定各变量发生变化的概率是应用概率分析法的第一步，也是十分关键的一步。由于概率的确定通常是经过某种统计手段或预测估计的方法而计算出来，故带有一定的主观性。所以在这一过程中，要充分利用市场调查数据资料，同时也要利用专业人员的丰富经验和专家意见，加上投资分析者的科学判断，使各个概率值尽可能符合实际，接近精确。

具体而言，概率的确定方法主要有：

（一）专家会议法

专家会议法又称头脑风暴法，由美国人奥斯于 1939 年首创。该方法应用于概率的确定时，主要是根据确定房地产投资各个不确定因素发生概率的目的与要求，邀请房地产投资专家和其他相关专家，通过会议的形式对拟定的房地产投资不确定因素展开讨论分析，最后综合意见，作出判断，得出房地产投资各个不确定因素发生的概率。

该方法可在一个小组内进行，也可以由各个单个人完成，然后由负责人将他们的意见汇集起来，报送专业投资分析人员。

（二）德尔菲法

德尔菲法是美国著名咨询机构兰德公司于 20 世纪 50 年代初发明的。房地产投资概率确定中应用德尔菲法的主要步骤是：

首先，预测准备。该阶段的主要工作是成立评估领导小组，拟订评估提纲和征询表，以及确定专家人数和选定专家。专家人数一般以 20～50 名为宜，各专家一般相互之间没有什么联系，专业涵盖面涉及建筑、土地、风险分析与预测、房地产开发经营、市场分析等领域。

其次，进行概率评估。该阶段分四轮，第一轮由专家初步判断，第二轮专家根据补充资料修改，第三轮请少数不同意见的专家陈述理由，第四轮专家再次判断。

最后，对专家的评估结果进行加工整理和最后判断确定。

使用德尔菲法时，需要考虑专家意见的相对重要性，通常可用积极性系数与专家权威程度来表示。

（三）外推法

外推法是合成估计的一种方法，分为前推、后推和旁推三种情形。

前推法是根据历史经验和数据推断出未来事件发生的概率的

后果，这是经常使用的方法。有些时候，还需要根据逻辑上或实践上的可能性，来推断过去发生的类似事件是否可能在本项目中发生以及可能性的大小。

在没有直接的历史经验数据可供使用的条件下，可采用后推法，即把未来的想象事件及后果与某个已知事件及其后果联系起来。在时间序列上也就是向前推算。

旁推法是利用不同但情况类似的其他项目的数据，对本项目的情况进行外推。例如可以收集类似项目的情况来估计本项目各种不确定因素发生的概率及其程度。

三、概率分析的方法与步骤

（一）概率分析的主要方法

概率分析的方法有很多，主要介绍以下两种：

1. 概率树法

概率树法是一种用来分析和进行风险估计的有用方法。一般来说，概率树分析法使大规模或复杂问题分解成小的子问题，这些小的子问题可以分别加以解决，然后重新组织起来，当问题具有某种可以肯定的结果时，这种分析方法是很有用的。图 8-1 是概率树的基本结构。

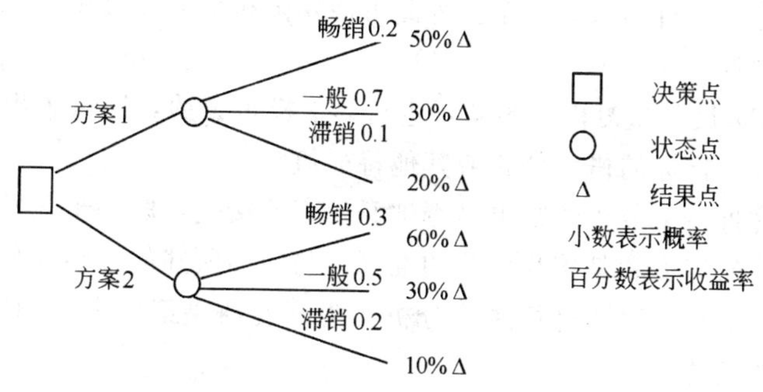

图 8-1 概率树的基本结构示意图

图 8-1 中，方案分析的结果从左到右依次展开，逐步分析事件的发生与发展的过程，好像一棵不断分枝的树，用树形图作为

可能状况及结果的完整关系表示图。

把决策过程引入概率树就是决策树。根据决策树决策的计算过程是，把概率树折叠，即从左到右的方向进行计算，每到一个决策点，选取具有最大利益或最小损失(期望值)的行动方案，再把决策树转回到前一决策点，以此类推，最终完成决策活动。

实际投资活动中，每个投资项目都有若干个随机变量，每个随机变量又可能有若干个取值，这种情况下，运用概率树分析法进行分析决策就显得非常复杂和困难。即使运用计算机，要将所有可能的情况都计算一遍也是很困难的，需要的时间和费用相当大。所以，就需要采用蒙特卡洛法。

2. 蒙特卡洛模拟法

蒙特卡洛法亦称模拟法或统计试验法。该方法运用蒙特卡洛模拟的统计功能，自动对项目评估中涉及的每个变量的数值进行选择和组合。这种方法的优点是无需进行复杂的运算，就能得到一个足够准确的近似结果。其实施步骤一般分为三步。

(1) 分析每一可变因素可能变化的范围并确定这些变化的概率分布。

(2) 通过模拟试验随机选取各随机变量的值，并使选择的随机值符合各自的概率分布。为此可使用随机数或直接用计算机求出随机数。

(3) 反复重复以上步骤，进行多次模拟试验，即可求出开发项目效益指标的概率分布或其他特征值。

这种概率分析的结果是否被开发商所接受，取决于开发商对待风险的态度和其接受风险的准则。与前面所述的敏感性分析比较，用蒙特卡洛法进行风险分析能为开发商决策提供更加充分、翔实的信息。

(二) 概率分析的一般步骤

概率分析是风险评价的主要手段，它是一种同时考虑事件的发生概率及其影响程度，用期望值指标来估价风险程度，以进行经济效益评价的投资分析方法。该方法根据不确定性因素在一定范围内的随机变动，分析确定这种变动的概率分布和它们的期望值以及标准偏差，进而为投资者决策提供可靠依据。

在进行项目评价过程中，概率分析一般仅对项目的财务净现值的期望值和出现财务净现值大于等于零时的累计概率进行计算。前者是以概率为权数计算出来的各种不同情况下的财务净现值的加权平均值；后者则反映了在各种可能情况下财务净现值出现大于和等于零时的累计概率。一般步骤如下：

(1) 列出各种要考虑的不确定性因素；

(2) 预计各种不确定性因素可能发生的情况，即其可能出现的各种数据值或变动幅度；

(3) 分别确定每种情况出现的可能性，即概率，各种可能情况出现的概率之和等于1；

(4) 分别求出各处可能情况下的财务的净现值、加权平均值和期望值；

(5) 计算净现值大于和等于零的累计概率。

四、房地产投资风险概率分析的具体应用

下面以一个具体例子来说明概率分析在房地产投资风险分析中的具体应用。

【例8-1】 某房地产项目有两种开发经营方案，有关数据见表8-2和表8-3所示。假设甲、乙两方案开发完成后均用于出租，各种数据均发生在年初，折现率为9%。专家预测未来出租市场行情较好、一般和较差三种可能的概率分别为50%、40%、10%，试进行开发项目净现值的概率分析。

甲方案有关数据 **表8-2**

单位：万元

年 份	支 出		出租收入		
	开发投资	运营成本	市场较好	市场一般	市场较差
			0.5	0.4	0.1
1	2500				

续表

年份	支出		出租收入		
	开发投资	运营成本	市场较好	市场一般	市场较差
			0.5	0.4	0.1
2	3000				
3		500	1800	1600	1300
4		500	1800	1600	1300
5		500	1800	1600	1300
6		500	1800	1600	1300
7		500	1800	1600	1300
8		500	1800	1600	1300
9		500	1800	1600	1300

乙方案有关数据 **表 8-3**

单位：万元

年份	支出		出租收入		
	开发投资	运营成本	市场较好	市场一般	市场较差
			0.5	0.4	0.1
1	2000				
2	1800				
3		650	1500	1400	1300
4		650	1500	1400	1300
5		650	1500	1400	1300
6		650	1500	1400	1300
7		650	1500	1400	1300
8		650	1500	1400	1300
9		650	1500	1400	1300

【解】 本题是一个非常简化的概率分析例子，实际中要比这复杂得多。

很显然，本题可以采用概率树的方法来进行分析评价。考虑到概率树分析画图比较麻烦，这里就利用表格来代替概率树。

根据题中所给数据，可以编制表格如表 8-4、表 8-5 所示。

甲方案净现值的期望值 **表 8-4**

单位：万元

年 份	净现金流量			净现值(*NPV*)			净现值的期望值 *E*(*NPV*)
	较好	一般	较差	较好	一般	较差	
	0.5	0.4	0.1	0.5	0.4	0.1	
1	−2500	−2500	−2500	−2500.0	−2500.0	−2500.0	−2500
2	−3000	−3000	−3000	−2752.3	−2752.3	−2752.3	−2752.3
3	1300	1100	800	1094.2	925.8	673.3	984.8
4	1300	1100	800	1003.8	849.4	617.7	903.5
5	1300	1100	800	921.0	779.3	566.7	828.9
6	1300	1100	800	844.9	714.9	519.9	760.4
7	1300	1100	800	775.1	655.9	477.0	697.6
8	1300	1100	800	711.1	601.7	437.6	640.0
9	1300	1100	800	652.4	552.1	401.5	587.2

由表 8-4 可以得到甲方案净现值的数学期望值 $E(NPV)=$ 150.05。

乙方案净现值的期望值 **表 8-5**

单位：万元

年 份	净现金流量			净现值(*NPV*)			净现值的期望值 *E*(*NPV*)
	较好	一般	较差	较好	一般	较差	
	0.5	0.4	0.1	0.5	0.4	0.1	
1	−2000	−2000	−2000	−2000.0	−2000.0	−2000.0	−2000
2	−1800	−1800	−1800	−1651.4	−1651.4	−1651.4	−1651.4
3	850	750	650	715.4	631.3	547.1	664.9
4	850	750	650	656.4	579.1	501.9	610.0

续表

年　份	净现金流量			净现值(NPV)			净现值的期望值 $E(NPV)$
	较好	一般	较差	较好	一般	较差	
	0.5	0.4	0.1	0.5	0.4	0.1	
5	850	750	650	602.2	531.3	460.5	559.7
6	850	750	650	552.4	487.4	422.5	513.4
7	850	750	650	506.8	447.2	387.6	471.1
8	850	750	650	465.0	410.3	355.6	432.2
9	850	750	650	426.6	376.4	326.2	396.5

由表8-5可以得到乙方案净现值的数学期望值 $E(NPV)=-3.64$。

由上述计算结果可知，即使在考虑了不确定因素可能发生的不利变化，该项目投资的甲方案净现值的数学期望 $E_{甲}(NPV)=150.05$ 大于零仍然符合要求，而乙方案 $E_{乙}(NPV)=-3.64$ 小于零，不符合要求。因此，该项目投资的甲方案仍是可行的。

当然，这里仅分析了出租收入因市场行情变动而引起的可能变化。完整全面的概率分析，还需要研究开发成本、工期、营业成本、税费、利率、折现率等其他因素发生变化的概率及其给项目经济效益指标带来的变化，从而进一步计算其相应的期望值，以作出正确的判断。

五、投资风险概率分析方法的评价

概率分析是一种运用概率理论研究不确定性因素的变动对项目经济效果指标影响的一种定量分析方法。通过敏感性分析可以判断不确定性因素的敏感性，但这是在认为所有因素具有同等出现概率的前提下做出的，不能完全反映不确定性因素的风险性，通过概率分析则可以了解项目的风险性大小。某个不确定性因素如果是敏感因素，但若发生的概率非常小，则实际给项目带来的风险就非常小了，甚至可以忽略不计。

在实际工作中，需要根据项目的具体特点和决策工作的要求，确定对项目进行不确定性分析的内容、方法和深度。一般的做法是由浅入深、由易到难，先进行盈亏平衡分析，再进行敏感性分析，最后还要借助概率分析来尽量减少投资分析的偏差，为投资决策提供尽可能准确的依据。

第三节　房地产投资风险的防范与控制

房地产投资过程中的风险是一个普遍存在的问题，理性的房地产投资开发商并不否认和害怕风险，但也不任由投资风险发生、发展，而是在认识投资风险的基础上，及时发现或预测风险，并采取有效的措施，化解、减轻和控制多种风险，实现最可能地减少投资者预期收益损失和保护投资者资金安全的目的。

一、房地产投资风险的防范

房地产投资风险的防范是指在损失发生前，采取各种预控手段，力求免除或减小风险。常见的投资风险防范策略与方法主要有：

（一）风险预控

房地产投资风险预控最积极的办法是做好房地产市场调查研究。房地产投资开发的前提最终落脚在市场上，市场风险是房地产投资最直接的风险，能否降低市场风险，关键要看是否真正把市场的情况调查研究清楚。在正确的市场研究结论的前提下，房地产开发才能按计划进行。不正确的市场研究结论必然导致房地产开发的风险增加。

房地产市场调查研究是各种供求数据、收益和支出数据、资金成本数据等的直接或间接来源，也是房地产开发决策的重要依据，所以，必须高度重视房地产市场调研，并切实加强房地产市场调查研究的力量，只有这样，才能减少房地产投资开发的风险。

（二）风险回避

风险回避，即选择风险较小的投资项目或者放弃那些风险较大的投资项目。风险回避是一种相对彻底的防范房地产投资风险的方法，也是一种消极的风险防范策略，它在有效地防止投资风险发生的同时，也放弃了获取更高利润的可能。正因为这样，风险回避并不是投资者的首选避险策略。只有在风险程度特别高，或者风险程度虽不太高，但获利也不太理想的情况下，才使用该策略。

（三）风险转移

所谓风险转移，是指房地产投资开发商通过一定的技术措施将其风险有意识地转嫁给与其有相互经济利益关系的另一方承担的风险防范策略。按照技术措施的不同，风险转移策略又可以划分为以下两种类型：

1. 非保险型风险转移

非保险型风险转移是指房地产投资开发商通过某种方式，将风险损失转由另一方承担和赔偿的风险防范策略。

根据具体的转移方式，该策略又分为两种类型：

(1) 合同、契约形式的风险转移，即通过合同、契约的形式，将房地产投资项目的某些活动连同其风险损失的财务负担转移给非保险业的其他主体，以达到降低风险发生频率和减小风险损失程度的目的。例如，在拆迁阶段，开发商可通过拆迁承包合同的签订，将项目征地拆迁过程中可能遇到的各种风险转移给拆迁方。又如，在施工建设阶段，开发商可通过工程项目总承包合同的签订，将项目该阶段面临的建材、设备市场价格波动等风险转移给项目的施工方，等等。

(2) 财务形式的风险转移，即通过发行股票、寻找投资合作伙伴等需求外部资金支持的形式，将部分投资的财务责任、风险损失转移他人的风险转移形式。该形式在转移风险的同时，也把大量的投资收益转移给了他人。从广义上讲，财务形式的风险转移也是一种合同、契约形式的风险转移，因为发行股票和购买股票本身就建立了合同，而寻找投资合作伙伴更需要合同。

2. 保险型风险转移

保险型转移即通过参加保险，以小数额的保费为代价，将开发项目实施过程中可能遭受到的自然灾害、意外事故等风险损失转移给保险公司，由保险公司对被保险的经济损失提供保障。虽然房地产投资者必须缴付一定的保险费，但由于这笔保费支出是定期而均匀的，因而它对房地产投资经营者的影响并不大，所以意外风险比较适合采用此策略。

不过，不是所有的风险都可通过保险来转移。保险公司经营的范围只包括纯粹保险。所以，房地产投资风险只能部分性的转移。

(四) 风险组合

风险组合即通过多项目投资来分散风险，是将许多类似的，但不会同时发生的风险集中起来考虑，从而能较为准确地预测未来风险损失发生的状况，并使这一组合中发生风险的损失部分，能得到其他未发生风险损失且取得风险收益的投资项目的补偿。

风险组合是投资组合的另一种说法。投资组合理论的主要论点是：对于相同的宏观经济环境变化，不同投资项目收益会有不同。在这种情况下，把适当的投资项目组合起来，便可以达到一个最终和最理想的长远投资策略。换句话说，投资组合可以在预期收益率下使风险最低，或者使风险得到合理的分散，实现投资收益的最大化。

风险组合有不同类型项目组合、不同区域项目的组合和不同时间项目组合三种形式：

1. 不同类型项目组合

风险只是可能，不是现实。房地产投资存在风险是必然的，但并不是所有房地产投资都一定遭受风险损失。而且各种类型房地产投资的风险大小也不同，获取的收益也不同。因此，投资不同的房地产项目，将风险分散化，房地产投资者可能遭受的整体风险损失就会大大降低，从而可以获得可观的风险收益。例如，同时投资写字楼和住宅项目的开发，如果写字楼遭到风险损失，而住宅未受到风险损失，并获得较高的收益，则投入住宅部分的投资收益就能补偿投资写字楼部分的投资损失。

当然，各投资项目之间的相关性不能太强，相关性太强就会起不到降低投资风险的作用。

2. 不同区域项目组合

房地产商品的位置固定性决定了房地产市场是一个区域性的市场。由于各个地区的经济景气程度、经济政策、投资政策、产业政策、市场环境以及资金供求情况等各不相同，因此也带来了在不同地区投资的风险的大小不同。所以，进行不同区域投资项目组合，就可以有效地整合和降低房地产开发投资商的整体投资风险。比如，在香港新鸿基地产投资有限公司过去的一个董事决议中，要求在中国内地的投资不能超过其全部投资的10%，就是一个有效的不同区域项目组合，以降低投资风险的典型。

3. 不同时间项目组合

房地产市场情况变化较大的情况下，确定一个合理的投资间隔，分别进行投资，可以避免市场的供求风险。例如，在住宅市场不明朗的情况下，不能都进行大盘同时开发，而应分期开发，视市场供求特征的变化，随时调整投资开发的策略，就能有效地避免投资风险。

事实上，大型房地产投资开发商进行房地产开发投资时，都非常注重研究其项目类型分布、地区分布以及时间分布的合理性，以期既不冒太大的风险，又不失去获取较高收益的机会。

（五）平衡交易

房地产开发投资中一个较普遍的平衡交易方式是购买期权。考虑一个开发项目时，房地产投资开发商可以在一定期限内以一定价格购买可供选择的位置的期权，以给自己赢得制定投资规划、获取必须的许可证书、筹集足够的开发资金、研究工程地质和建筑工程等所需的时间。因为购买期权节约了时间，减少了开发过程中的一些确定性，因此也就降低了房地产投资开发的风险。

在发达的市场经济国家中，临时的或备用的融资协定也是房地产投资开发商通常使用的一种平衡交易方式。为了避免目前的高利率，预计工程建设期间利率将下降的发展商，可以购买一项贷款协议，贷款人必须遵守协议中规定的利率，但发展商有自由选择的权力。这种办法也是一种降低投资风险的策略。

（六）指标预警

指标预警即把有关风险因素融入到决策评价指标中去，通过降低投资收益率、净现值等指标的方式，提醒决策者决策时考虑风险对开发项目收益的具体影响，从而达到防范风险的目的。

指标预警的主要方法是风险调整贴现率法，它是用考虑了风险的贴现率来进行项目投资净现值指标分析的方法。一般情况下，风险调整贴现率的计算公式为：

$$K=i_0+b\times v$$

式中 K——风险调整贴现率；

i_0——基准贴现率；

b——风险补偿斜率，是一个经验系数；

v——标准差变异系数。

$$v=\sigma_x/E(x_i)$$

$$\sigma_x=\sqrt{\sum_{i=1}^{n}(x_i-E(x_i))^2\cdot P(x_i)}$$

如果有多年的现金流量及其发生的概率，则可用下式计算 v：

$$v=D/EPV$$

式中，D 表示现金流量的综合标准差，即各年现金流量标准差的现值和，其计算公式为：

$$D=\sqrt{\sum_{t=1}^{n}\frac{\sigma_t^2}{(1+i)^{2(t-1)}}}$$

EPV 表示各年现金流量期望值的现值和，其计算公式为：

$$EPV=\sum_{t=1}^{n}\frac{E(x)_t}{(1+i)^{t-1}}$$

i 表示无风险最低收益率，或基准贴现率。

【例 8-2】 以例 8-1 的有关数据为基础，假设该项目最低无风险投资收益率为 5%，风险补偿斜率为 10%，试据此进行开发项目的方案决策。

【解】 先把例 8-1 中的现金流量表列出，如表 8-6 所示。

两种方案的净现金流量表 **表 8-6**

单位：万元

年份	甲方案的净现金流量			乙方案的净现金流量		
	较好	一般	较差	较好	一般	较差
	0.5	0.4	0.1	0.5	0.4	0.1
1	−2500	−2500	−2500	−2000	−2000	−2000
2	−3000	−3000	−3000	−1800	−1800	−1800
3	1300	1100	800	850	750	650
4	1300	1100	800	850	750	650
5	1300	1100	800	850	750	650
6	1300	1100	800	850	750	650
7	1300	1100	800	850	750	650
8	1300	1100	800	850	750	650
9	1300	1100	800	850	750	650

(1) 计算各方案的风险程度

根据上表及有关计算公式，可以编制甲、乙两方案风险程度数据，如表 8-7 所示。

两种方案风险程度数据表 **表 8-7**

年份	甲方案期望值	甲方案标准差	乙方案期望值	乙方案标准差
1	−2500	0	−2000	0
2	−3000	0	−1800	0
3	1170	155.24	790	66.33
4	1170	155.24	790	66.33
5	1170	155.24	790	66.33

续表

年　　份	甲方案期望值	甲方案标准差	乙方案期望值	乙方案标准差
6	1170	155.24	790	66.33
7	1170	155.24	790	66.33
8	1170	155.24	790	66.33
9	1170	155.24	790	66.33

根据表 8-7，可以得到：

方案甲的综合标准差、期望值现值以及风险程度分别为：

$$D_{甲}=\sqrt{\sum_{t=1}^{9}\frac{\sigma_t^2}{(1+5\%)^{2(t-1)}}}=324.88$$

$$EPV_{甲}=\sum_{t=1}^{9}\frac{E(x)_t}{(1+5\%)^{t-1}}=1090.53$$

$$V=D_{甲}/EPV_{甲}=324.88/1090.53=0.30$$

方案乙的综合标准差、期望值现值以及风险程度分别为：

$$D_{乙}=\sqrt{\sum_{t=1}^{9}\frac{\sigma_t^2}{(1+5\%)^{2(t-1)}}}=138.81$$

$$EPV_{乙}=\sum_{t=1}^{9}\frac{E(x)_t}{(1+5\%)^{t-1}}=639.27$$

$$V=D_{乙}/EPV_{乙}=138.81/639.27=0.22$$

(2) 计算各方案的风险调整贴现率

$$K_{甲}=5\%+10\%\times0.30=8\%$$

$$K_{乙}=5\%+10\%\times0.22=7.2\%$$

(3) 计算各方案净现值的期望值：

分别按 8%和 7.2%的折现率对方案甲和方案乙的现金流量进行折现，可以分别得到两种方案净现值的期望值：

$$NPV_{甲}=362.46\text{万元}$$

$$NPV_{乙}=264.94\text{万元}$$

由上述分析可知，考虑了风险以后，甲方案的净现值的期望值仍然大于乙方案，但乙方案已经可行，而且甲方案的风险程度略大于乙方案。选择甲方案还是选择乙方案，对投资决策者来说既有净现值的考虑，也有风险的考虑。更为重要的是，决策者可以从风险防范的角度来看待本项目方案的决策。

二、房地产投资风险的控制

投资风险控制的基本职能在于识别投资风险并采取积极的措施来控制投资风险。房地产投资风险控制的主要手段有：

（一）计划控制

计划是指对工作和行动的实现安排，使人们基于对现实的认识和未来的估计，对今后某一定时期应达到的目标以及实现目标的措施、方案、程序、进度及人事、责任、资金、材料、设备以及技术等所作的安排，房地产投资项目中的计划主要有项目进度计划、项目资金筹措和使用计划以及项目设备材料计划等，这些计划都可以成为投资项目风险控制的有效工具。

（二）审计控制

审计师之审计人员对被审计单位的财政经济活动及其会计资料的真实性、合法性以及合理性进行的审查和监督。通过审计活动，可以有效地评价投资项目的管理效率，有助于完善管理制度，改善经营管理，提高管理水平，规避和控制经营风险。

（三）组合投资控制

大多数情况下，组合投资的风险量值(标准差)比个别项目投资的风险量值小，由此可见，组合投资确实能够起到分散风险和降低风险的作用。但另一方面，组合投资收益率期望值通常小于单项投资收益的最大值，组合投资在分散风险的同时，也降低了风险收益。

一般来说，包含几项项目开发投资的投资收益率期望值与标准差的计算公式为：

$$E(x_P)=\sum_{i=1}^{n}a_iE(x_i)$$

$$\sigma_P=\sqrt{\sum_{i=1}^{n}a_i^2\sigma_i^2+\sum_{i=1}^{n}\sum_{j=1,j\neq i}^{n}a_ia_j\sigma_{ij}}$$

式中 $E(x_P)$——组合资产投资收益的期望值；

$E(x_i)$——第 i 项项目投资收益率期望值；

a_i——第 i 项项目投资占总项目投资额的比重；

n——组合投资项目数；

σ_p——组合投资的标准差；

σ_i——第 i 项投资项目的投资收益率偏差；

σ_{ij}——项目 i 和项目 j 投资收益率的协方差。

$$\sigma_{ij}=\sqrt{\sum_{k=1}^{n}(x_{ik}-\overline{x}_i)(x_{jk}-\overline{x}_j)P_K}$$

【例 8-3】 某房地产开发公司有一笔 5 亿元的资金准备投资开发某项目，经咨询得到了甲、乙、丙三种投资方案。甲方案为投资开发住宅项目，乙方案为投资开发写字楼，丙方案为 2/5 的资金用来投资开发住宅，其余用来开发写字楼。每种方案的投资收益情况如下表 8-8 所示，试比较各方案的投资收益水平及风险程度。

投资方案及其收益情况 **表 8-8**

单位：万元

	甲方案(住宅)		乙方案(写字楼)		丙方案(住宅+写字楼)	
投资	50000		50000		20000	30000
好	0.6	4200	0.5	5500	1800	2500
中	0.3	3000	0.4	3500	1300	1800
差	0.1	1200	0.1	1800	800	1000

【解】 根据表 8-8 所示数据，计算各方案的投资收益率、投资收益率平均值、期望值及其标准差如表 8-9、表 8-10 所示：

甲、乙投资方案及相关分析数据　　表 8-9

<table>
<tr><th></th><th>x(投资收益率)</th><th>$\overline{x}$</th><th>$E(x)$</th><th>$\sigma(x)$</th></tr>
<tr><td rowspan="3">甲方案</td><td>8.40%</td><td rowspan="3">5.60%</td><td rowspan="3">7.08%</td><td rowspan="3">1.89%</td></tr>
<tr><td>6.00%</td></tr>
<tr><td>2.40%</td></tr>
<tr><td rowspan="3">乙方案</td><td>11.00%</td><td rowspan="3">7.20%</td><td rowspan="3">8.66%</td><td rowspan="3">2.53%</td></tr>
<tr><td>7.00%</td></tr>
<tr><td>3.60%</td></tr>
</table>

由于丙方案是组合投资，概率及收益情况比较特殊，编制下表(表 8-10)：

投资方案丙及相关分析数据　　表 8-10

<table>
<tr><th>市场状态</th><th>p(概率)</th><th>r(收益)</th><th>x(收益率)</th><th>$\overline{x}$</th><th>$E(x)$</th><th>$\sigma(x)$</th></tr>
<tr><td>住好，写好</td><td>0.30</td><td>4300</td><td>8.60%</td><td rowspan="9">6.13%</td><td rowspan="9">7.14%</td><td rowspan="9">2.37%</td></tr>
<tr><td>住好，写中</td><td>0.24</td><td>3600</td><td>7.20%</td></tr>
<tr><td>住好，写差</td><td>0.06</td><td>2800</td><td>5.60%</td></tr>
<tr><td>住中，写好</td><td>0.15</td><td>3800</td><td>7.60%</td></tr>
<tr><td>住中，写中</td><td>0.12</td><td>3100</td><td>6.20%</td></tr>
<tr><td>住中，写差</td><td>0.03</td><td>2300</td><td>4.60%</td></tr>
<tr><td>住差，写好</td><td>0.05</td><td>3300</td><td>6.60%</td></tr>
<tr><td>住差，写中</td><td>0.04</td><td>2600</td><td>5.20%</td></tr>
<tr><td>住差，写差</td><td>0.01</td><td>1800</td><td>3.60%</td></tr>
</table>

注："住"指开发住宅，"写"指开发写字楼。

由表 8-9 和表 8-10 可知，组合投资(方案丙)的风险度量值[$\sigma(x)=2.37\%$]确实比方案 B 的风险度量值[$\sigma(x)=2.53\%$]要低，但其投资收益率的期望值[$E(x)=7.14\%$]也比方案 B 的投资收益率的期望值[$E(x)=8.66\%$]低。说明组合投资确实能降低风险，但也降低了投资回报。

第九章　房地产投资项目综合评价

第一节　房地产投资项目综合盈利能力分析

房地产项目综合评价是从区域社会经济发展的角度，考察房地产项目的效益和费用，评价房地产项目的合理性，它一般包括综合盈利能力分析和社会影响分析。本节主要介绍综合盈利能力分析。

一、房地产投资综合评价中的费用和效益

（一）房地产投资综合评价中的费用

房地产投资综合评价中项目的费用是指区域经济为项目付出的代价，分为直接费用和间接费用。

1. 直接费用

直接费用是指在项目范围内政府所花费的投资和经营管理费用。一般包括下列方面：征地费用；土地开发和基础设施投资费用；建筑工程和城市配套设施费用；以及经营管理费用。

2. 间接费用

间接费用又称为外部费用，是指由项目引起的、在直接费用中未得到反映的那部分费用，或者说国民经济为项目付出了代价，而项目本身并不实际支付的费用。主要有：在项目范围外为项目配套的基础设施投资，为满足项目需要而引起的基础服务供应缺口使区域经济产生的损失等。

当基础服务（如电力）供不应求时，为满足项目需求而使区域经济产生的损失，可用该项服务的当地最高价格计算。

（二）房地产投资综合评价中的效益

房地产投资综合评价中项目的效益是指房地产项目对区域经济的贡献，分为直接效益和间接效益。

1. 直接效益

项目的直接效益是指在房地产项目范围内政府能够得到的收益，它一般包括下列方面：

(1) 出让国有土地使用权所得的收益；

(2) 因土地使用权转让而得到的收益，如土地增值税等；

(3) 项目范围内的工商企业缴纳的税费，如房产税、土地使用税、车船使用税、印花税、进口关税和增值税、营业税、城市维护建设税及教育费附加、消费税、资源税、所得税等；

(4) 项目范围内基础设施的收益，如供电增容费、供水增容费、排水增容费、城市增容费、电费、水费、电讯费等。

2. 间接效益

间接效益又称外部效益，是指由房地产项目引起的、在项目直接效益中未得到反映，或者投资项目实际并未得到的那部分效益。主要有：增加地区就业人口、繁荣地区商贸服务、促进地区旅游业发展等带来的收益。

二、房地产项目综合盈利能力分析辨析

(一) 项目综合盈利能力分析的含义

房地产投资项目综合盈利能力分析是按照资源合理配置的原则，从国家整体角度考察项目的直接效益和直接费用，以及可以用货币计量的间接效益和间接费用，计算综合盈利指标，考察房地产项目投资的盈利水平，判断项目的经济合理性的综合分析方法。

(二) 项目综合盈利能力分析与项目财务效益分析的关系

建设项目财务评价是在国家现行财税制度和价格体系的条件下，计算项目范围内的效益和费用，分析项目的盈利能力、清偿能力，以考察项目在财务上的可行性；房地产投资项目综合盈利能力分析是在合理配置国家资源的前提下，从国家整体的角度分析计算项目对宏观经济的净贡献，以考察项目的经济合理性。

1. 二者的相同之处

二者都是从项目“费用”和“效益”的关系入手，分析项目的利弊，进而得出项目可行性与否的结论。

2. 二者的不同之处

(1) 二者的分析角度不同。项目财务分析是从财务角度对项目进行分析，考察项目在财务上的可行性；而房地产投资项目综合盈利能力分析是从宏观经济角度对项目进行分析，考察项目在经济上的合理性。

(2) 二者关于费用和效益的含义不同。项目财务分析是根据项目直接发生的财务收支确定项目的费用和效益；而房地产投资项目综合盈利能力分析是根据项目所消耗的有用资源和对社会提供的有用产品考察项目的费用和效益。

(3) 二者关于费用和效益的范围不同。项目财务分析只考察项目的直接费用和直接效益；而房地产投资项目综合盈利能力分析除考察项目的直接费用和直接效益之外，还要考察项目所引起的间接费用和间接效益。

(4) 二者计算费用和效益的价格基础不同。项目财务分析采用现行市场价格计量费用和效益；而房地产投资项目综合盈利能力分析则采用能够反映资源真实价值的影子价格计量费用和效益。

(5) 二者评判投资项目可行性与否的标准(或参数)不同。项目财务分析采用行业基准收益率和官方汇率；而房地产投资项目综合盈利能力分析则采用社会折现率和影子汇率。

由于房地产投资项目综合盈利能力分析与项目财务分析存在上述显著的区别，二者的结论有时一致，有时不一致：

(1) 二者都表明项目可行，这时项目应予通过；

(2) 二者都表明项目不可行，这时项目应予否定；

(3) 项目财务分析表明项目可行，而项目综合盈利能力分析表明项目不可行，项目一般应予以否定；

(4) 项目财务分析表明项目不可行，而房地产投资项目综合盈利能力分析表明项目可行。这时如果拟建项目是国计民生所急需的，可以考虑向有关主管部门提出对拟建项目采取某些优惠政策的建议，使拟建项目在财务上也变得可行。

三、房地产投资项目综合盈利能力分析的步骤

房地产投资项目综合盈利能力分析既可以在项目财务分析的基础上进行，也可以直接进行。

（一）在项目财务分析的基础上进行项目综合盈利能力分析的步骤

1. 调整效益和费用的范围

首先应剔除已计入财务效益和费用中的转移支付，并识别间接效益和间接费用，对能定量的应进行定量计算，不能定量的，应作定性描述。

2. 调整效益和费用的数值

(1) 固定资产投资的调整。剔除属于国民经济内部转移支付的引进设备、材料的关税和增值税，并用影子汇率、影子运费和贸易费用对引进设备价值进行调整；对于国内设备价值则用其影子价格、影子运费和贸易费用进行调整。

根据建筑工程消耗的人工、三材、其他大宗材料、电力等，用影子工资、货物和电力的影子价格调整建筑费用，或通过建筑工程影子价格换算系数直接调整建筑费用。若安装费中的材料费占很大比重，或有进口安装材料，也应按材料的影子价格调整安装费用。用土地的影子费用代替占用土地的实际费用。剔除涨价预备费，并调整其他费用。

(2) 流动资金的调整。调整由于流动资金估算基础的变动引起的流动资金占用量的变动。

(3) 经营费用的调整。可以先用货物的影子价格、影子工资等参数调整费用要素，然后再加总求得经营费用。

(4) 销售收入的调整。先确定项目产出物的影子价格，然后重新计算销售收入。

(5) 涉及外汇贷款时，用影子汇率计算外汇借款本金与利息的偿付额。

3. 编制项目的宏观经济效益费用流量表(全部投资)

在编制宏观经济效益费用流量表(全部投资)的基础上，计算全部投资综合内部收益率和经济净现值等指标。对使用国外贷款的项目，还应编制宏观经济效益费用流量表(国内投资)，并据此计算国内投资综合内部收益率和经济净现值等指标。

(二) 直接作投资项目综合盈利能力分析的步骤

1. 识别和计算项目的直接效益

根据提供房地产产品的数量和用户的受益计算项目的直接效益。

2. 进行投资估算

用货物的影子价格、土地的影子费用、影子工资、影子汇率、社会折现率等参数直接进行项目的投资估算。

3. 流动资金的估算

4. 经营费用的估算

根据生产经营的实物消耗，用货物的影子价格、影子工资、影子汇率等参数计算经营费用。

5. 识别项目的间接效益和间接费用，对能定量的应进行定量计算，对难于定量的，应作定性描述。

6. 编制有关报表，计算相应的评价指标。

四、房地产投资项目综合盈利分析报表和指标

(一) 项目综合盈利分析的基本报表

1. 国民经济效益费用流量表(全部投资)

该表不分投资资金来源，以全部投资作为计算的基础(或者假定全部投资均为国内投资)，考虑直接与间接费用和效益，用以计算全部投资的经济净现值、综合内部收益率等指标，考察房地产项目的盈利能力。

2. 国民经济效益费用流量表(国内投资)

国民经济效益费用流量表(国内投资)以国内投资作为计算基础，将国外借款本金和利息的偿付、国外资金的股息和红利的支付以及支付给外籍人员的工资等作为费用，用以计算国内投资的经济净现值、综合内部收益率等指标，作为利用外资项目综合盈利能力分析和方案取舍的依据。

（二）项目综合盈利能力分析指标

房地产投资项目项目综合盈利能力分析以综合内部收益率为主要评价指标。根据项目特点和实际需要，也可计算经济净现值等指标。

1. 综合内部收益率($CIRR$)

综合内部收益率($CIRR$)是指房地产项目在整个计算期内，各期净现金流量现值累计等于零时的折现率。它反映房地产项目所占用资金的盈利率，是考察房地产项目盈利能力的评价指标。其表达式为：

$$\sum_{t=1}^{n}(CI-CO)_t(1+CIRR)^{-t}=0$$

式中　CI——效益流入量；

CO——费用流出量；

$(CI-CO)_t$——第 t 年的净效益流量；

n——计算期。

综合内部收益率可根据综合评价现金流量表中的净现金流量用试差法计算求得，并可与政府的期望收益率或银行的贷款利率进行比较，判断项目的盈利能力。

2. 经济净现值($ENPV$)

经济净现值是反映项目对宏观经济净贡献的绝对指标。它是指用社会折现率将项目计算期内各年的净效益流量折算到建设期初的现值之和。其表达式为：

$$ENPV=\sum_{t=1}^{n}(CI-CO)_t(1+i_s)^{-t}$$

式中，i_s 表示社会折现率。其他同上。

当经济净现值大于零时，表示国家为项目付出代价后，除得到符合社会折现率的社会效益外，还可以得到以净现值表示的超额社会效益；当经济净现值等于零时，表示项目占用投资对宏观经济所作净贡献刚好满足社会折现率的要求；而当经济净现值小于零时，则表明项目占用投资对宏观经济所作的净贡献未达到社会折现率的要求。所以，一般来说，只有当项目的经济净现值大于或等于零时，项目才是可以接受的。

第二节 房地产投资项目社会影响分析

一、房地产投资项目社会影响分析的内涵

房地产项目的社会影响分析是整个房地产项目评价过程不可分割的一部分，它主要是为了实现"以人为中心的可持续发展"，改进项目，将有限资源配置到更好的项目中去。社会影响分析使项目决策、资源利用、项目设计、项目实施和延续变得更加有利于人的发展。社会影响分析是以可持续发展为目标的项目评价方法，它使得项目评价更为系统全面。

2001 年底原国家计委正式向全国发文，推荐使用《投资项目可行性研究指南》，首次将社会影响分析作为投资项目可行性研究的重要组成部分，并推荐在全国推广使用。目前社会影响分析方法已经在国内的世界银行贷款项目、亚洲发展银行贷款项目中得以广泛运用。

社会影响分析与经济评价、环境评价存在以下区别。

第一，目标的多元性。经济评价目标单一，主要是财务赢利与经济增长，而社会影响分析涉及社会和环境因素复杂，没有共同度量标准。

第二，周期长。社会影响分析要考察近期与远期社会发展目标，持续时间长。

第三，定量难。以定性为主，难以定量分析。

第四，受行业定向影响。行业、项目差异性大，没有通用方法。

第五，间接效益与间接影响多。进行社会影响分析更有利于

对社会公益型项目、基础性项目进行综合评价，分析此类项目的可行性。

总之，项目的社会影响分析是其经济评价、环境评价的有益补充。

二、房地产投资项目社会影响分析的内容

根据建设部《房地产项目经济评价方法》的规定，房地产投资项目社会影响分析主要包括下列内容：

（一）就业效果分析

就业效果分析主要是指考察房地产项目对区域劳动力就业的影响。如果当地并无就业压力，项目范围内主要使用外来劳动力，则不必进行就业效果分析。就业效果以就业成本和就业密度两项指标来进行描述，并可与当地的相应指标进行比较。

就业成本＝项目开发总投资÷项目范围内总就业人数

就业密度＝项目范围内总就业人数÷项目占地面积

（二）对区域资源配置的影响

（三）对环境保护和生态平衡的影响

（四）对区域科技进步的影响

（五）对区域经济发展的影响

对区域经济发展的影响主要包括：对繁荣商业服务的影响、对促进旅游业的影响、对发展第三产业的影响等。

（六）对减少进口(节汇)和增加出口(创汇)的影响

（七）对节约及合理利用国家资源（如土地、矿产等)的影响

（八）对提高人民物质文化生活及社会福利的影响

（九）对远景发展的影响

三、房地产投资项目社会影响分析的程序

（一）明确项目社会影响分析指标

一般房地产项目的社会影响分析指标就包括：施工方式的安全性、可靠性、建筑物的地形适应性、居民欢迎程度、施工难易程度等等。

（二）确定目标层(进行排序)

社会影响分析综合评价值：

$$H=M_s \times H_s$$

式中：H 为社会影响分析综合评价值；M_s 为社会影响分析指标权重矩阵，$M_s=(M_{s1},M_{s2},M_{s3},M_{s4},M_{s5})$；$H_s$ 为社会影响分析指标矩阵，$H_s=(H_1,H_2,H_3,H_4,H_5)^T$。

（三）指标权重的确定

1. 构造指标比较判断矩阵

选择 6～10 名从事项目社会影响分析的专家组成专家组，各专家分别对同级指标两两比较，构造各层次判断矩阵 $B=\{b_{ij}\}_{n\times n}$(不包括方案层)，b_{ij} 表示对于 B 而言，b_i 对 b_j 的相对重要程度，一般 b_{ij} 取 1，2，3……9 及它们的倒数。其中 $b_{ij}=1$，表示 b_i 与 b_j 同样重要，且 $b_{ji}=1$；$b_{ij}=3$，表示 b_i 比 b_j 重要一点，且 $b_{ji}=1/3$；$b_{ij}=5$，表示 b_i 比 b_j 重要，且 $b_{ji}=1/5$；$b_{ij}=7$，表示 b_i 比 b_j 重要的多，且 $b_{ji}=1/7$；$b_{ij}=9$，表示 b_i 比 b_j 极端重要，且 $b_{ji}=1/9$。

2. 计算指标权重值

① 计算判断矩阵每一行元素的乘积 P_i

$$P_i=\prod_{j=1}^{n} b_{ij}\,(i=1,2,\cdots\cdots,n)$$

② 计算 P_i 的 n 次方根 D_{ni}

$$D_{ni}=\sqrt[n]{P_i}$$

③ 权重计算。对向量 D_{ni} 归一化，即可得到其权重值

$$M_i=\frac{D_{ni}}{\sum_{i=1}^{n} D_{ni}}$$

④ 进行一致性检验。判断矩阵的偏差一致性指标 CI

$$CI=\lambda_{\max}-\frac{n}{n-1}$$

式中，$\lambda_{\max}$ 为判断矩阵的最大特征根。

其随机一致性比率为 CR

$$CR=CI/RI$$

式中，RI 为平均随机一致性指标，可查有关表得出。$CR<0.1$ 时，认为判断矩阵具有满意的一致性，否则应对判断矩阵进行调整。

（四）获得社会影响分析指标

投资项目的社会影响分析指标为定性指标，对其各项指标的量化值可通过模糊评判法获得。具体方法是请专家组（一般为 6 个以上），对所给定的指标按规定的评语进行评判，由此计算指标的隶属度。

指标评语集：

$V=\{V_1$（很好），V_2（较好），V_3（一般），V_4（较差），V_5（很差）$\}$

标准隶属度集：

$$U=(1.0,\ 0.8,\ 0.5,\ 0.2,\ 0)$$

依据 n 个专家对各个指标不同投资方式所下的评语，按其标准隶属度进行平均，取平均隶属度作为该指标的隶属度。

（五）有关指标的处理

1. 指标的规范化

指标的规范化就是通过技术处理，消除指标间数量级差异过大和具有量纲的指标，使各指标在同一层次中具有可比性。具体方法是对指标进行指数化处理，即用同一指标数列中的最大值去除数列中的每一个指标，得到的商即为规范化处理后的指标值。用下式计算：

$$E_{ii}=E_i/E_{\max}$$

2. 指标的同趋势化

指标的同趋势化就是将指标通过整理变换，使所有指标转化为同一方向。在建设项目经济评价中统一规定指标大者为优（正向指标），这就要对指标小者为优（负向指标）的指标进行处理。具体处理方法可采用指标转置的方法，即大小值和求补法，用下式计算处理后的指标值：

$$E_{ii}=E_{max}+E_{min}-E_i$$

式中：E_{ii}为处理后的指标值；E_{max}为指标最大值；E_{min}为指标最小值；E_i为原指标值。

四、房地产投资项目社会影响分析应用举例

由于大型房地产项目会对宏观经济与社会环境产生影响，因此在实际测算中一般把项目综合盈利能力分析与社会影响分析同时进行，以综合得出结论。

其中总结论评价值设为Z，综合盈利能力评价公式为：

$$E=M_g\times E_e$$

式中：E为综合盈利能力评价值；M_g为宏观经济指标权重矩阵，$M_g=(M_{g1}, M_{g2}, M_{g3}, M_{g4})$；$E_e$为宏观经济指标矩阵，$E_e=(E_1, E_2, E_3, E_4)^T$。

【例 9-1】 某房地产项目有A、B、C、D四个投资方案供选择，对其综合盈利能力分析、社会影响分析指标评判得到各评价指标(见表 9-1)，试选择最优投资方案。

各方案指标值 **表 9-1**

评价指标	方案A	方案B	方案C	方案D
净现值E_1	11.26	9.2	10.8	9.6
收益率E_2	0.112	0.128	0.135	0.142
投资回收期E_3	12.8	13.2	14.2	11.5
效益费用比E_4	1.86	2.1	1.94	1.65
安全可靠性H_1	0.92	0.9	0.86	0.82
地区适应性H_2	1	1	1	1
行业适应性H_3	1	0.9	0.8	1
周边居民欢迎程度H_4	1	0.8	0.7	0.9
便于施工程度H_5	0.9	0.8	0.7	0.8

(1) 指标处理

将表 9-1 中指标E_1、E_4作规范化处理；对指标E_3作规范化和同趋势化处理，处理后的结果见表 9-2。

评价指标规范化、同趋势化计算结果 表 9-2

评　价　指　标	方案 A	方案 B	方案 C	方案 D
净现值 E_1	1	0.821	0.964	0.857
收益率 E_2	0.112	0.128	0.135	0.142
投资回收期 E_3	0.909	0.88	0.81	1
效益费用比 E_4	0.866	1	0.924	0.786
安全可靠性 H_1	0.92	0.9	0.86	0.82
地区适应性 H_2	1	1	1	1
行业适应性 H_3	1	0.9	0.8	1
周边居民欢迎程度 H_4	1	0.8	0.7	0.9
便于施工程度 H_5	0.9	0.8	0.7	0.8

(2) 各层指标权重计算

选 8 个专家对指标层和准则层构造权重判断矩阵，计算其总排序和单排序指标权重和进行判断矩阵一致性检验。

总排序指标权重和判断矩阵一致性检验计算见表 9-3，其余计算略。

准则层权重判断矩阵及权重计算 表 9-3

Z	E	H	M
E	1	2	0.614
T	1/6	1/2	0.118
H	1/2	1	0.268
$\lambda_{max}=3.018$	$CI=0.0091$	$RI=0.58$	$CR=0.016<0.1$

(3) 综合评判计算

根据有关公式计算各方案综合评判值 Z，计算结果见表 9-4。

各层次综合评判值计算结果及总排序 表 9-4

层　次	方案 A	方案 B	方案 C	方案 D
E	0.617	0.612	0.623	0.581
H	0.973	0.896	0.826	0.932
Z	0.747	0.73	0.713	0.716
总　排　序	1	2	4	3

(4) 方案选择

由表 9-4 总排序结果，可以看出 A 方案是应该选择的投资方案。

第十章　房地产投资方案的比选与决策

第一节　房地产投资方案比选原理

前面诸章节主要是针对一个方案，解决是否投资的问题，而房地产投资方案的比选则是解决选择哪个方案的问题。

一、房地产投资方案及其类型

（一）房地产投资方案的含义

房地产投资方案，从狭义上讲仅指房地产项目的投融资方案及各个方案的风险收益情况，广义上则包括项目的规划设计方案、投融资方案、开发建设及项目的营销方案等。

项目的规划设计方案是指在前期所做的项目市场定位的基础上，确立规划设计的目标。如从物业形态上是写字楼、酒店、商铺或者是住宅？如果是住宅，是普通住宅还是酒店式公寓？住宅设计的主题概念是信息化、智能化还是绿色、健康、生态？功能分区如何，环境结构怎样，容积率、绿化率等关键指标是多少？还有道路、停车场及各种公建配套都是规划设计的重要内容。应该说规划设计方案更多的是从技术的角度，但它是整个投资方案的最为基础的内容。

房地产的投融资方案主要是指资金渠道及资金运作的安排。大公司和小公司，公众公司和非公众公司，国有公司和民营公司，在融资方式上和融资成本上都有差异。如公众公司可能倾向于股权融资，而非公众公司则依赖债务融资的多一些。对于到位的资金，则还必须合理地在项目期间进行分配，包括对回笼的销售收入的再投入，这直接关系到该项目的最终的收益和成本。

项目的开发建设方案则涉及选择施工单位，聘请施工监理，开发的进度安排，如前期和后续各期的时间表和开发的具体内容等。

项目的营销方案包括销售和出租的比例及内容的安排，广告媒体的选择，诉求点，营销的渠道，价格策略，营销费用的预算控制等。

广义投资方案中的规划设计方案、投融资方案、建设方案和营销方案同为项目方案的子方案。这些子方案在内容上有互补性，在时间上有先后性，在职能上分工协作，共同构成一个投资项目的总体方案。

实际中，投资方案的比选主要针对广义的投资方案，而且是从大局出发，把投资方案作为一个整体来考察，不是分开考虑其中的某些子方案。

（二）房地产投资方案的类型

房地产投资单一方案分析评价中，运用 *FNPV*、*FIRR*、投资回收期等指标得出的结论基本是一致的。但对于多方案的分析评价，采用这些指标得出的结论却未必一致。这是因为，在多方案问题中，考虑的范围不是单个方案，而是一个项目群；追求的不是单个方案的局部最优，而是项目群的群体最优。所以，在多方案评价中，必须研究项目各方案之间的相互关系，以便得出正确的判断。

投资项目方案的类型很多，按其相互之间的经济关系，主要有以下三种类型：

1. 独立方案

一组方案中，各个方案之间相互独立，互不排斥，对一个方案的选择结果对其他方案的选择不产生重大影响，这些方案便是独立方案。独立方案的特点是各个方案之间没有排他性，只要资金等条件允许，而且每个投资方案自身可行(或者赢利)，就可以几个方案同时并存。例如某开发商有足够的人、财、物等实力，想同时开发几个项目，每个项目都可行，则这些开发方案之间的关系就是相互独立的，可以同时存在。

就一组完全独立的方案而言，其存在的前提条件是：

（1）投资资金总量一般无限制；

（2）投资资金无优先使用的排列；

（3）各投资方案所需的人力、物力均能得到满足；

（4）不考虑地区、行业之间的相关性及其影响；

（5）每一投资方案是否可行，仅取决于本方案的经济指标。

2. 互斥方案

互斥方案是指一组方案中的各个方案互相关联、互相排斥，彼此可以相互替代。采纳方案组中的某一方案，就会自动排斥这组方案中的其他方案。房地产投资者拥有的资金和土地资源的有限性，使其难以实施所有的投资方案，而必须在各个方案之间做出选择。

与独立方案相对应，互斥方案存在的主要前提是：

（1）投资资金总量有限制；

（2）投资资金有优先使用的排列；

（3）各投资方案所需的人力、物力不能同时得到满足；

（4）需要考虑地区、行业之间的相关性及其影响。

3. 混合方案

混合方案是独立方案和互斥方案的混合结构，具体而言，是指在一定约束条件下(人、财、物等)，有若干个相互独立的方案，在这些独立方案中又分别包含有几个互斥方案。例如，某房地产投资开发商想投资开发几个独立的房地产项目，而每个项目又分别有几个互斥的开发方案，比如甲地块有开发住宅、写字楼两个互斥方案，乙地块有开发写字楼、商场、酒店三个互斥方案，丙地块有开发住宅、写字楼、商场、酒店四个互斥方案。开发商资金有限，几个地块的土地资源也有限，几种物业类型市场情况好坏不一，为了充分利用已有资源，获得最大的投资效益，开发商就必须面临混合方案的选择问题。

在方案选择前搞清这些方案属于哪种类型至关重要，因为方案类型不同，其选择、判断的尺度也不同，最终选择的结果就会不同，开发商的投资效益也可能相差甚远。

二、房地产投资方案比选及其步骤

（一）房地产投资方案比选的含义

实际房地产开发投资中，开发投资商面临的投资开发方案大多不是惟一的，相反地是多种可能方案。由于开发投资商所掌握的人、财、物等资源的限制，再加上对各种风险因素的考虑，开发投资商就必须从各种投资机会和可能投资方案中选择预期收益最大者，这个过程就是投资方案的比选。具体来说，所谓投资方案的比选，就是对各个方案进行比较，分析，评价，从中选出最佳方案作为最终投资方案。

投资方案的比选是寻求房地产开发的合理的经济和技术决策的必要手段，也是房地产投资分析工作的重要组成都分。它是对房地产投资项目面临的各种可能的可供选择的开发经营方案，进行计算和分析，从中筛选出满足最低收益率要求的、可供比较的方案，并对这些方案进行最后选择的过程。投资决策的实质，就在于选择最佳方案以取得最好的投资效益，实现利润(价值)最大化目标。

（二）房地产投资方案比选的步骤

1. 明确投资要达到的目标

这是房地产投资方案比选的前提和基础。投资目标一定要明确，目标不明，方案的制定就较盲目，方案的比选更无从谈起。投资的最终目标都是追求投资收益的最大化，但这是长期目标。为了达到这一长期目标有时需要降低风险，也就是要放弃部分风险溢价，这时候就需要制定短期目标，如占领市场，而不仅仅是投资的短期内的收益率。

2. 研究投资项目的备选方案

有了投资目标后就需要研究可能备选的投资方案。每一个备选方案首先必须是可行的，这是作为备选方案的最基本条件。所谓可行，就是指备选方案经过论证，在技术上先进，在经济上合理，在财务上盈利。制定备选方案时，要敢于创新，尽可能搜集详尽资料，使各方案具体化。

3. 进行投资方案的比选

有了备选方案后，接下来就要对各个备选方案进行仔细的比较、分析和评价，即进行投资方案的比选。方案比选的关键在于选择比选指标。尽管所有投资的最终目标或者说长远目标都是利润最大化，但为了实现这个目标所制定的短期目标却有可能在某些投资项目上作出妥协，这时候利润便不再是惟一的和最主要的目标。因此，在投资方案比选时，需要考察多个比选指标和最需要重视的指标。

三、房地产投资方案比选的方法与指标

房地产投资方案比选本身是一个复杂的系统工程，对方案的评估可以从不同的角度，采取不同的方法与指标。一般而言，方案比选的方法与指标主要有：

（一）对“价值”进行比较的方法与指标

1. 净现值(NPV)

本书第六章已经介绍过，净现值是投资项目净现金流量的现值累计之和，它是动态收益指标，着重反映项目的赢利能力。用净现值进行方案比选的方法称净现值法，有时也称现值法。净现值的计算公式为：

$$NPV = \sum_{t=1}^{n}(CI - CO)_t(1+i)^{-t}$$

净现值指标越大，说明项目获利越多。不同方案比选中，如果不考虑其他评价指标，则以净现值大的方案为优选方案。

净现值指标的优点在于考虑了资金的时间价值，缺点在于计算净现值时，贴现率不易准确确定。另外，净现值指标不能反映出投资的单位回报，不利于提高资金的利用效率。

2. 等额年值(AW)

将项目的净现值换算为项目计算期内各年的等额年金就是等额年值。用等额年值来进行多方案比较的方法就是等额年值法。

等额年值是反映项目赢利能力的动态指标。其计算公式为：

$$AW=NPV\frac{i_c(1+i_c)^n}{(1+i_c)^n-1}$$

式中 NPV——项目的净现值；

i_c——项目的基准收益率；

n——项目的经济寿命(计算期)。

方案比选时，等额年值大的方案应为优选方案。

3. 费用现值(PC)

把计算期内的各年投入(费用)按基准收益率折现成现值就是费用现值。用费用现值进行方案比选的方法就是费用现值法。其表达式为：

$$PC=\sum_{t=1}^{n}(C-B)_t(1+i_c)^{-t}$$

式中 C——第 t 期投入总额；

B——期末余值回收；

n——项目的开发经营期。

在进行方案比选时，以费用现值小的方案为优选方案。

该指标适用于以出租经营为主的房地产投资项目的方案比选分析中，而且各方案效益相同，计算期相同。

4. 等额年费用(AC)

将项目计算期内所有费用现值，按事先选定的基准收益率，折现为每年等额的费用，称为等额年费用，以此进行方案比选的方法，叫做等额年费用比较法。其表达式为：

$$AC=PC\frac{i_c(1+i_c)^n}{(1+i_c)^n-1}$$

在进行方案比选时，以等额年费用小的方案为优选方案。

(二) 对“比率”进行比较的方法与指标

1. 差额投资收益率(ΔR)

差额投资收益率是单位追加投资所带来的成本节约额，有时也称追加投资收益率。其计算公式为：

$$\Delta R=\frac{C_1-C_2}{I_1-I_2}$$

式中　ΔR——差额投资收益率；

C_1、C_2——两个比较方案的年成本；

I_1、I_2——两个比较方案的总投资。

2. 净现值率($NPVR$)

净现值率又称现值指数或投资现值率，是投资方案的净现值和项目初始投资额的比率，它表明单位投资的盈利能力和资金的使用效率。其计算公式为：

$$NPVR=NPV/I_{\mathrm{P}}$$

式中　$NPVR$——净现值率；

NPV——净现值；

I_{P}——投资现值。

净现值率是一个相对指标，可以弥补净现值指标不能反映资金利用效率的不足。但是两者在运用中有互相矛盾的地方。

3. 内部收益率(IRR)

内部收益率是项目经济寿命期内，隔年净现金流量的现值累计等于零时的贴现率，是反映项目盈利能力的动态指标。内部收益率越高的方案，风险越小，同时也表明项目的赢利能力越强。

在进行方案比选时，以内部收益率大的方案为优选方案。

4. 差额内部收益率(ΔIRR)

差额投资内部收益率是两个方案各期净现金流量差额的现值之和等于零时的折现率。差额投资内部收益率法又称投资增量内部收益率法，简称增量法。差额投资内部收益率的表达式为：

$$\sum_{t=1}^{n}[(CI-CO)'_t-(CI-CO)''_t](1+\Delta IRR)^{-t}=0$$

式中　$(CI-CO)'_t$——投资大的方案第 t 期净现金流量；

$(CI-CO)''_t$——投资小的方案第 t 期净现金流量；

n——开发经营期。

在进行方案比选时，可将求得的差额投资内部收益率与投资者的最低可接受收益率（$MARR$ 或基准收益率）进行比较，当 $\Delta IRR \geqslant MARR$ 或 i_c 时，以投资大的方案为优选方案；反之，以投资小的方案为优选方案。当多个方案比选时，首先按投资由小到大排序，再依次就相邻方案两两比选，从中确定优选方案。

（三）对“期限”进行比较的方法与指标

1. 动态投资回收期（n）

动态投资回收期是在基准折现率的条件下，以投资项目所得到的净现金流量现值抵偿项目初始投资现值所需要时间。

动态投资回收期表明了投入资本回收速度的快慢。回收期越短，投资风险越小，投资项目的清偿能力越强。因此同等情况下要选择动态投资回收期短的方案。

动态投资回收期并没有直接表明项目的盈利能力，因此该指标只是方案比选的辅助指标之一。

2. 差额投资回收期（ΔP）

差额投资回收期是指通过成本节约收回追加投资所需的时间，或者说是指用投资增加额所带来的累积净收益增量或年成本增量累计节约额来计算回收投资增额所需要的时间，因此有时又称追加投资回收期。其计算公式一般为：

$$\Delta P=\frac{\text{投资增额}(\Delta I)}{\text{年净收益差额}(\Delta M)}=\frac{I_1-I_2}{M_1-M_2}$$

式中　ΔP——差额投资回收期；

I_1、I_2——两个比较方案的总投资；

M_1、M_2——两个比较方案的年净收益。

当两个方案的销售收入相同时，可用成本节约额来计算：

$$\Delta P=\frac{\text{投资增额}(\Delta I)}{\text{年成本节约额}(\Delta C)}=\frac{I_1-I_2}{C_1-C_2}$$

式中　C_1、C_2——两个比较方案的年经营成本。

差额投资回收期指标适用于对同一项目的多个备选方案进行评价和优选。当差额投资回收期小于预期标准投资回收期时，则投资额较大的方案一般为优选方案。

四、房地产投资方案比选指标的综合运用

房地产开发项目涉及内容众多，任何个别指标都难以作为惟一的评判方案优劣的标准。一个方案往往要考虑到经济、社会、技术、环境等诸多因素，对于投资方案的比选要采用综合评价法。综合评价法的步骤是：

第一步，选择方案的多个评价指标，包括经济、社会、技术、环境指标；

第二步，对方案的各项指标规定一个满意程度；

第三步，根据指标的重要性赋予各个指标适当的权重；

第四步，编制综合评价指标计算表(参见表 10-1)；

第五步，计算各个方案的单个指标值；

第六步，计算各个方案的综合指标评分值；

第七步，比较各个方案的综合指标评分值，高分的(如收益指标)或低分的(如风险指标)方案是优选方案。

综合评价指标计算示意表 **表 10-1**

<table>
<tr><th colspan="2">指 标 项 目</th><th>权 重</th><th>方案 1</th><th>……</th><th>方案 n</th></tr>
<tr><td rowspan="3">经济指标</td><td>指标 1</td><td></td><td></td><td></td><td></td></tr>
<tr><td>……</td><td></td><td></td><td></td><td></td></tr>
<tr><td>指标 n</td><td></td><td></td><td></td><td></td></tr>
<tr><td rowspan="3">社会指标</td><td>指标 1</td><td></td><td></td><td></td><td></td></tr>
<tr><td>……</td><td></td><td></td><td></td><td></td></tr>
<tr><td>指标 n</td><td></td><td></td><td></td><td></td></tr>
<tr><td rowspan="3">技术指标</td><td>指标 1</td><td></td><td></td><td></td><td></td></tr>
<tr><td>……</td><td></td><td></td><td></td><td></td></tr>
<tr><td>指标 n</td><td></td><td></td><td></td><td></td></tr>
<tr><td rowspan="3">环境指标</td><td>指标 1</td><td></td><td></td><td></td><td></td></tr>
<tr><td>……</td><td></td><td></td><td></td><td></td></tr>
<tr><td>指标 n</td><td></td><td></td><td></td><td></td></tr>
<tr><td rowspan="3">其他指标</td><td>指标 1</td><td></td><td></td><td></td><td></td></tr>
<tr><td>……</td><td></td><td></td><td></td><td></td></tr>
<tr><td>指标 n</td><td></td><td></td><td></td><td></td></tr>
<tr><td>合 计</td><td>____个</td><td>100%</td><td>—</td><td>—</td><td>—</td></tr>
<tr><td colspan="3">综 合 评 分</td><td></td><td></td><td></td></tr>
</table>

第二节 房地产投资不同类型方案比选

根据前面的介绍，房地产投资中备选的投资方案主要是独立方案、互斥方案和混合方案三种。一般来讲，这三种类型的投资方案所采用的比选指标和比选过程有所不同。以下分别予以介绍。

一、独立方案的比选

（一）无资金限制的独立方案比选

当投资者资金充裕，不受约束时，投资方案的选择可以按照单方案的经济评价方法来进行，即：

$NPV \geqslant 0$ 或 $IRR \geqslant i_c$ 时，投资方案可行；

$NPV < 0$ 或 $IRR < i_c$ 时，投资方案不可行。

（二）有资金限制的独立方案比选

当各方案相互独立时，最常见的情况是投资资金有限制，资金不足以分配到全部经济合理的方案，这时就出现了资金的最优分配问题，或者说资金约束条件下的优化组合问题。即以资金为约束条件，来选择最佳的方案组合，使有限的资金得到充分运用，并能获得最大的总体经济效益，即 $\sum NPV(i_c)$ 最大。

有资金限制的独立方案比选，最好的比选方法是互斥组合法，即把所有方案的组合都罗列出来，每个组合都代表一个满足约束条件（如资金及内部收益率约束）的项目总体中相互排斥的一个方案，这样就可以利用互斥方案的经济评价方法，来选出最优的组合方案。

在实际的方案比选工作中，尤其是独立方案的比选，经常出现这种情况，即所有的各个备选方案都不能让人满意：要么投资方案的风险溢价的水平和决策者的风险偏好不配比；要么投资风险太大，盈利多少难以把握；要么风险虽小，但是收益水平欠佳；各单个的投资方案都没有充分利用现有资源，造成浪费。比如一个以商业地产见长的公司，因规划原因做起了纯住宅的项目，产品定位虽然明确，但不免品种单一，市场的切合点不多；概念前卫，但是技术成本高。也就是说，实际的投资中，取得完美的投资方案只是一个理想情况。很少有方案能够同时在财务效益，社会效益和投资风险等诸方面都能够让人满意。因此，最终所选择的投资方案通常也要经过一定的修正，甚至是几个备选方案的组合。当然，对于这个组合方案也要做可行性的论证。

本质上，房地产投资方案的组合是一次方案再造，组合后的方案从内容到形式到预期的投资结果都截然不同于原有的任何一个方案。组合的投资方案即降低了投资风险、又满足了各种类型的物业彼此的互补性需要，同时还能最大程度地利用开发商的资金等资源，满足对投资的现金流安排和市政规划上的需要。

互斥组合法在方案比选中应用的一般步骤是：

(1) 列出独立方案的所有可能组合；

(2) 剔出不满足约束条件的投资组合；

(3) 按投资额从小到大排列投资方案组；

(4) 计算各组合投资方案的 NPV(或 ΔIRR)；

(5) 用 NPV(或 ΔIRR) 最大作为选择标准选出最优方案组合。

【例 10-1】 某房地产公司即将开发的投资项目有三个相互独立的投资方案，各方案投资额、每期期末的年净收益以及寿命期见表 10-2，如果基准收益率为 15%，开发公司能承受的总投资额的上限(包括自有资金和融资额)是 30000 万元，试进行投资方案的比较选择。

某独立方案的有关数据 **表 10-2**

单位：万元

方　案	投 资 额	年 净 收 益	寿命期(年)
A	12000	4300	5
B	10000	4200	5
C	17000	5800	10

【解】

(1) 列出独立方案的所有可能组合。从上表可以很显然地看出三个独立方案都没有充分利用公司现有资金，不能实现收益最大化的目标，因此，单个的投资方案不再作为可能的投资方案组合，而只考虑其他组合。具体的可能组合方式见表 10-3。

独立方案的可能组合 **表 10-3**

组合方案	总投资额（万元）	总年净收益（万元）	收益年限（年）	$NPV(i_c=15\%)$（万元）	NPV 排序
AB	22000	8500	1～5	6493.32	3
BC	27000	10000	1～5	16187.91	1
		5800	6～10		
AC	29000	10100	1～5	14523.12	2
		5800	6～10		
ABC	39000	—	—	—	—

(2) 剔出不满足约束条件的投资组合。从表 10-3 中可以看出，组合投资方案 ABC 的总投资额为 39000 万元，大于开发公司能承受的总投资额的上限 30000 万元，因此予以剔出。

(3) 按投资额从小到大排列投资方案组。

(4) 以 $i_c=15\%$ 作为折现率计算各个投资方案的净现值。

(5) 用 NPV(或 ΔIRR)最大作为选择标准选出最优方案组合。通过比较可以发现，在三个符合条件的组合方案中，BC 方案的组合获得的总净现值是最大的，因此选择方案 BC 作为最优方案组合。

二、互斥方案的比选

(一) 互斥方案比选的原则

互斥方案比选有以下四条原则，只有在这四个原则的基础上，才能进行互斥方案的比选：

1. 现金流量的差额评价原则

该原则认为，在评价互斥方案时，应该首先计算两个方案的现金流量之差，然后再考虑某一方案比另一方案增加的投资在经济上是否合算。

2. 比较基准原则

比较基准原则认为，在多个互斥方案比选时，均应以某一给定的基准收益率 i_c 作为方案比选的基准。

3. 环比原则

环比原则认为，在互斥型方案的比选中，必须将各方案按投资额由小到大排序，依次比较，在此基础上进行方案比选。而不能将各方案与投资最小的方案进行分别比较，最后选择差额指标最好的方案为最优方案。

4. 时间可比原则

时间可比原则认为，在比选互斥型投资方案时，各方案的寿命(计算期、开发经营期)应该相等，否则必须利用某种方法进行方案寿命的变换，以保证各方案具有相同的比较时间。

（二）不同类型互斥方案的比选

根据建设部《房地产开发项目经济评价方法》的规定，房地产投资互斥方案比选有以下几种情况和具体比选做法：

1. 开发经营期(计算期)相同的互斥方案比选

当可供比较的互斥投资方案的开发经营期(计算期、寿命期)相同时，可直接选用差额投资内部收益率、净现值或等额年值指标进行方案比选。

【例 10-2】 设某出租经营型房地产项目有三种互斥的实施方案，其寿命年限均为 10 年，10 年后残值为零。假设基准收益率为 10%，各方案的初始投资及年净经营收益如表 10-4 所示。试进行投资方案的比选。

某出租经营型项目各互斥方案数据　　表 10-4

单位：万元

方　案	投 资 额	年 净 收 益	寿命期(年)
A	3000	1000	10
B	4500	1600	10
C	6000	2500	10

【解】 (1) 用净现值法求解

根据净现值的计算公式，可以求得三个互斥方案的净现值分别为：

$$NPV_A = 3144.57\text{ 万元}$$
$$NPV_B = 5331.31\text{ 万元}$$
$$NPV_C = 7361.42\text{ 万元}$$

根据净现值大者为最优方案的原则，可以判断 C 为最优方案。

(2) 用等额年值(AW)法

根据等额年值(AW)的计算公式，可以分别求得各互斥方案的等额年值如下：

$$AW_A = 511.76\text{ 万元}$$
$$AW_B = 867.65\text{ 万元}$$
$$AW_C = 1523.53\text{ 万元}$$

根据等额年值法的选择标准，仍以 C 方案为最优。

(3) 用差额投资内部收益率法

根据差额投资内部收益率法的选择准则，利用该方法进行投资方案比选的一般步骤如下：

第一步，将备选互斥投资方案按照投资规模的大小顺序排列，即：C、B、A。

第二步，计算投资规模最小方案的内部收益率。如果所求的内部收益率小于基准收益率或折现率(或 $MARR$)所预定的投资收益水平，则淘汰此方案，并继续重复这一步，计算次最小方案的内部收益率，若求得的内部收益率大于或等于基准收益率或折现率所预定的投资收益水平，则转入下一步。

本房地产项目 A 方案投资规模最小，利用内插法计算其内部收益率，得到 $IRR_A = 48.58\%$，因为 $IRR_A = 48.58\% > 10\%$，因此可以转入下一步。

第三步，计算投资规模最小方案与其投资规模相邻的投资方案的现金流量差额，求出投资增量的内部收益率。如果所得到的内部收益率不能达到预定的投资收益水平，则淘汰投资规模大的方案，否则淘汰投资规模小的方案，再转入下一步。

本房地产项目投资规模最小的 A 方案与其投资规模相邻的投资方案 B 的现金流量差额为 1500 万元，年净经营收益差额为 600 万元，投资增量的内部收益率 $\Delta IRR_{B-A}=65.97\%>10\%$，因此淘汰投资规模小的 A 方案，转入下一步。

第四步，如果只剩下一个投资方案，则此方案就是最优方案；若剩下不止一个方案，再转入第三步，直到剩下一个投资方案为止。

计算得到 B 方案与其投资规模相邻的投资方案 C 的现金流量差额为 1500 万元，年净经营收益差额为 900 万元，投资增量的内部收益率 $\Delta IRR_{C-B}=149.96\%>10\%$，因此淘汰投资规模小的 B 方案，选择 C 方案。

此时，只剩下 C 方案，因此，C 方案为最优。

由以上计算结果可以看出，对于项目开发经营期（计算期、寿命期）相同的互斥投资方案，用以上三种方法来比选的结果是一致的。事实上，差额投资内部收益率、净现值或等额年值指标有着本质上的内在联系，三个指标的变动方向是一致的，这也可以用三个指标的计算公式推导出来。

2. 开发经营期（计算期）不同的互斥方案比选

当开发经营期（计算期、寿命期）不同时，一般宜采用等额年值指标进行比选，如果要采用差额投资内部收益率指标或净现值指标进行方案比选，须对各可供比较方案的开发经营期和计算方法按有关规定作适当处理，然后再进行比选。

（1）用差额投资内部收益率指标或净现值指标进行方案比选

一些情况下，被比较的几个互斥投资方案的开发经营期（计算期、寿命期）往往不同，例如，建造的建筑物结构形式（如砖混结构、钢结构、钢筋混泥土结构等）不同，其投资额与寿命期就会不同。此时如果直接用差额投资内部收益率指标或净现值指标进行方案比选，就会因为互斥方案之间没有可比性而使方案的比选显得困难。为了比较这类开发经营期(计算期、寿命期)不同的方案，理论上有两种方法，以使各方案的现金流量具有时间上的可比性。

方法一：方案重复法，又称最小公倍数法，其做法是，选择若干方案的投资活动有效期的最小公倍数作为这些方案共同的有效期。为此这些方案都有可能重复数次(实际中未来的情况很难预测，因此只能假设重复)，而每次重复时(方案重置)都假定投资与现金流量不变，即不考虑方案重置过程中可能具有的通货膨胀与技术进步等问题，在这个基础上，进行若干互斥投资方案的比选。这种方法适用于最小公倍数较小情况下的方案比选。

方法二：最短计算期法，其做法是，直接选取一个适当的分析期作为各个方案共同的开发经营期(计算期、寿命期)，通过比较各个方案在该计算期内的净现值来对方案进行比选。这里的分析期的选取没有统一规定，但一般以方案中计算期最短者为分析期，以使计算简便，同时也可以避免过多的重复型假设(过多的方案重复是不经济的，甚至是不可能的)。这种方法适用于最小公倍数较长情况下的方案比选。

【例 10-3】 某房地产公司有三个互斥的投资方案，各方案的初始投资、年净收益及计算期如表 10-5 所示。假设基准投资收益率(折现率)为 10%，试进行三个互斥方案的比选。

计算期不同的各互斥方案数据 **表 10-5**

单位：万元

方　案	初始投资额	年　净　收　益	计算期(年)
A	2000	1100	2
B	3000	1300	3
C	4000	1800	4

【解】 由于有方案重复，容易带来差额投资内部收益率的多重值，因此，这里仅用净现值指标进行方案比选。

三个方案的计算期不同，需取三方案计算期的最小公倍数

12 年作为计算时间。在 12 年内，A 方案共有六个周期，重复更新六次；B 方案共有四个周期，重复更新四次；C 方案共有三个周期，重复更新三次。

根据表 10-5 的有关数据，可以编制 12 年内净现金流量的数据表，见表 10-6。

12 年内不同互斥方案的净现金流量数据　　　　表 10-6

单位：万元

	1	2	3	4	5	6
A	−900	1100	−900	1100	−900	1100
B	−1700	1300	1300	−1700	1300	1300
C	−2200	1800	1800	1800	−2200	1800
	7	8	9	10	11	12
A	−900	1100	−900	1100	−900	1100
B	−1700	1300	1300	−1700	1300	1300
C	1800	1800	−2200	1800	1800	1800

根据表 10-6 和净现值的计算公式，可以求得三个互斥方案的净现值：

$$NPV_{A12}=392.60 \text{ 万元}$$

$$NPV_{B12}=1523.92 \text{ 万元}$$

$$NPV_{C12}=4893.03 \text{ 万元}$$

根据净现值大者为最优方案的原则，可以判断 C 为最优方案。

(2) 采用等额年值指标进行互斥方案的比选

等额年值具有等额不变的特性。一个方案无论重复多少次，其等额年值都是不变的。因此，采用等额年值法不需重复方案就使开发经营期(计算期、寿命期)不等的方案具有可比性。这样，通过直接计算比较开发经营期(计算期、寿命期)不等的方案的净现值，就可以得到与方案的多次重复相一致的比选结论。

【例 10-4】 以例 10-3 的数据为依据，采用等额年值法进行方案比选。

【解】 利用等额年值的计算公式：

$$AW=NPV\frac{i_c(1+i_c)^n}{(1+i_c)^n-1}$$

可以分别求得三个互斥方案的等额年值如下：

$$AW_A=57.62\text{ 万元}$$

$$AW_B=223.66\text{ 万元}$$

$$AW_C=718.22\text{ 万元}$$

根据等额年值大者为最优方案的原则，可以判断 C 为最优方案。

由此可见，计算一个周期的等额年值(即原计算期的净现值)与计算最小公倍数统一计算期的净年值，在选择最优方案的结果上是一样的。因此，在实践中，一般按各方案的原计算期的净年值来进行方案比选。

3. 开发经营期较短的出售型房地产项目互斥方案比选

对于开发经营期较短的出售型房地产项目，可直接采用利润总额、投资利润率等静态指标进行方案比选。因为比较简单，这里不再赘述。

4. 效益相同或基本相同的房地产项目互斥方案比选

对效益相同或基本相同的房地产项目方案进行比选时，为简化计算，可采用费用现值指标和等额年费用指标直接进行方案费用部分的比选。

【例 10-5】 某投资项目拟定了三个使用功能相同的建设方案，三个方案的费用支出情况见表 10-7 所示，残值均按初始投资的 5%计算，基准收益率为 15%，试采用费用现值和等额年费用指标进行投资方案比选。

某投资项目各投资方案有关数据 表 10-7

单位：万元

年末	收支项目	互斥方案		
		A	B	C
0	初始投资额	2000	3000	4000
1～15	年经营费用	500	600	700
15	残值回收	100	150	200

【解】 (1) 用费用现值法进行投资方案比选

利用费用现值的计算公式：

$$PC = \sum_{t=1}^{n}(C-B)_t(1+i_c)^{-t}$$

可以得到三个互斥方案的费用现值：

$$PC(A)=2000+500\times\frac{(1+15\%)^{14}-1}{15\%(1+15\%)^{14}}+\frac{500-100}{(1+15\%)^{15}}$$

$$=4911.40(\text{万元})$$

$$PC(B)=3000+600\times\frac{(1+15\%)^{14}-1}{15\%(1+15\%)^{14}}+\frac{600-150}{(1+15\%)^{15}}$$

$$=6489.99(\text{万元})$$

$$PC(C)=4000+700\times\frac{(1+15\%)^{14}-1}{15\%(1+15\%)^{14}}+\frac{700-200}{(1+15\%)^{15}}$$

$$=8068.58(\text{万元})$$

计算结果表明，A 方案的费用现值最小，A 方案为最优方案。

(2) 用等额年费用法进行投资方案比选

根据等额年费用指标的计算公式：

$$AC=PC\frac{i_c(1+i_c)^n}{(1+i_c)^n-1}$$

可以分别求得三个方案的等额年费用：

$AC(A)=839.93$ 万元

$AC(B)=1109.90$ 万元

$AC(C)=1379.86$ 万元

计算结果表明，A 方案的等额年费用最小，所以 A 方案为最优方案。

由(1)、(2) 两种比选结果可以看出，采用费用现值和等额年费用指标进行投资方案比选，其结果是相同的。

三、混合方案的比选

混合型方案的比选与独立方案的比选一样，也可以分为有资金约束和无资金约束两种情况。无资金约束混合型方案比选的方法是，从各个独立项目中选择互斥方案净现值(或等额年值)最大的方案加以组合即可。有资金约束的混合方案比选，比选的标准是净现值和差额内部收益率指标(而不再是内部收益率)。

【例 10-6】 某房地产投资商准备投资三个项目，每个项目的投资寿命期为 15 年，不计残值。各项目彼此独立。其投资额和投资后的年净收益见表 10-8。各投资项目有分别有 3 个、4 个和 3 个方案，每个项目的各个方案是互斥的。假设基准收益率为 20%。试问，如果该投资商拥有的最高限额资金为 20000 万元，则该投资商应如何选择最优方案？

某投资项目各投资方案有关数据 **表 10-8**

单位：万元

投资项目	投资方案	初始投资	年净收益
A	A_1	5000	1500
	A_2	6000	2000
	A_3	7000	2500
B	B_1	3000	500
	B_2	4000	1200
	B_3	5000	1600
	B_4	6000	2200
C	C_1	6000	2000
	C_2	7000	2500
	C_3	8000	3000

【解】 首先采用某一评价指标（NPV 或 IRR）分别对独立项目的各个互斥方案进行优选排序，剔除不合格的方案，然后进行互斥组合方案的优选。

(1) 利用内部收益率分别对独立项目的各个互斥方案进行优选。

首先编制各独立项目互斥方案内部收益率表，然后对各方案的内部收益率进行排序和剔除不合格的方案。具体优选结果见表 10-9。

某投资各独立项目互斥方案数据　　表 10-9

单位：万元

投资项目	投资方案	内部收益率	排序	优选结果
A	A_1	42.56%	3	保留
	A_2	49.83%	2	保留
	A_3	55.44%	1	保留
B	B_1	18.04%	4	小于 20%，剔除
	B_2	42.56%	3	保留
	B_3	46.84%	2	保留
	B_4	57.80%	1	保留
C	C_1	49.83%	3	保留
	C_2	55.44%	2	保留
	C_3	59.92%	1	保留

(2) 对互斥组合方案进行优选。

本投资三个项目在资金为 20000 万元的约束下，可能的最优互斥组合应该最少保证其中一个项目的最优方案在内。这样，可能的最优互斥组合有：$A_1B_4C_1$、$A_1B_4C_2$、$A_1B_4C_3$、$A_1B_2C_3$、$A_1B_3C_3$、$A_2B_4C_1$、$A_2B_4C_2$、$A_2B_4C_3$、$A_2B_2C_3$、$A_2B_3C_3$、$A_3B_2C_1$、$A_3B_2C_2$、$A_3B_2C_3$、$A_3B_3C_1$、$A_3B_3C_2$、$A_3B_3C_3$、$A_3B_4C_1$、$A_3B_4C_2$、$A_3B_4C_3$。它们的初始投资总额、年净收益、内部收益率、内部收益率的排序见表 10-10。

从表 10-10 可以看出，最优的投资方案组合为 $A_2B_4C_3$ 和 $A_3B_4C_2$，它们的内部收益率最高，又充分利用了投资公司的所有资金，效率也是最高的。

某投资项目组合方案数据(一)　　表 10-10

组合方案	初始投资(万元)	年净收益(万元)	IRR	排序	优选结果
$A_1B_4C_1$	17000	5700	50.27%	7	保留
$A_1B_4C_2$	18000	6200	52.40%	5	保留
$A_1B_4C_3$	19000	6700	54.35%	3	保留
$A_1B_2C_3$	17000	5700	50.27%	7	保留
$A_1B_3C_3$	18000	6100	51.10%	6	保留
$A_2B_4C_1$	18000	6200	52.40%	5	保留
$A_2B_4C_2$	19000	6700	54.35%	3	保留
$A_2B_4C_3$	20000	7200	56.14%	1	优选
$A_2B_2C_3$	18000	6200	52.40%	5	保留
$A_2B_3C_3$	19000	6600	53.09%	4	保留
$A_3B_2C_1$	17000	5700	50.27%	7	保留
$A_3B_2C_2$	18000	6200	52.40%	5	保留
$A_3B_2C_3$	19000	6700	54.35%	3	保留
$A_3B_3C_1$	18000	6100	51.10%	6	保留
$A_3B_3C_2$	19000	6600	53.09%	4	保留
$A_3B_3C_3$	20000	7100	54.92%	2	保留
$A_3B_4C_1$	19000	6700	54.35%	3	保留
$A_3B_4C_2$	20000	7200	56.14%	1	优选
$A_3B_4C_3$	21000	7700	57.80%		剔除

实际上，从最优互斥组合中也可以看出，同时包含三个最优方案的 $A_3B_4C_3$ 应该是最优的，但它突破了资金限制，因此被剔除。这样，只能从包含两个最优方案的互斥组合中寻找最优的方案组合，这样的组合有 $A_1B_4C_3$、$A_2B_4C_3$、$A_3B_2C_3$、$A_3B_3C_3$、$A_3B_4C_1$、$A_3B_4C_2$ 六个(见表 10-11)，直接计算这六个组合方案的内部收益率并排序，可以使计算结果更加简便，而且也可以更快地发现，$A_2B_4C_3$、$A_3B_4C_2$ 是收益率最高的投资方案组合，是应该选择的最优方案。

某投资项目组合方案数据(二) **表 10-11**

组合方案	初始投资（万元）	年净收益（万元）	*IRR*	排　序	优选结果
$A_1B_4C_3$	19000	6700	54.35%	3	保　留
$A_2B_4C_3$	20000	7200	56.14%	1	优　选
$A_3B_2C_3$	19000	6700	54.35%	3	保　留
$A_3B_3C_3$	20000	7100	54.92%	2	保　留
$A_3B_4C_1$	19000	6700	54.35%	3	保　留
$A_3B_4C_2$	20000	7200	56.14%	1	优　选

四、投资方案比选中应注意的问题

投资方案比选是一个相对比较复杂、有时甚至十分困难的工作。在方案比选中，往往并不是简单的比较指标大小的问题，而是要在比较指标的同时，密切关注相关的一些问题，比较重要的问题包括：

（一）方案比选指标的局限性

1. 净现值和内部收益率

一般来讲，内部收益率比较直观，能直接反映项目投资的盈利能力，但当项目有大量追加投资时，则可能有多个内部收益率，从而使其失去实际意义。净现值指标虽然没有上述缺点，但只能表明项目投资和盈利能力超过、等于或达不到要求的水平，而目标项目的盈利能力究竟比要求的水平高多少，则表示不出来。

在独立项目的财务分析中，用净现值和内部收益率指标来判断项目的可行性，多数情况下(没有追加投资)所得出的结论是一致的。因此，可选择任一指标作为项目财务分析的指标。但是在进行多个方案比选时，运用这两个指标却有可能得出不同的结论。究其原因，主要是由于各备选方案的初始投资规模不同，或者现金流量产生的时间不同造成的。

为了避免运用这两个指标引起的矛盾，在多方案比选时，通常不直接采用内部收益率指标进行比选，而采用净现值和差额内部收益率指标作为方案比选指标。

2. 净现值与净现值率

在多方案比选时，运用净现值和净现值率两个指标有时也会得出不一致的结论。避免这种情况出现的办法是：

(1) 若无资金等条件的限制，在进行多方案比选时采用净现值作为比选指标；

(2) 如果有资金等条件的限制，在对多个方案进行比选时，往往是在资金限定的范围内，进一步采用净现值率指标确定各个方案的优先次序并分配资金，直到资金限额分配完毕为止。这样，既符合资金限定条件，又能使净现值最大的方案入选，以实现有限资金的合理利用。

不过，由于投资方案的不可分性，在运用净现值率指标时，经常会出现资金没有被充分利用的情况，因而不一定能保证获得最优的组合方案。

（二）方案自身的效率和资本的效率

房地产投资中的具体情况通常比较复杂，有时既涉及到投资方案自身的效率(全投资内部收益率)，又牵涉到投资资本的效率(自有资本的内部收益率)。而方案自身的效率和投资资本的效率往往并不一致。因此，在运用收益率指标为尺度进行方案比选时，需要注意不能将投资方案自身的效率和投入资本的效率混同起来。否则将会导致方案比选的错误的结果。

【例 10-7】 某房地产投资项目有 A、B、C 三个独立的投资方案，各方案的初始投资额、每年的净收益、投资的寿命期(计算期)等数据见表 10-12。

不同投资方案的有关数据 **表 10-12**

单位：万元

方　　案	初始投资额	年 净 收 益	寿命期(年)
A	8000	1500	20
B	8000	1400	20
C	8000	1300	20

(1) 如果没有其他约束条件，试进行投资方案的比选。

(2) 如果存在以下约束条件：A 方案无投资优惠条件；B 方案投资的一半可以由政府提供 20 年的无息贷款；C 方案将引进外资合作开发，其中的 3000 万元可以按 2%的较低利率获得。试进行投资方案的比选。

【解】

(1) 在各方面条件都相同，只有年净收益不同的情况下，很明显，因该选取年净收益最大的方案为最优方案，即 A 方案是最优方案。

这里，A、B、C 三个方案自身的效率（内部收益率）分别为：

$$IRR(A)=22.60\%$$

$$IRR(B)=20.61\%$$

$$IRR(C)=18.65\%$$

同样可以判断，A 方案是最优方案。

(2) 如果考虑到约束条件，则：

A 方案是（或等同于）全投资，因此其内部收益率 $IRR'(A)=IRR(A)$，仍然是 22.60%。

B 方案可以得到 4000 万元 20 年寿命期内的无息贷款，该款将于 20 年时偿还，则自有资金的内部收益率 $IRR'(B)=53.81\%>22.60\%$ [即 $IRR(A)$]。因此，B 方案远比 A 方案有利。

C 方案以 2%的低息获得贷款 3000 万元，每年都需偿还。假设本利和在 20 年内（到 20 年时）等额偿还完毕，则每年偿还 183.47 万元，通过计算，可以得到初始投资 5000 万元和每年还款的资金（即自有资金）的内部收益率 $IRR'(C)=29.97\%>22.60\%$ [即 $IRR(A)$]。因此，C 方案比 A 方案有利。

这样，如果对方案进行排序的话，应该是 B、C、A，A 方案是最差的方案，而 B 方案成为最优的方案。

第三节 房地产投资方案的比选决策

一、投资项目决策与房地产投资方案比选决策

（一）投资项目决策与房地产投资方案比选决策的含义

1. 投资决策与投资项目决策

投资决策，是指按照一定的程序、方法和标准，对投资规模、投资方向、投资结构、投资分配以及投资项目的选择和布局等方面所作的决断，即对投资是否必要和可行作出的一种选择。

投资决策按其涉及的范围和对国民经济所起的作用，分为宏观决策和微观决策。宏观决策是在全国范围内或在某一地区范围内，为促进国民经济持续、快速、健康发展，而对投资规模、投资结构、投资布局等重大问题所作的决策。微观决策则是针对一个具体的投资项目进行的决策，通过对某具体项目投资的必要性、可能性和可行性的分析和方案的比选，做出最后的决策。

投资项目决策属于微观决策。本书讨论的决策都属于微观的投资项目决策。

2. 房地产投资方案比选决策

在房地产投资活动中，一般都会有不同的投资方案可供选择。利用有效、准确的方法实现正确的选择，在众多的项目投资方案中找出最佳的方案，就是房地产投资方案比选决策。

构成一个房地产投资方案比选决策问题，必须具备以下几项基本条件：

(1) 有明确的决策目标，即要解决什么问题；

(2) 有两个以上可供比选的房地产投资决策方案；

(3) 有评价方案优劣的指标和标准；

(4) 有反映客观实际的真实数据资料。

正确的房地产投资方案比选决策不仅取决于决策者的个人素质与能力，而且需要决策者熟悉和掌握决策的基本理论、类型和方法。

（二）房地产投资方案比选决策的内容与程序

房地产投资方案比选决策的内容与程序一般如下：

1. 确定投资目标

房地产投资方案比选决策的目的就是要达到预定的投资目标。因此，确定投资目标是方案比选决策的前提。如果投资的目标不明确或不适应环境的需要，最终的决策也就不可能正确。确定投资决策目标的关键在于，进行深入的市场调研和预测，通过周密的分析研究，发现问题和认清问题的本质，从而确定解决问题后所期望达到的结果。

2. 拟定决策备选方案

根据确定的投资目标，拟定多个可行的备选方案，这是方案比选决策的关键。在决策过程中，一定要通过各种途径和方法探求各种可能的方案，同时还要考虑各种比选方案的可行性。评价一个方案是否可行，总的原则是要看它是否满足技术上先进、生产上可行、经济上合算、财务上盈利的要求。

3. 对备选方案进行优选

决策备选方案拟定出来后，下一步的工作就是对这些方案进行充分的比较、分析和评价。具体来说，就是要对每一备选方案的技术、经济、社会、环境等方面的条件以及因素和潜在问题进行可行性分析，并与预先确定的目标进行比较，作出备选方案的全面评价。在此基础上，选出符合要求的方案进行实施，即可行方案的优选。

方案优选的关键之一是要掌握方案的选择标准。由于现实中有很多限制和影响因素，因此，所谓"利润最大"、"成本最低"、"回收期最短"等"最优"评判标准在实践中很难操作，需要以"满意"来取代"最优"作为方案优选标准，这也是现代决策理论的重要观点。

方案优选的关键之一是优选方法的实际运用。在整个方案比选决策中，最终选定的方案是否科学合理，很大程度上取决于优选方法是否正确选用。

4. 执行决策方案

优选决策是否科学合理只有通过实践才能得到最终的验证。因此，在选择出最优或最满意的方案后，要尽快予以实施。

5. 反馈调整决策方案

投资方案和执行过程中，需要根据环境及目标的不断变化，对原先的决策方案作出相应的修订或调整，从而使决策方案更科学、更合理。

（三）房地产投资方案比选决策的类型

根据不同的分类标准，可以把房地产投资方案比选决策主要分为以下几种类型：

1. 单目标决策与多目标决策

按决策目标的数量多少分类，可分为单目标决策和多目标决策。

单目标决策的目标是单一的，一般是收益(利润、净现值、净现值率、等额年值、投资收益率、内部收益率、差额内部收益率等)最大，或支出(投资、费用现值、等额年费用、投资回收期等)最小。单目标决策问题的特点是在已知条件(约束条件、某种状态发生的概率及对应于各种可能方案的损益值等)下，寻求目标函数的最优解。

多目标决策的目标是两个以上，其实质是以达到两个以上目标为准进行择优的问题。在实际评价拟建方案时，常常要考虑多个目标，如一项工程的施工方案，要考虑质量优、工期短、费用低等目标，而这些目标之间往往存在矛盾，即在某个目标达到最优时，另一些目标却不佳，这样就需要根据目标的重要程度进行权衡，综合决策。

2. 定性决策和定量决策

这是根据决策的方法不同划分的。区分这种决策的基本标志，是看是否以数学模型作为决策的主要方法。

定性决策不依靠数学模型和大量的数学运算，而是直接利用专家的经验、智慧和创造力进行决策。

定量决策是把决策问题的目标和因素用数学关系式表示出来，即建立数学模型，然后通过计算或推导，求得决策结果。

实际中，凡可以用数量来表示决策条件的决策，应当尽量用定量决策方法来辅助决策者的决策。但因为很多决策问题很难用数据描述出来，因此，定量决策应当与定性决策结合起来，相互补充，这样才能保证方案比选决策更加符合实际和更为准确。

3. 确定型、风险型决策与不确定型

根据决策问题所处条件不同，可分为确定型决策、风险型决策和不确定型决策。在这三种决策问题中，风险型决策问题是最常见的一种。

二、确定型房地产投资决策及方法

（一）确定型房地产投资决策的特征与评价

确定性决策又称肯定型决策，是指只有一种肯定型的主观要求和客观条件，但却有多种可供选择方案的决策，是对未来各种事件或变化趋势作出明确决断的决策。

作为确定型决策一般应具备以下特征：

(1) 有一个(组)明确的决策目标；

(2) 有两个以上可供选择的方案；

(3) 实现方案的未来状态只有一个，而且决策前即已确知；

(4) 不同方案在未来状态下的预期结果(如损益值)能计算出来。

实践中，短期、小型开发项目，投资建设期短，市场变化不大，销路和单价等均可事先作出较有把握的估计，这类开发项目的方案比选决策问题就是确定型决策。

确定型决策是一种理想状态下的决策类型，假定每个投资方案在施行过程中都按设想的轨迹运行，据此计算出该方案的盈利、成本等财务数据，然后对各个方案进行比较，选出最优方案。确定型决策的好处是简单明了，但这也意味着它不是很科学严谨。

（二）确定型房地产投资决策的方法

确定型房地产投资决策的方法有两种：

1. 单纯选优法

单纯选优法是根据已掌握的每一方案的每一确切结果的比较，直接选出最优方案的决策方法。具体涉及到利润、净现值、投资回收期等绝对指标和内部收益率、净现值率等相对指标。

实践中常用的房地产投资方案比选决策方法就是单纯选优法，具体来说，就是直接比较不同方案的净现值、内部收益率等指标，指标数值最大者就是最优的方案。

2. 模型选优法

模型选优法是指在未来的自然状态完全明确的情况下，通过建立数学模型，求出最优方案的决策方法。它在一定约束条件下，运用数学模型来解决如何实现效益最大或花费最小的技术经济问题。常见的有盈亏平衡分析、线性规划、多元回归、灰色系统决策等方法。

确定型房地产投资决策在第八章中已有介绍，这里不再赘述。

三、风险型房地产投资决策及方法

（一）风险型房地产投资决策的特征与评价

决策方案中有待实现的条件只能作出概率估计，但不知未来一定出现哪一状态。在这种情况下根据随机状态做出的决策往往要冒一定的风险，因此称这种决策为风险型决策、概率型决策或随机型决策。而不同自然状态下的概率值，一般是以过去的历史资料为依据，经过统计分析求得的，所以，风险型决策又称统计型决策。

作为风险型决策一般应具备以下特征：

(1) 有一个(组)明确的决策目标；

(2) 有两个以上可供选择的方案；

(3) 实现方案的未来状态有两个或两个以上；

(4) 未来状态出现的概率可以预先估算出来；

(5) 不同方案在未来状态下的预期结果可以估算出来。

风险型决策是以概率为前提的，所以运用什么样的概率及概率值的准确程度，是做好风险型决策的至关重要的问题。

（二）风险型房地产投资决策的方法

在房地产开发经营过程中，大量的决策问题都具有某种潜在的风险，而其风险多少遵循统计规律。因此，风险型决策是很重要的决策。风险型决策的方法主要有：

1. 期望值法

期望值是离散型随机变量的数学期望，一个方案的几种可能的益损值与各自概率的乘积之和，就是该方案的期望值。期望值法是比较不同方案经济效益的一个方法。如果决策方案考虑的是利润额，则在各方案中选取利润期望值最大的方案；如果决策方案所考虑的是支出费用，则在方案中选取支出期望值最小的方案。

期望值法的决策步骤一般为：

(1) 收集与决策有关的数据资料；

(2) 列出可能出现的自然状态并确定其概率；

(3) 计算不同方案在不同自然状态下的益损值；

(4) 列出决策表并计算各种方案的益损期望值；

(5) 选择收益期望值最大或支出期望值最小的方案为最优方案。

2. 最大可能法

最大可能法认为，概率最大的那个自然状态是必然事件，即发生的概率为 1，其他自然状态是不可能事件，发生的概率为零，这样，就可以选择概率最大的那个自然状态作为决策依据。

房地产投资中，若干自然状态中，某一状态发生的概率值远大于(不能相近)其他自然状态发生的概率值，而不同自然状态下的收益值相差又不十分大时，可以采取最大可能法进行投资决策。

3. 决策树法

决策树是一种决策分析工具，它以方块和圆圈为节点，并用直线把它们连接起来构成树状图形，把决策方案可能产生的各种情况及其概率、各种情况的目标、后果、风险和益损期望值系统地在图上反映出来，供决策分析和决策。

决策树法的运用步骤为，首先拟定若干可行备选方案，并用决策树的方案枝表示；其次，预测各种可能状态出现的概率及每一状态出现后的益损值，用概率分枝和预测结果表示；最后，计算不同方案的期望值，决定方案的取舍。

以决策树法为代表的风险型决策，在动态中考虑到多种影响因素对投资的影响，并且对其进行量化分析，思路清晰、决策形象。房地产投资周期较长，其间各种影响因素时有发生，市场多变，决策树法能使决策层次更分明，更直观易懂，更科学严谨。

风险型投资决策的方法在第八章已有叙述，这里不再介绍。

四、不确定型房地产投资决策及方法

（一）不确定型房地产投资决策的特征与评价

不确定型决策又称非确定型决策，决策者在决策时，不知道所处理的未来事件在各种特定条件下的明确结果（自然状态），以及各种结果发生的概率，决策者在一种无法肯定的情况下进行的决策。比如，某住宅投资项目随着市场状况的不同会有不同的销售额，从而盈利也不同。但是市场是繁荣、萧条还是平稳，其概率并不清楚。投资者在这种情况下进行的决策就是不确定型决策。

作为不确定型决策，一般应具备以下特征：

（1）有一个（组）明确的决策目标；

（2）有两个以上可供选择的方案；

（3）实现方案的未来状态有两个或两个以上；

（4）不同方案在不同未来状态下的预期结果可以估算出来。

不确定型决策问题与风险型决策问题的主要区别，在于它不知道各个自然状态出现的概率。风险型决策虽然也具有不确定性，但它可以预先估计出各自然状态出现的概率。

由于决策者对未来可能发生的变化不能做出预期决定，因此，不确定型决策的决策结果在很大程度上依赖于决策者对风险所持的态度。因为信息不全，决策者的决策有较大的主观随意性。

（二）不确定型房地产投资决策的方法

不确定型房地产投资决策的方法有三种：

1. 小中取大法

小中取大法又称为最大最小决策法，或称为最大最小决策准则，是一种悲观、保守的决策方法。这种方法的目的是把决策风险降低到最低程度，把安全放在首要的位置来对待。决策时，决策者总是考虑每个方案中最悲观的结果，并在所有最悲观、最坏可能的结果中选择亏损最少、收益值最大的方案作为最合理的决策方案。

采用小中取大法的几种情况包括：投资决策者本人属于风险厌恶型，不愿追逐较高的风险溢价；公司规模较小，抵御风险能力较差；市场供给规模较大，竞争激烈。

小中取大法决策的步骤是：第一，确定几个备选方案；第二，从每一备选方案中选择一个最小的报酬率(收益值)；第三，从上述最小的报酬率(收益值)项中，选择一个报酬率(收益值)最大的方案作为决策方案。

2. 大中取大法

大中取大法又称乐观准则，即决策者对未来市场客观规律总是抱乐观态度，按照这种方法进行决策，通常都是选取方案中不同状态下估计益损值最大值中的最大值。采用这种方法的决策者属于风险喜好型，往往敢于冒风险，极力追求最大投资利益。

3. 乐观系数法

乐观系数法又称折中决策法，其特点是，对客观条件估计既不那么乐观，也不那么悲观，而是用一个系数平衡一下，表示乐观程度的系数则称为乐观系数。

利用乐观系数法进行决策的步骤是：第一，决策者根据掌握资料的分析和已积累的经验，确定一个乐观系数 α，α 值的大小表示对问题的乐观程度。$\alpha=1$ 时，为最乐观情况；$\alpha=0$ 时，为最悲观情况。通常，α 的范围是 $[0, 1]$；第二，求取各方案的损益值。方案的损益值等于 α 乘以最乐观的损益值，在加上 $(1-\alpha)$ 乘以最悲观的损益值的和；第三，比较各方案的损益值，选择支出最小或收益最大的方案为最优决策方案。

当然，当乐观系数 α 改变时，决策结果完全可能改变，这意味着根据乐观系数法进行决策的结果取决于乐观系数的大小。

4. 最小后悔法

最小后悔法有时也称"后悔值"决策法。决策者在制定决策后，若事实不符合理想状态，他可能就会对他选择的方案后悔，倒希望自己以前选择的方案是完全不同的方案。这个方法的实质是后悔最小的方案为最合理的方案。用这个方案进行决策，首先是求出每个方案在各种自然状态下的后悔值(后悔值为每种状态下的最高值与其他值之差)；然后，比较各方案的最大后悔值，从这些最大后悔值中选择最小的一个，其对应的方案就是最优的方案。

5. 机会均等法

机会均等法又称同等概率法。决策者在决策过程中，不能肯定各种自然状态出现的概率，就简单地认为它们出现的概率是相等的。如果有 n 个自然状态，则每个自然状态出现的概率为 $1/n$。然后按照风险型决策方法，计算各方案的益损期望值，选取期望值中最大者为最优方案。

【例 10-8】 某房地产公司针对某一投资项目拟定了 A、B、C、D 四种投资方案。这四种方案的净收益情况与房地产市场的需求情况密切相关。据分析，未来五种市场状态的净收益值见表 10-13，而五种市场状态发生的概率无法确知，试分别用上述五种决策方法进行投资方案的决策。

决策方案及其净收益值表　　表 10-13

单位：万元

方案＼净收益	市场情况好	市场情况较好	市场情况一般	市场情况较差	市场情况差
A	5500	4800	4000	3000	2000
B	5000	4000	3200	2000	1500
C	3600	2500	2000	1800	1000
D	4800	4000	3000	2600	1600

【解】　(1) 采用小中取大法进行投资方案决策

根据小中取大法的思路，首先从每个方案中选择最小的净收益。分别是，方案 A：2000；方案 B：1500；方案 C：1000；方案 D：1600。其次，从上述四个最小的净收益中，选择最大的净收益，即 2000，此净收益代表的方案 A 就是决策的最佳方案。

(2) 采用大中取大法进行投资方案决策

根据大中取大法的思路，首先从每个方案中选择最大的净收益。分别是，方案 A：5500；方案 B：5000；方案 C：3600；方案 D：4800。其次，从上述四个最大的净收益中，选择最大的净收益，即 5500，此净收益代表的方案 A 就是决策的最佳方案。

(3) 采用乐观系数法进行投资方案决策

根据乐观系数法的思路，首先确定乐观系数，这里假设 $\alpha=0.3$，则各方案的折中净收益数值为：

A 方案：$5500\times0.3+2000\times0.7=3050$

B 方案：$5000\times0.3+1500\times0.7=2550$

C 方案：$3600\times0.3+1000\times0.7=1780$

D 方案：$4800\times0.3+1600\times0.7=2560$

由此可见，当乐观系数 $\alpha=0.3$ 时，方案 A 为最优的方案。

(4) 采用最小后悔法进行投资方案决策

根据最小后悔值法的思路，首先求各种自然状态下各方案的后悔值，见表 10-14。

各方案的后悔值 **表 10-14**

单位：万元

方案＼后悔值	市场情况好	市场情况较好	市场情况一般	市场情况较差	市场情况差
A	0	700	1500	2500	3500
B	0	1000	1800	3000	3500
C	0	1100	1600	1800	2600
D	0	800	1800	1200	3200

由表 10-14 可见，各方案的最大后悔值法分别为，方案 A：3500；方案 B：3500；方案 C：2600；方案 D：3200。其次，从上述四个最大的后悔值中，选择最小的后悔值，即 2600，此后悔值代表的方案 C 就是决策的最优方案。

(5) 采用机会均等法进行投资方案决策

根据根据机会均等法的思路，假设四个方案的机会均等，则各方案的损益期望值为可以分别求得：

$E(A)=(5500+4800+4000+3000+2000)\times 1/5=3860$

$E(B)=(5000+4000+3200+2000+1500)\times 1/5=3140$

$E(C)=(3600+2500+2000+1800+1000)\times 1/5=2180$

$E(D)=(4800+4000+3000+2600+1600)\times 1/5=3200$

由以上计算结果可知，方案 A 就是决策的最优方案。

第十一章　房地产投资分析报告

第一节　房地产投资分析报告的编写与审读

一、房地产投资分析报告的格式与内容

房地产投资分析报告会因所研究的对象、内容、方法的不同，写法也就不同。一般来说研究报告的基本模式（或称为内容结构）包括如下两个部分：标题、正文。正文又包括总论（也叫前言）、主体、结论三大部分，有时带有附件。

投资分析报告的标题比较简单，一般由建设项目的名称和文种两部分构成，如《××项目投资可行性研究报告》。但标题的写法不是固定不变的，如有的标题写成《××工程投资分析报告》、《在××地区投资建设某项目的研究》等。

这里主要介绍正文的一般格式与内容：

（一）投资项目概况

该部分应具体包括：(1) 项目名称；(2) 项目的地理位置；(3) 项目所在地周围的环境；(4) 项目的性质和主要特点；(5) 项目建设的必要性和社会经济意义。

另外，本部分还应包括有关项目的基本数据，具体可包括：(1) 占地面积；(2) 规划要点，即项目总建筑面积，建筑密度，容积率，各类用途建筑的构成，基础设施的条件和要求等；(3) 项目所在地的原使用状况，需要拆除的房屋面积，需要给予补偿的耕地、菜地面积，需要安置的住户和人口，以及需要安置的劳动力人数等；(4) 建筑物的主要技术参数。

（二）投资环境分析

投资环境分析包括宏观经济及地区经济情况分析。两者分析的方面基本相同，所以这里仅以宏观经济环境分析为例来说明。

宏观经济环境是一国或地区的总体经济环境。如该地的国民生产总值，国民收入，国民经济增长率等反映国民经济状况的指标；当地的消费总额，消费结构，居民收入，存款余额，物价指数等描述社会消费水平和消费能力的指标；当地的经济政策，财政政策，消费政策，金融政策等。此外，宏观情况还包括社会政治环境。社会环境是拟投资地域的社会秩序，社会信誉和社会服务环境；政治环境指一国的政治制度，政局的稳定性和政策的连续性。

在投资分析报告中，一般对宏观经济的分析是从两个视角展开的，一是从时间连续性上进行分析，从历史的波动推测未来的走势。一是从时间的横断面上进行分析，分析某一时点或某一时期中各种影响因素的作用方向、部位、结果等。在投资分析中，可借鉴的宏观经济分析及地区经济分析成果包括：专家分析成果、景气分析预测、企业调查报告以及我国一些专业机构定期及时公布的景气报告，其中最具权威性的机构是国家信息中心的“中经宏观景气动向”等等。

（三）投资市场分析

投资市场状况分析包括市场现状及未来趋势分析。如市场供应量现状及未来估计，同类楼盘的分布及其现状，市场价格水平及其走势，市场吸纳量的现状及未来估计，市场购买力的分布状况，市场需求的未来发展趋势等等。特别需要判断未来在该地区市场的主要竞争对手情况，了解对手的优势与劣势，以便在以后的竞争中发挥自己的优势，在激烈的市场竞争中占据有利地位。

一般来说，投资市场分析主要任务就是分析供给与需求，分层次的分析各种影响因素，实质上是分析供求的变化。对一个项目的市场分析，看起来是对市场的某个时点的状况进行判断，但它必须在对市场进行长期跟踪的基础上进行判断。在进行市场分析时，不仅要在时间上跨越过去，现在，未来，在空间上覆盖整个地区市场和项目所在地，而且分析的每个环节都应是相互联系的，上一个步骤得出的结论应作为下一个步骤开始时必须的已知输入变量。这些输入变量加上下一个步骤的新的限定条件，又可以得到一个新的输出变量，也就是这一步骤的结论。

（四）投资项目资金环境分析

投资项目资金环境分析应具体包括：房地产资金来源状况分析；筹资方式分析；筹资成本分析；筹资的财务杠杆分析和财务风险。特别要强调项目融资的可能性和具体途径。

（五）投资项目开发建设实施计划分析

该部分可以对项目开发建设进度进行合理的假设分析，利用该假设，可以进行投资项目的财务分析。

（六）投资项目财务分析

在投资报告中，应依据财务报表，进行项目的赢利能力以及偿债能力等一系列经济技术指标的计算、比较和分析。如借助于现金流量表的现金流量分析，反映项目在建设期和生产经营期内各年的现金流入与流出情况。由此可详细估算项目的资金需求量和需求时机，考察资金筹措方案的可行性，清楚反映项目收入状况和还贷计划安排，计算项目的贷款清偿能力与投资回收期，计算与评价项目的净现值，内部收益率，投资收益率等经济效益评价指标，等等。

（七）不确定性分析

在投资分析报告中应首先明确财务分析评价中的不确定性变量。在确定房地产投资项目主要变量后，通过预测这些因素发生变化时对项目财务评价指标的影响，从中找出敏感因素，并确定其影响程度。在投资敏感性分析应用以分析租金，售价，建造成本，开发期，贷款利息，建筑面积，投资报酬率等因素单独变化或多因素变化对内部收益率的影响，必要时也分析对投资回收期，借款偿还期，利润等的影响。除敏感性分析外，有时还有必要进行投资项目的盈亏平衡分析，以便为投资项目。

（八）投资项目的风险分析

房地产投资风险是客观存在的，为了认识、防范和控制风险，提高项目的盈利能力，减少项目的风险损失，就必须认真进行项目的投资风险分析，包括定性的各类投资风险分析和定量的风险概率分析，在这个基础上，进行投资项目的方案决策。

（九）房地产投资综合评价分析

房地产投资，作为一种重要的投资方式，对促进经济和社会的发展具有重要意义。目前，由于我国房地产业起步发展时间不长，在投资报告中对投资综合评价的分析普遍不充分，往往只是简略地叙述或是完全没有涉及，而国外的经验表明，对房地产项目如果仅从财务上进行分析，是不足以对项目作出最优选择的，还必须对项目进行综合盈利能力分析和社会影响分析。

（十）投资方案的比选分析

在投资报告中，应明确投资方案比选的指标及其适用范围，然后按照本书第十章所用方法对方案进行比较选择。

（十一）结论与建议

在房地产投资项目研究报告中，通常要有一个综合评述意见，即结论。这是投资研究报告对上述各项进行分析研究得出的结果，是对上述各项内容的概括和总结，是研究报告的落脚点。从某种意义上说，结论是项目可否投资的宣判书，必须鲜明地提出可行还是不可行，以此提供给有关单位作为投资与否的选择。另外，还应结合项目投资分析研究的结论，提出一些明确的建议，以供决策者参考。

最后，正文结束后，往往还带有一些附件。例如计算附表、附图等，它可以增强报告的说服力。

二、房地产投资分析报告的编写

（一）房地产投资分析报告编写常见问题

1. 对需求的分析不足

对需求分析不足的最突出表现是缺乏人口资料，对于人口的描述，如收入，年龄，婚姻，家庭规模等，都停留在全国或全市的总体水平上。而对于房地产业来说，重要的是掌握地区，乃至街区的人口状况。

由于材料的欠缺以及习惯的影响，在投资分析报告中往往对地区供给的论述比较充足，而对于地区需求的分析则只停留在宏观的基础上，使供给与需求很难比较，这种情况下得出的结论无疑是片面的。

2. 对未来市场的预测明显不足

房地产开发投资大，周期长，作为房地产开发的分析必须对项目未来五年或十年的市场状况进行预测。由于中国尚无定期的空置率统计，对未来的土地供给量，房屋供给量还不能做到心中有数，所以人们在进行市场预测时只好对空置率进行假设，对宏观经济条件的分析，用一些统计数据和模糊而笼统的推断来代替。由于对未来的分析往往停留在主观的估计预测上，缺乏数据上的支持，使得对未来的预测明显不足。一旦未来市场发生变化，该房地产投资就会面临很大的风险。

3. 过分偏重二手资料的应用

有些市场研究过于偏重二手资料的应用。二手资料往往不是针对手头在做的项目资料，对于打算投资的区域完全使用二手资料是远远不够的，因为该地区必然有其本身的特点，只用已有的数据而忽略了实地调查研究会使项目研究脱离实际，进而使投资带有盲目性，给投资者带来损失。

4. 表达欠佳

有些投资分析报告尽管内容很好，但由于表述上的因素，而使报告质量大打折扣。主要有以下几种情况：一是语句不通，即组词造句不合乎语法，或语言句式不通畅合理；二是措辞不严，即描述不准、归纳欠精、评判失度；三是语言平淡，即叙述呆板、词汇枯窘、文气不畅、可读性差。

（二）房地产投资报告编写注意事项

1. 要用全面、发展的眼光来分析各种因素

在投资报告中进行调查研究，要用科学的方法，尽量考虑到

与项目相关的各种因素。既分析现在，又考虑未来；既分析局部，又放眼全局；既分析静态因素，又看到动态发展；既分析有利因素，又顾及不利和风险；既分析显性因素，又要挖掘隐性因素。与项目相关的各种因索，常常是相互联系，相互制约的，所谓“牵一发而动全身”。忽视了其中一个因素，往往会给未来项目投资带来更多的不确定性，因此，深入、全面的调查研究，是写好投资分析研究报告的基础。当然，在全面分析各种因素的基础上，还要抓住影响投资项目的主要因素并对其重点研究，保证项目投资的顺利进行。

2. 要中心明确，脉络清楚

研究报告的分析重点应在于说明项目实施的必要性和可能性，以及未来项目可能带来的利润情况。首先，作者要围绕这一中心来选择、组织材料；其次，要根据项目自身的特点，根据各种因素与投资可行性关系的大小，有主次轻重地详写或略写有关内容，使报告的中心明确，重点突出，避免面面俱到，平均用力。比如在写字楼投资分析报告中，要考虑未来国民经济发展情况，项目本身的特点，项目所在区域交通条件，周边环境等等各种因素，如果罗列材料、面面俱到、结构杂乱，则不利于投资者有效地从报告中了解项目的可行性程度，影响了报告的说服力。

3. 要简明扼要

项目研究报告应尽量精炼文字，切忌长篇大论，要用简炼的语言，形象生动的图表来表达分析者的意图。一般原始资料及计算分析过程均用附录形式提供，报告正文中只列举分析方法和分析结论。对于大型项目，报告往往长达数百页，几十万字，这时可在报告正文前提供摘要，以很少的篇幅表述研究报告的主要结论，主要技术指标，存在的主要问题，通过“目录”指导读者在正文或附录中寻找论证材料或计算根据。

4. 要客观真实

投资报告的结论对项目的投资成败关系极大，要保证研究结论符合实际，除了要求有科学的研究方法，严谨的研究态度外，就是要求原始材料的真实性和客观性。依据错误的材料只会得出错误的结论。因而，真实性与客观性是研究报告的又一基本要求。而在有些投资项目中，往往是先决定投资后才撰写投资报告，这样投资报告的撰写已没有了实际意义，更可能使报告编写人员对数据的真假不作严格的要求。这无疑违背了投资报告的写作要求，投资报告撰写中需要研究者尊重客观经济规律，实事求是，以严肃，认真，科学的态度对待研究。一切结论来源于分析，切忌先入为主，带着观点找依据，更不能弄虚作假，编造假数据，罗列假材料。

5. 要资料充足，观点明确

观点来源于对资料的研究与分析，研究报告要很好的处理材料与观点及论据与观点的关系。研究者要从大量的数据中通过定量定性的分析找出一定的规律，对投资项目的赢利能力，社会效益等方面作出自己的判断，为项目的投资成功提供必要的理论支持和建议，要避免只见资料罗列，不见分析结论的数据化现象；也要避免只有作者观点，找不到支持这些观点的论据资料的概念化现象。

6. 要层次分明，逻辑性强

投资报告要求使用大量的数字文字说明，这就要求报告的判断推理要符合逻辑，结构要层次分明，针对性强，力求公正、客观，以理服人。

总之，投资研究报告必须客观公正科学，经得起推敲。既要务实，又要有远见；既要可行，又要考虑到一定的难度。不能照搬前人已经多次重复的内容，要有一定的创新；但又不能脱离现实，超越建设单位的能力而制定出一些无法实现的目标。

三、房地产投资分析报告的审读

房地产投资分析报告编写完成后，还应仔细审读，努力提高报告的质量，为投资决策者提供客观、可行的结论与建议。一般来说，房地产投资分析报告的审读应主要注意以下几个方面：

（一）报告内容是否完整

报告没有绝对固定的格式和内容，关键是针对本项目的开发建设，是否已经分析了应该考虑到的内容，或者说是否回答了所有问题，回答得是否充分。如果报告没有对应该说明的问题进行分析，则报告首先就存在漏洞，就不是一个合格的报告。

（二）报告材料是否真实、准确

投资研究报告中的材料既是研究对象，又是产生研究结论的依据，因此，必须保证真实性、准确性。在审读分析报告时，可以结合自己的知识和可能性两个方面来核实选用数据的真实性、可靠性，条件允许的话，可以查清来源，多方考证，不轻易判断其真假。

（三）报告是否有逻辑性

投资研究报告涉及面广、内容多，这给整篇报告的结构安排带来了一定的困难，弄不好就会顾此失彼，颠三倒四，甚至前后矛盾。因此，在审读分析报告时，一定要注意报告的逻辑性。特别需要注意报告的前后是否有衔接、前面讲的后面是否用到，前后对报告的观点是否有冲突等等。

（四）报告结论是否鲜明

研究报告要有鲜明的科学结论，这是报告写作的根本要求，当然也是作者要特别注意的问题。鲜明是指结论要明确集中，是就是，非就非，不能吞吞吐吐，然否各半。否则报告便不可能也没有办法作为决策的依据。对一份投资研究报告来说，没有结论不行，结论不正确不行，结论不鲜明也不行。

（五）报告表达是否清晰

投资研究报告不仅内容多、涉及面广，而且专业性也很强，这就给具体表达带来了困难。研究报告在语言表达上，除了要做到准确、鲜明、生动外，还要特别注意清晰和通俗易懂。在审读时，要体会报告的用词是否太晦涩，语义是否明确等等，力争投资报告清晰、明了。

第二节　房地产投资分析报告示例

××写字楼项目投资分析报告

目　　录

第1章　项目开发投资分析总说明

第1节　项目开发投资分析的背景

20世纪90年代以来，北京市城市经济建设和房地产开发突飞猛进，取得了举世瞩目的成就。正是在这种情况下，北京市成功获得了2008年奥运会的举办权，中国加入WTO也已成事实。这些都有利于北京投资环境的改善，有利于北京商务活动的增多。中国和北京经济发展以及房地产开发的诸多利好，进一步促进了北京市房地产开发和房地产市场的繁荣，极大地加大了北京市办公用房的需求。

同时，北京市积极建设国际化大都市，加快建设中关村科技园，以及四环路的顺利通车，给“××写字楼”项目的开发添加了又一机遇。为了抓住这一机会，给中关村科技园周边单位提供合适的办公场地，北京市××房地产开发公司做出了充分利用好土地，尽快、最好地开发“××写字楼”项目的决策，决定在北京市××地区开发兴建“××写字楼”项目，并委托××专业房地产顾问机构进行项目开发的前期投资分析工作。

第2节　项目开发投资分析的思路

1.2.1　项目开发投资分析的思路与范围

本研究报告的研究思路是，通过对北京市投资环境的整体研究和全面把握，通过对北京市房地产市场及北京市写字楼市场的深入调查研究，以及对该项目进行财务测算分析，得出本项目开发可行性方面的结论。根据本研究思路，我们的研究工作主要包括以下范围：

- 对北京市宏观投资环境进行分析研究；
- 对北京市房地产市场及写字楼市场进行调查研究；
- 对典型、竞争及可借鉴写字楼项目进行调查研究；
- 对本项目所在区域的未来发展及本项目的SWOT进行分析研究；
- 根据上述结论对本项目进行客户定位、产品定位及价格定位；
- 根据上述结论及客户提供的资料和假设，对本项目进行经济效益分析；
- 根据上述结论对本项目的市场及财务可行性进行说明并提出相关建议。

1.2.2　项目开发投资分析的主要工作

本项目开发投资分析包括以下主要工作：

- 对项目地点及周围地区进行考察，对有关人士进行调查访问；
- 北京市写字楼市场及周边地区写字楼市场调查；

● 资料查阅与土地出让金估算；

● 财务测算与评价。

第3节　项目开发投资分析其他说明（略）

第2章　宏观投资环境分析

第1节　北京市宏观经济分析

2.1.1　北京市宏观经济现状与走势分析

1. 北京市宏观经济增速较高

2001年上半年，全市实现国内生产总值1233.7亿元，比上年同期增长11%。社会需求继续扩大，结构调整效果明显，经济增长质量进一步提高。

● 消费品市场稳中有旺。上半年，全市实现社会消费品零售额782.2亿元，比上年同期增长10.5%，扣除价格因素实际增长11.3%。

● 固定资产投资持续高速增长。上半年，全市完成固定资产投资498.1亿元，比上年同期增长33.3%。地方完成414.4亿元，增长42.3%。

● 房地产开发投资增长较大。上半年，房地产开发完成投资248.9亿元，比上年同期增长53.1%，房地产投资占全社会投资的比重高达50%。

● 出口保持增长态势。1～5月，北京地区进出口总值204.9亿美元，同比增长16.8%。其中，出口增长20.3%；进口增长15.7%。

● 地方财政收入仍保持大幅增长。上半年，全市完成地方财政收入217.1亿元，同比增长29.1%；全市地方财政支出208.2亿元，同比增长31%，累计基建支出增长51.3%，城市维护费支出增长40.3%。

● 金融形势基本稳定。6月末，北京市金融机构人民币存款余额10926.7亿元，比年初增加1234.4亿元，增量同比增长1.2倍。城乡居民储蓄存款余额3154.2亿元，比年初增加230.9亿元，增量同比增长1.2倍。

● 金融贷款恢复增长。6月末，银行消费贷款余额达到555.5亿元，占银行贷款余额的8.9%；今年新增的消费贷款171.5亿元，占银行新增贷款的33.2%，主要是住房消费。

● 市场价格涨幅出现回落。上半年，城市居民消费价格指数仍在较高位运行，但涨幅开始回落。

● 城镇居民收入稳定增长。上半年，全市城镇居民人均可支配收入为5779.3元，同比增长12.1%，扣除物价因素，实际增长6.1%。

2. 北京市宏观经济将继续保持稳定增长的态势

(1) 北京市宏观经济将维持其增长的良好惯性

近几年来，北京市总体经济一直保持着良好的发展态势。在物价总体水平持续下降的情况下，全市经济继续发展，连续五年实现“低通胀、高增长”。在这个良好的发展前提下，预计北京宏观经济还将维持稳定增长的态势。

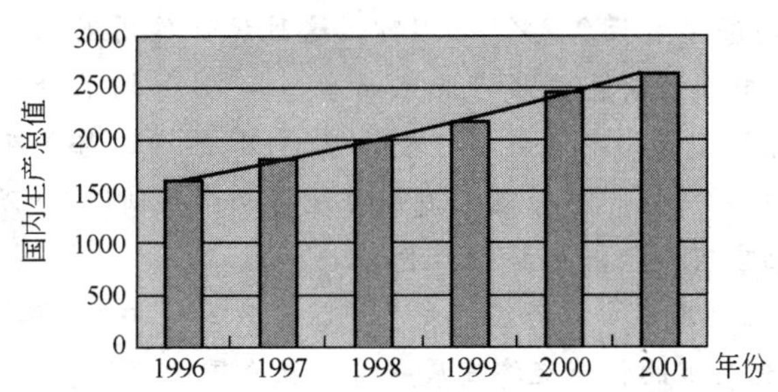

北京市1996～2001年国民经济增长情况曲线

注：国内生产总值的单位为亿元，按当年价格计算。

(2) 中国加入WTO必将极大地刺激北京宏观经济的发展

一方面，加入WTO以后，随着进出口业务的大量增加以及外商在华投资业务的加大，北京市的办公物业需求必将明显增加，这使得北京写字楼市场更加活跃。同时，外商在北京投资的增加，将带动外销公寓市场的活跃。作为基础支柱产业的房地产业，其市场未来的繁荣趋势，必将在一定程度上刺激北京宏观经济的发展。

另一方面，加入WTO后，将有较多的国外企业进入中国、进入北京，它们将逐步深入到我国及北京的诸多行业，利用它们的技术优势、管理优势和先进经验，拓宽获取利润的领域，同时也会带动北京各个行业的变革，并产生一定的经济繁荣与增长的小高潮，经济增速会在一定时期内出现起伏，并最终朝好的方向以较大的增速发展。

(3) 北京成功获得奥运会的举办权，使北京宏观经济走势更加看好

北京申办奥运会成功，国家和北京市政府对北京城市基础设施的建设投资以及外商投资和海内外游客前往北京旅游的增加，必然给北京经济的健康发展带来极大的契机，从而有力地促进北京宏观经济以更快的速度发展。

根据国家统计局的测算，未来7年，举办奥运会将拉动我国GDP平均每年增长0.3%～0.4%，这种拉动作用现在就已经开始显现。就奥运会主办城市北京而言，其GDP增长会更高，据国家统计局测算，申奥成功可使北京GDP的增速每年在原有基础上再增加2～4个百分点，奥运会还将为北京创造30万个就业机会，北京宏观经济走势更加看好。

2.1.2 北京市社会经济发展现状及政策导向

1. 北京市的社会经济发展一直走在全国的前列

作为首都，北京市的社会经济发展一直走在全国的前列。从1991～1999年社会发展水平综合评价结果看，北京市总指数(包括环境领域、人口领域、居民生活领域、教育科技领域、文化体育领域等)基本上一直位居全国首位。另据国家统计局的初步测算与分析，2000年，我国信息化水平总指数为25.89，北京

市信息化水平总指数为89.87，位居全国首位。

北京突出的社会经济发展情况，说明了在北京投资的可靠性，也表明了在我国各个城市中，北京具有更好的投资环境。

2. 北京市国民经济和社会发展第十个五年计划为北京市社会经济发展指明了方向

根据北京市国民经济和社会发展第十个五年计划（2001～2005年），北京市未来几年内的主要奋斗目标是：

- 国民经济保持9%左右的增长速度；
- 加大国有企业改制，进一步扩大对外开放领域；
- 显著改善基础设施供给能力，加强生态建设和环境保护；
- 加快发展科技教育，形成文化产业规模，提升市民文明素质；
- 拓宽就业渠道，基本健全社会保障制度，保持城乡居民收入的稳步增加。

北京“十五”计划的奋斗目标，为北京社会经济的发展和各方面的投资指明了方向，也预示着北京美好的社会经济发展前景和投资环境的进一步趋好。

2.1.3 中国加入WTO，必将对北京投资环境产生深远影响

1. 北京对外开放领域将迅速扩大

加入WTO对北京投资环境的影响，首先是迅速扩大了对外开放的领域，奠定了北京全方位开放的新格局，从体制和机制上保证了投资环境的改善。加入WTO，就要允许国外投资商进入中国，进入北京。北京外商投资领域将逐步扩大到商业、外贸、金融、保险、证券、电信、旅游和中介服务等领域，投资主体的多元化，一方面可以弥补各项建设资金的不足，有利于北京各项经济活动的正常顺利展开，另一方面，也会因为世界各国投资商之间的竞争和对北京经济发展的带动，进一步提高北京投资环境的良好形象。

2. 北京经济国际化水平将大幅提高

加入 WTO 可以扩大外贸进出口规模。据美国高盛证券公司的分析，加入 WTO 后，我国的贸易总额将由 1998 年的 3240 亿美元增至 2003 年的 6000 亿美元。如果北京的外贸额保持与全国同样的增长速度，即年均增长 13.11%，又假定北京 GDP 年均增长 9%，那么到 2003 年，北京的外贸依存度将由 1998 年的 26.8%增长至 32.27%。外贸依存度超过 30%，是一个经济体成为开放型经济的基本指标，也是一个城市投资环境良好的一个具体证明。

另外，加入 WTO 还可以提高吸引外资的规模和水平。在外商看来，加入 WTO 表明中国的对外开放更加不可逆转，从而有利于增强外商投资的信心。开放领域的扩大，又等于培植了一些新的引资增长点。如将有更多的跨国公司会在北京设立地区总部、研发机构、培训机构等，使北京国际城市功能稳步提高，也有利于北京投资环境的进一步趋好。

3. 北京经济活动将更加规则化、透明化

加入 WTO 后，WTO 法律框架内的所有规定对北京经济发展的影响力增强。虽然在改革开放的进程中，北京经济谋求与世界经济的接轨，努力按国际惯例办事，但国际惯例对北京经济的发展毕竟还是外部因素，而加入 WTO 后，北京经济必须遵守 WTO 的游戏规则，这些规则的约束力大为增强，对北京经济发展的影响远不止在外贸领域，而是深入到了经济运行的内部。例如，在所有经济活动中北京都必须遵守"国民待遇"、"透明度"等原则，政府经济管理的体制与方式都必须随之调整。这种情况下，北京的投资环境就必然会得到最大程度的优化。

2.1.4 中奥成功极大地改善了北京的投资环境

1. 申奥成功将带来大规模的基础设施建设，有利于投资硬环境的改善

为了成功的举办奥运，北京将完成很多体育设施，要建设一些交通项目，比如机场的扩建、城市的公交、高速公路，另外在电视媒体的转播系统、通讯系统，都要加强建设。仅北京使用于

奥运的投资就将达到2800亿元，其中1800亿元将用于城市基础设施建设，重点建设142个项目，包括：900亿元用于修建地铁、轻轨、高速公路、机场等；450亿元用于环境治理；300亿元用于信息化建设，初步实现电子政务、电子商务、信息化社区和远程教育；150亿元将用于水、电、气、热等生活设施的建设和改造等等。这些都对北京投资硬环境的改善具有非常直观的促进作用。

2. 申奥成功将带动一批相关产业的发展，带动消费需求的发展，也给国内外的投资商带来了重大的商机

在奥运会的前期准备工作以及召开期间，无论是广告业、旅游业、体育，还是零售商业、市内公交以及房地产等，都将得到发展的机会。这不仅对北京是一个巨大的机会，对于其他省市，乃至全球的投资商，都是一个重要的商机。举办奥运会，还将增加就业，增加居民的收入，从消费的角度，这无疑会拉动北京经济的增长，提高国内外投资商在北京投资的回报率和盈利的可能性。

3. 申奥成功将促进科技行业的发展，把北京投资环境提高到了一个更高的层次

北京奥运提出了“绿色奥运、科技奥运和人文奥运”，在环境治理、绿化城区建设、公园化的城市、三废治理等等方面，都将投入大量资金。在水环境的治理、空气污染的改善以及生活垃圾的处理和改善方面，也要做许多工作。而这些项目的开展，都离不开高科技的发展，新材料、新工艺和新设备都将得到很大的发展。这些高科技及相关行业的发展，必将为北京赢得良好的城市形象，从而把北京的投资环境提高到一个更高的层次。

4. 申奥成功将给旅游、文化、商业带来更多商机

奥运会的举办会给北京乃至全国的旅游、文化产业等带来无数的商机和就业机会。北京举办奥运会必将受到全世界的瞩目，到时必将产生大量人口流动，吸引众多的国内外观光者到北京（包括青岛、秦皇岛等分会场）观看奥运赛事。而北京作为中国

的首都，无论是历史文化遗迹，还是现代城市规划都具有其不可抗拒的独特魅力。大量人流的涌入，将不仅有效扩大旅游公司的业务量，而且也为酒店服务业、餐饮业和商业的飞速发展创造有利的条件。

当然，这些板块的受益时间比较滞后，真正的业绩增长可能要等到2007～2008年才会有所体现。

2.1.5 高科技产业发展将推动北京市投资环境的改善

1. 高科技产业发展是北京经济增长的主动力

高科技产业对北京经济的增长具有巨大的作用。2001年上半年北京高新技术产业保持着较高的增速，主要高新技术产品产量成倍增长，1～6月移动通信设备、移动电话机分别比上年同期增长7.4倍和1倍；微型电子计算机、显示器产量的增幅也均超过50%。高新技术产业实现工业增加值124.7亿元，占全市规模以上工业增加值比重为31.3%，对全市工业增长的贡献率超过60%。而1999年和2000年的高新技术对全市工业增长的贡献率，都始终保持在60%以上。

2. 北京经济的增长促进了北京投资环境的进一步改善

高科技产业的发展，推动了北京经济的快速增长，这既增加了北京投资基础设施建设的资金实力，使北京可望在尽可能短的时间内，在基础设施建设方面改变投资者心目中的落后形象，同时，高科技产业的发展和北京经济的进一步发展，也迫使北京市政府下决心加快城市基础设施的建设，从而为北京投资硬环境的改善打下基础。另外，高科技产业的发展促进了北京投资政策，包括相关人事政策的松动、制定和完善，这也间接地规范了北京投资的软环境。

3. 高科技产业的发展，带动了北京投资环境步上新的台阶

在中关村科技园的拉动下，北京发展了软件业、信息服务与信息制造业、电子信息、光机电一体化、生物工程与新医药、新材料、环保等为主体的高科技产业，这些高科技产业的发展又带动了北京中介服务业、文化教育产业、教育培训产业及商贸产业

的发展。正是因为高科技产业的发展，北京才有了孵化器体系，有了风险投资，大批依附于新经济的投资机会涌现出来。

目前，北京以信息产业为代表的高科技产业发展相当迅速，这些信息产业公司涉及业务相当广泛，间接带动了投资主体多元化、投资多方向以及投资数量的快速增加，这对北京投资环境步上新台阶起到了很好的促进作用。

第2节　北京城市基础设施建设与规划

近十几年来，特别是20世纪90年代以后，北京市坚持城市基础设施建设优先发展的方针，取得了很大的成绩，目前已初具现代化规模，综合功能和服务效能也已达到较高水平，为北京的房地产开发投资打下了良好的基础。

2.2.1　交通系统（略）

2.2.2　供水系统（略）

2.2.3　供电系统（略）

2.2.4　燃气系统（略）

2.2.5　热力系统（略）

2.2.6　电信和网络系统（略）

第3节　北京市土地利用状况及其走势

2.3.1　土地供应总量（略）

2.3.2　土地利用制度（略）

2.3.3　土地出让状况（略）

2.3.4　土地利用现状与预测（略）

第3章　市 场 分 析

第1节　北京市房地产市场分析

3.1.1　北京市房地产市场发展概况

北京房地产市场发展经历了一个从无到有、从幼稚走向成熟、从非理性走向理性的过程。其发展历程大概经历了四个阶段。(以下略)

3.1.2 2001年北京房地产市场的特点

1. 房地产市场供求同时增长，供过于求

2001年，北京市住宅市场承接了2000年供销两旺的势头。中国加入WTO和北京为申奥而投入160亿元基础设施投资，给供求双方都带来良好的心理预期。国家宏观经济形势转暖，人们对经济前景的看好也扩大了市场的有效需求。但是，北京市场供应量也在大幅增长，据统计，自2001年1月至9月，北京地区共有174个住宅新项目上市，供应总规模约为1200万m^2，供过于求的局面仍将持续。

2. 热点区域集中于南城、泛CBD地区和泛中关村地区

由于城市基础设施和绿化环境的改善，土地供应数量和土地成本方面的优势，众多开发单位纷纷向南城寻找商机，使南城成为住宅供应的热点地区。泛CBD地区具有便利的内外交通条件，高档的商务环境及完善的配套设施，CBD集中了高档公寓，京通及京沈路沿线分布着大规模高品味的居住社区。泛中关村地区位于“上风上水”，具有良好的自然景观和人文环境。IT产业和新经济的崛起，为该地区住宅项目提供了广阔的市场空间和开发机遇。

3. 开发商转向务实，楼盘品质有一定提升

与去年楼盘热炒概念相比，今年多数开发企业集中精力，实实在在地提升住宅的质量和功能。开发商在建筑外观、社区配套、户型设计乃至细节上，务实创新，取得了较大的进步。

4. 开发产品形成系列化，力求创出品牌优势

今年一些实力型开发商凭借资金和资源优势以及良好的企业形象，走上创品牌道路，纷纷向市场推出了不同档次、不同类型的系列化产品。如：太合集团继欧陆经典之后一举推出四个新项目时代庄园、世纪星、太合嘉园和太合国际村。万通推出万泉新

新家园、新新小镇（龙山新新家园）、亚运新新家园、新城国际和万通筑屋，形成新新系列产品，等等。

5. TOWNHOUSE 成为市场新宠

2001 年 TOWNHOUSE 成为北京市房地产市场新宠，市场上有不少于 10 个联排别墅项目登场亮相。联排别墅的客户群主要为中青年成功人士，他们拥有高学历、高收入，注重生活品质。联排别墅的市场容量虽然相对有限，但对 2001 年北京房地产市场的冲击不可小视。

6. 写字楼市场进入新一轮增长周期

经过 1997～1998 年的盘整，北京市写字楼已走出低谷，2001 年继续处于上行管道，市场租售价格上升，交投活跃，成交量放大，发生多个大宗租购案例，中资公司经济实力增强，对高档写字楼需求旺盛，加上良好的经济发展前景带动的投资势头，结束了多年来写字楼市场有价无市的局面。由于新增供应量很快被大买家吸收，空置率基本保持平稳。

7. 房地产融资渠道增加

2001 年北京房地产市场融资渠道增加，新增投资主要来自外地投资、其他行业游资、外商投资和上市融资等多种渠道。自 2000 年以来，北京房地产市场供求两旺，使得外地企业尤其是南方房地产企业看好北京市场，纷纷进军北京。中国加盟 WTO，许多行业如贸易、金融、零售等投资风险和竞争压力增大，投资回报面临大幅滑坡的危险，而房地产业相对 IT、生物工程等高新科技行业具有低风险、高回报的优点，成为这些行业游资的理想选择。

第 2 节　北京市写字楼市场分析

3.2.1　写字楼市场供应

1. 写字楼供应进入新一轮发展期

进入 2001 年以来，北京市写字楼市场逐渐转暖，租售价格上升，交投两旺。经过前两年的调整消化，北京市写字楼市场供应量进入新一轮发展期，预计 2001 年写字楼供应量将达到 99.1 万 m^2，市场总存量将达到 600 万 m^2。

北京写字楼历年供应量

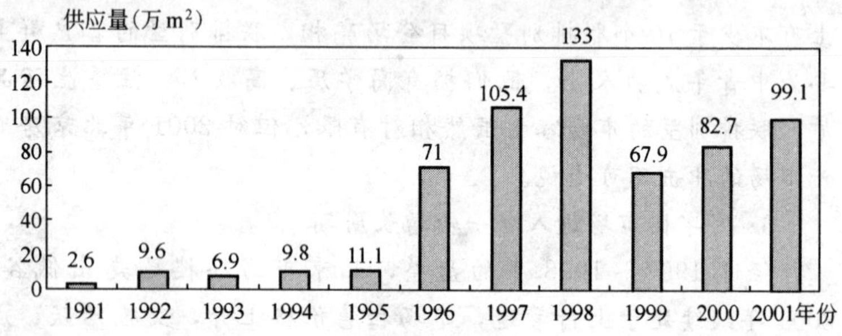

2. 写字楼分布集中于 CBD、金融街、中关村、燕莎商圈

北京市写字楼分布主要集中于以下几个较大规模的商务办公区：CBD、金融街、中关村、燕莎商圈。新建项目越来越多地集中于这几个区域中，并依靠区域的规模优势和市场认同，有力地提高了自己的市场形象和竞争力，而分散于商务区之外的写字楼项目，则难以与商务区内同档次物业竞争。当前最有发展潜力的商务区为 CBD 和中关村地区。

北京市写字楼区域分布图

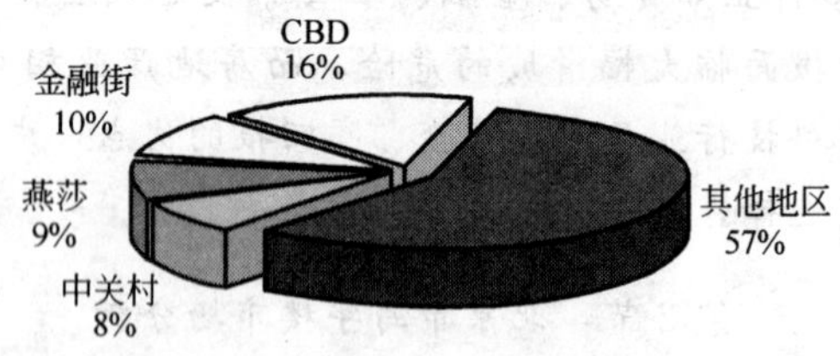

3. 中档写字楼逐渐升温

随着经济环境的改善，在近两年少有人问津的中档写字楼逐渐升温。它们一般规模不大，单体建筑规模一般不超过 3 万 m^2，

客户群主要是中小型公司和外省驻京企业，租金价格经济实惠。中档写字楼在北京市写字楼市场低迷时期不曾消失，在高档写字楼市场前景看好的时候，又成为了高级写字楼的有力补充。

4. 商住公寓填补中档写字楼市场空白

商住公寓具有宜商宜住的特点，价格远比写字楼便宜，受到创业型公司和外省驻京办事处的青睐，填补了中档写字楼供应相对不足所形成的市场空白。目前 CBD、金融街、中关村等热点商务地区的公寓大多带有商住性质，CBD 商住公寓超过 50%，中关村基本上全都是商住公寓。它们在户型上采用大开间设计，而住户为清一色的各类公司，有的“公寓”甚至只作办公、不允许居住。

5. 写字楼综合品质有一定提高

在严酷的竞争形势下，新建写字楼正努力改变以往写字楼给人的冰冷、没有人情味的印象，注意在建筑设计和建材选择中添入绿色概念，为办公人员提供健康的办公环境。室内绿化和水景设计被越来越多的写字楼采用，如东方广场、王府世纪、富凯大厦等。5A 智能化已成为高级写字楼的基本必备条件，如何使智能化设施升级才是所要考虑的问题。

3.2.2　写字楼市场需求

1. 中高档写字楼需求稳步增长

在世界经济低迷的形势下，中国经济“一枝独秀”，海外资本进入中国寻求投资机会，他们对写字楼——特别是高档写字楼的需求会越来越大，中国加盟 WTO 将进一步强化这一需求。此外，国内宏观经济回暖，国内公司经济实力增强，办公楼成为展示公司实力和形象的最佳手段。私营企业比例增大、服务性智力密集型企业增多，也在加大对中、高档写字楼的需求。

2. 中资机构成为写字楼销售市场的购买主力

据北京市统计局统计，2001 年 1～9 月第二、第三产业增加值比上年同期增长 16.3%、7.7%。宏观经济向好，中资公司的实力不断增强，发生多笔大宗购买成交。中资机构购买写字楼，主要是作为自用，地点集中在金融街、中关村等西部地区。

3. 外资机构在写字楼租赁市场表现出强大的实力

外资机构在租赁市场依然体现出强大的实力。但是美国经济放缓对一些跨国公司特别是美国公司产生了负面的影响，如朗讯科技在东方广场租用 12000m²，比 2000 年预定的目标少了 11000m²。

4. 金融、通信产业重领风骚，网络产业深幅调整

金融、通信产业素为北京市经济主导产业，这一点从其对写字楼的需求上再次得到印证。除中国银河大厦成交案例之外，金融证券行业还发生了若干大宗成交，如国家开发银行北京分行近期与远洋大厦签订了 10000m² 的写字楼出售协议等。网络产业进入深幅调整，网络技术公司取代门户网站成为市场需求支撑，如思科公司在东方广场租用 5791m² 的面积之后，再次扩租 8788m² 的写字楼面积。

5. 客户希望写字楼的品质能有进一步提升

根据最近的一项关于高级写字楼的调查显示，入驻这些写字楼的客户中有 35.8%对现驻的写字楼不满意。不满意集中于三个方面：电梯数量少且速度慢、员工餐厅不能令客户满意、大厦的停车位少。除此之外，客户对宽带网的建设投入了相当大的兴趣，希望新的写字楼能有宽带直接上网的服务和配套设施。一些高科技公司还要求有大型机房冷却装置，对用电量要求也明显提高。

3.2.3　写字楼市场价格

1. 写字楼市场价格理性回归

写字楼市场进入理性发展阶段。几年前开始的对写字楼的控制开发已见成效，2001 年可以供应的高档写字楼已经远远低于 1997 年和 1998 年的水平，前几年供过于求的情况得到改变，写字楼租售价格开始稳步回升。

2. 写字楼销售市场结束有价无市的局面，售价升幅较大

2001 年写字楼销售形势良好，整座购买和散户购买的踊跃

结束了写字楼销售市场有价无市的局面，金融街和中关村地区的成交量占60%以上。金融街写字楼本来供不应求，中国银河证券、中国移动、中国电信又接连大宗购买，在一定程度上加剧本地区的供求矛盾。目前，北京市写字楼平均售价约为2000美元/m^2左右。

北京市写字楼历年售价变动情况

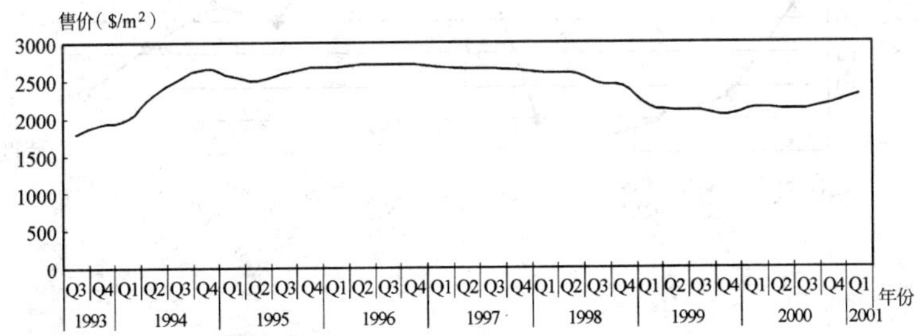

3. 写字楼租赁市场相对稳定，租金稳定上升

北京市写字楼的黄金时间是在1995年以前，高档甲级写字楼的租金在90美元/(月·m^2)左右，而后持续下滑，到1997年跌至35～50美元/(月·m^2)，1998年进一步跌至15～25美元/(月·m^2)。1999年，北京写字楼租金价格开始回升，到2000年，北京写字楼租金的平均价格达到28.5美元/(月·m^2)。2001年，写字楼租金继续小幅上涨。

北京市写字楼历年租金走势图

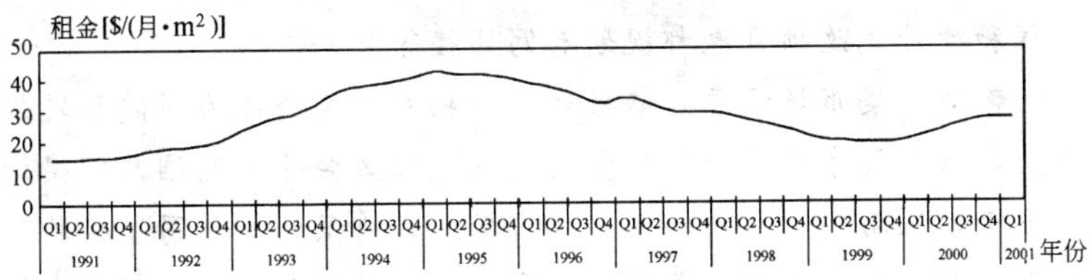

4. 空置率略有上升

北京市写字楼根据不同的地理位置、不同的级别，空置率也不尽相同。地理位置好的高档甲级写字楼出租率仍然保持在

85%以上，如光华长安大厦，恒基中心；地理位置不好的高档写字楼空置率在34%左右。

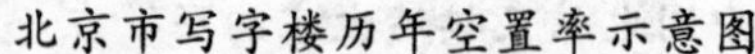
北京市写字楼历年空置率示意图

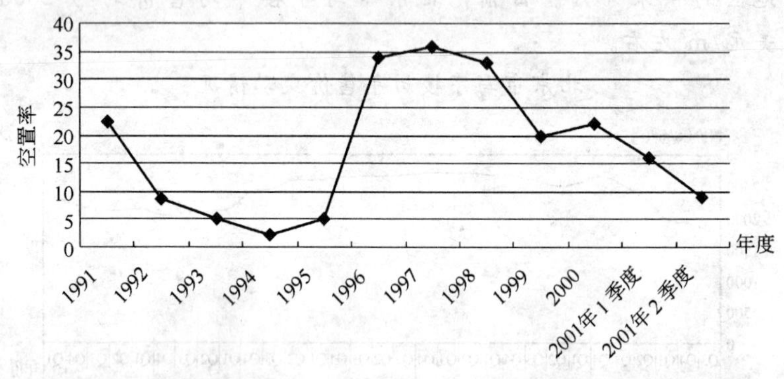

3.2.4　写字楼市场预测

1. 供给预测

● 未来1～2年内供应量增幅不大，未来五年内总供应量将超过430万m^2。2年后随着在建项目的大量竣工入市，供应量将大幅上升，预计未来五年内总供应量将超过460万m^2，其中CBD写字楼供给总量为345万m^2，金融街写字楼供给总量为50万m^2，中关村西区供给总量为35万m^2，中关村东区的北大、清华、北航等院校也拥有将近150万m^2土地，正积极申请建设以写字楼为主的公建项目。其他地区如东直门、西直门交通枢纽工程和德外危改项目也都规划有写字楼等配套工程。

● 写字楼市场竞争日趋激烈，中档写字楼将成为新的开发热点。北京市写字楼市场供应量的增加，势必会导致高档写字楼价格下滑，从而影响到中档写字楼市场。目前虽然中档写字楼的市场供应量不大，但近两年商住公寓的大量供应会拉走一部分中档写字楼客户，形成对中档写字楼市场的竞争。随着中档写字楼供应量的增加，置业者心态的成熟和理智，商住公寓将会因其在消防和物业管理等方面存在的隐患而走向衰落，中档写字楼取而代之成为新的开发热点。

2. 需求预测

● 写字楼市场需求稳定上升。申奥成功和加盟世贸虽然对近期写字楼的需求促动不大，但从长期看必将产生积极影响。申奥成功将吸引体育、旅游、电视传播、文化广告等相关行业的投资，加盟世贸将促成更多外资机构，特别是金融、保险、电信行业进入中国，500强中将有更多在中国设立办事处，外资机构在质和量两方面均会有较大的提升。

● 中小公司青睐热点地区的中档写字楼。热点地区的中档写字楼一直需求旺盛。伴随CBD、中关村、金融街等热点商务地区的进一步开发，给大企业提供服务的中小型公司的办公需求相应增加，他们青睐比高档写字楼更经济实惠的中档写字楼。由于高档写字楼市场供应量增加，客户将拥有更加充分的选择，中档写字楼只有选准市场定位，完善物业服务，才能留住客户。

3. 价格预测

● 写字楼售价将继续上升。经过十多年的发展，写字楼价格的波动已呈现出周期性，自1999年走出低谷目前正处于上行期，虽然短期内会出现小幅振荡，但趋势上升。近期有效供应不大，开发商为规避风险，多采取整售，金融街和中关村需求殷切，会带动整体售价继续上升。

● 租金将保持平稳走势。目前北京市写字楼售价虽有上升，但总体水平仍低于前几年，大部分老项目仍以租赁为主，加之投资性购买的增加会在一定程度上抑制租金水平，近期租金水平将保持平稳走势。

第3节　周边地区写字楼市场分析

3.3.1　市场供应

1. 周边写字楼数量极少，市场存量供应极其有限（略）

2. 项目规模小，均为纯办公楼（略）

3. 现有项目档次偏低（略）

4. 项目全部位于阜石路沿线（略）

3.3.2　市场需求

1. 客户构成

从市场调查情况来看，本地区写字楼的客户群主要由以下几部分构成：

● 中小型科技公司（略）

● 有政府背景的公司（略）

● 中小型房地产开发公司（略）

● 广告传媒、影视制作公司（略）

2. 需求特点

● 中资中小企业构成需求主体，其中科技公司占较大成分（略）

● 市场需求比较旺盛（略）

● 客户讲求经济实用（略）

3.3.3　市场价格

1. 售价（略）

2. 租金（略）

3. 空置率（略）

3.3.4　预测

1. 未来2年内写字楼的供应量不大（略）

2. 客户来源仍以高新技术企业为主（略）

3. 大学企业将成为西部写字楼市场的重要力量（略）

4. 中档写字楼将具有光明的发展前景（略）

第4节　典型项目分析与评价

3.4.1　典型案例

● 海泰大厦

地理位置：北四环路与花园东路交汇处西北侧

发 展 商：北京海开房地产集团公司

周边环境：东依亚运村金融商贸城，西接中关村高新产业开发区，南靠北三环新兴社区，北托昔日皇家园林——颐和园、圆明园。大厦紧邻京城中轴线，中关村、亚运村，距天安门广场、故宫20分钟车程，20分钟到达机场，周边多条公交线路，享有三环、四环全封闭、全立交的顺畅交通。紧邻学院路，北大，清华等数十所重点学府云集四周，人文气息浓郁

物业规模：占地1.87hm^2，总建筑面积98716m^2，楼高二十层，其中地下三层，地上裙楼五层

主体结构：现浇钢筋混凝土框架剪力墙结构

户型设计：为公寓式写字楼，楼层挑高3m，大开间布局，有可供弹性处理的室内卫生间及厨房

装　　修：(略)

配套设施：商务中心、员工餐厅、银行

客　　户：大客户为北京科技园建设股份有限公司、北京百思特电信科技发展公司、北京生命科学园建设股份有限公司，其他均为中小公司

● 新洲商务大厦

地理位置：海淀区阜成路西

发 展 商：天鸿集团北京天鸿宝业房地产股份有限公司

物业规模：总建筑面积2.9万m^2，地下2层，地上8层

设　　备：4部美国OTIS电梯、综合布线、宽带信息专线、充足电话线路、卫星电视天线

网络设备：美国思科；东大阿尔派的网络管理系统

配套设施：员工餐厅、健身房、咖啡厅、快餐厅

物业管理：北京均豪物业管理有限责任公司

3.4.2　简要分析

1. 两个项目均为典型的中档写字楼，具备以下共同特点

● 建筑规模较小，多在3万m^2以下，适合大型国资企业独立办公、中型企业大面积租用或是创业型公司和小公司使用；

● 物业硬件配置档次较高，功能可以满足客户商务办公的要求；

● 均为毛坯房，售价低廉，均价在 9000～9100 元/m^2之间；

● 均位于四环路沿线，中关村中心区或辐射区以内。随着周边商务环境的进一步改善，深得各类中小型公司的青睐；

● 开发商均为国有大型房地产开发集团，海泰大厦的开发商为海开集团，新洲商务大厦的开发商为天鸿集团；

● 销售策略采取只售不租，海泰大厦的销售情况非常好。

2. 两个项目又具有不同点，表现在以下两方面

● 户型设计各具特点。新洲商务中心为纯写字楼，标准单位可自由隔断，整层面积达 3200m^2。海泰大厦为公寓式写字楼，户内设有可灵活变更用途的茶水间和卫生间，更适合外地企业驻京办事处的需要。

● 周边环境不同。虽然同处于中关村效应区，但海泰大厦所处的北四环已经发展得比较完善，配套齐全，而新洲商务中心邻近的西四环地区还有待继续开发，具有发展升值潜力。

第 4 章　项目 SWOT 分析

第 1 节　项目概况及开发条件

4.1.1　位置及四至（略）

4.1.2　现有规划情况（略）

4.1.3　用地现状情况（略）

4.1.4　周边交通状况（略）

4.1.5　周边环境状况

4.1.6　项目周边市政情况（略）

4.1.7　项目周边地区未来规划与发展

本项目位于中关村地区的周边地带，所在地块的周边地区目前已形成大型生活区域的基本结构和框架。根据北京市详细规划，本项目周边地区未来发展也将以居民生活区为主，并配以一

定规模的办公及商业金融用地。

可以预见的是，项目周边地区沿西四环路两侧将会成为北京西部的生活、办公、商贸地区之一。作为中关村核心区的周边地区，中关村快速发展所形成的无限商机和核心区浓厚的商务办公气氛，又将使本地区成为各种商务活动的可选之地，为本项目的发展也提供了良好的机会。

第2节　项目的优势与劣势分析

4.2.1　项目的优势分析与评价—*S*

● 紧临奥运大道西四环路，利于树立形象，未来升值潜力较大；

● 具有交通优势，未来交通比较方便；

● 本项目为四环路开通后新开发的项目，具有许多旧项目不能比拟的优势，比如将会更新颖、更智能、更适用等等；

● 产品为纯写字楼，比之商住两用物业更能满足中小企业和处于创业时期的企业的商务办公需求；

● 周边视野开阔，自然环境优美，有绿化。

4.2.2　项目的劣势分析与评价—*W*

● 周围目前还缺乏足够的商务活动的气息；

● 受本地区位置的影响，本写字楼项目难以开发成高档的项目；

● 本项目几经更改规划，给潜在的客户一定的心理负面影响，可能会动摇部分客户买楼的信心；

● 周边居住区已成型，但酒店、银行、旅馆等商务配套设施不足；

● 写字楼数量少、规模小、总体档次低。

第3节　项目面临的机会与威胁分析与评价

4.3.1　项目面临的机会分析与评价—*O*

● 我国及北京市社会经济的持续平稳发展，各种商务活动的频繁开展，使××及周边的发展有了足够的业务支撑和较好的发展后劲；

● 国务院及北京市政府对重点建设中关村科技园区的政策和资金支持，能够带动其周边的××地区的发展，而且未来发展潜力深厚；

● 申奥成功和即将加入 WTO 为本项目写字楼的需求增加新的活力；

● 西四环路的开通，为项目的开发和销售创造了有利的条件；

● 中关村地域及其周边每天都有大量小公司产生，为本项目的销售提供了相应数量的需求；

● 写字楼销售市场日渐活跃，有利于尽早收回投资；

● 周边中档写字楼不足，有利于本项目尽快占领市场。

4.3.2 项目面临的威胁分析与评价—*T*

1. 威胁分析与评价

● 根据北京市总体规划，从 2005 年开始，朝阳区作为城区开发，北京市的城区重心将向东移；本项目的开发建设将面临来自朝阳区的竞争；

● 奥运村的建设和交付使用，将会把大量商务活动锁定到奥运村地区，对本项目写字楼的客户也将有一定的冲击力；

● 本地区目前商务氛围欠缺，交通存在较大问题，未来写字楼客户上下班可能会有不便，不利于写字楼的销售；

● 中关村中档写字楼项目的供应量在增加，中关村中心区在建住宅项目基本上为商住公寓，会瓜分部分市场份额。

2. 有关建议

● 突出营销推广，突出中关村周边地区和临近四环路的优势，强调未来的升值潜力；

● 联合周边的写字楼项目，显示并尽力营造该地区的办公与商务的氛围；

● 注意交通的组织，以规划图来营造本项目未来的良好交通形象。

第 5 章　项目定位

第 1 节　项目定位依据

- 我国国民经济现状与未来发展；
- 北京市经济环境及未来发展趋势；
- 本项目现状、规划及功能定位；
- 北京市写字楼市场供给及需求情况；
- 本项目周边地区写字楼市场供给情况；
- 本项目周边地区各类物业市场需求情况；
- 典型及竞争地区写字楼市场供给及需求情况；
- 典型及竞争区域写字楼分析及借鉴；
- 相关法律法规及规定。

第 2 节　目标客户定位

5.2.1　目标客户来源及特征

1. 目标客户来源

目标客户由下面几部分构成：

- 中小型科贸公司、软件开发公司、网络技术公司；
- 专业技术公司及专业研究机构；
- 从各部委转制、脱钩或有政府背景的公司；
- 工商执照代办等中介咨询公司以及广告、影视等文化传播公司；
- 房地产开发公司及相关咨询、评估、物业公司和建材设备公司。

2. 目标客户特征

- 客户群主体由中小型科技公司和政府色彩浓厚的公司两大部分组成；
- 企业规模以小公司为主，中型公司占一定比例，占用若干楼层或整层或部分层面；

● 房地产公司为近期中档写字楼的新生力量，由于北京西部地区主要规划为居民住宅区，形式为普通住宅和经济适用房，随着西部良好的开发势头，这类公司的数量会增加；

● 中央电视台将于2008年迁往CBD新址，在其周围衍生的广告、影视制作、文化传播公司将随之东迁，目标客户的行业构成将更加整齐和清晰。

5.2.2 目标客户需求特性分析

● 价格经济。目标客户为创业型公司或业绩良好的中小型公司，因此写字楼的售价或租金是他们最敏感的因素。

● 交通方便。为利于员工通勤及客户来访，希望办公地邻近城市交通干道，有大量公交线路。

● 服务全面。写字楼应提供基本的服务设施，如商务中心、员工餐厅、停车场等设施。

● 具有现代设计风格，能体现公司的形象、实力。

● 有快捷的电梯服务、方便的商务中心、齐全的配套设施及舒适的客户服务。

● 硬件设施先进，能够保证公司快速发展的需求，对通迅、布线、空调等均有较高要求，如要求较大的带宽。

● 大面积成交的客户可能会提出设计方面的要求。

● 大客户会要求较长的谈判时间和价格及付款方式上的优惠。

第3节 产品定位

根据对整个北京市市场及周边相关物业市场进行的详细调研和分析，并结合项目自身条件，建议产品定位如下。

5.3.1 产品类型及档次定位

建议本项目的产品类型及档次定位应为中档纯商用写字楼。

建议选择中档写字楼的理由如下：

● 周边中档写字楼缺乏，而需求相对较多；而且未来几年内，需求还会有较大数量的增长。这些都为中档写字楼提供了较大的可靠市场空间。

● 智能化既是写字楼的发展趋势，同时也是高科技产业公司办公所必须的。现在以及未来，它必然成为客户选择办公地点所首先考察的关键方面。

● 北京市对中关村科技园区建设的大力扶植，给了该区域写字楼很多极好的发展机会。

● 项目面积较小，建设商住型或综合型的写字楼都将影响其办公功能的正常发挥，而建成纯写字楼则能有效避免这些缺陷。

当然，选择中档写字楼也面临可能的风险：

● 本项目规划建设过程中，如果不能迅速有效地提高知名度，以争取更多的客户租购和入住，就可能增加营销费用和资金回收的压力；

● 本项目如在智能化水平上有较大缺陷，就可能失去相当部分潜在的高科技租购客户，以至在吸引大客户方面失去机会。

5.3.2 建筑风格及规划

本项目应该通过经济实用的设计，采用质量优良而非奢华的建筑材料及装修标准，达到简练现代的建筑效果，在规划设计中突出智能化和环境绿化，创造整洁、实用、现代、舒适的办公居住环境。

5.3.3 建筑设计

1. 层高（略）

2. 户型（略）

5.3.4 装修与设备

1. 装修（略）

2. 设备（略）

5.3.5 配套功能

考虑到本项目办公客户的需求，为其提供方便、到位的服务，使客户能够足不出户地处理其中产生的各类事项，解决生活的必需，提高工作效率，同时也体现大厦的整体性，建议本项目设置如下功能：商务中心、银行、邮局、员工餐厅、停车场等。

5.3.6 智能化系统

建议本写字楼项目在智能化方面做好充足的准备，以增强竞争力，在市场上立于不败之地，尤其在网络、通讯上体现较高水准，与周边项目拉开档次。

通讯系统：提供实缆系统。

综合布线系统：光缆通过弱电竖井进入每层，为了检修及维修方便采用网络地板（北京市场网络地板一般 150 元/m^2）。

安防系统：写字楼在停车、广播系统和火灾报警、消防联动系统及保安、防盗、门禁、门瓷、红外系统上选用国内品牌，保证设备设施达到状态点水平即可，可以不要求实现自动控制，以降低成本费用。

楼宇自动化系统：主要设备实现状态点水平。

5.3.7 环境及园林绿化

大堂、室内门厅、休息厅、办公室等处实现多处绿化，考虑楼内庭园设计（包括空中花园），或为其留出足够的空间。

第 4 节 销售价格定位

5.4.1 定价方法

销售均价的确定采用三种方法：

(1) 类比案例比较法（略）

(2) 有效需求成本加价法（略）

(3) 综合分析调整法（略）

5.4.2 定价原则

建议本项目写字楼面积全部出售，以最快速度收回项目投资。

从目前北京市在售的写字楼来看，新建项目往往为聚集人气，尽快打开市场局面，在开盘期采取低价策略，建议本项目在开始阶段也采取这一策略，以求与周边现有项目的竞争中抢占先机。

写字楼定价的朝向差距没有住宅明显，同一楼层中南向、东西向、北向大约各差均价的1%，因此定价时主要考虑层差。

制定层差的一般性原则是，楼层越高则价格越贵，本项目以最低的出售办公层三层为基准，每向上一层价格增加1%。

随着周边地区交通、办公等环境的改善，本项目所处地区与中关村地区的联系将越来越紧密，销售价格将有上升的趋势。

5.4.3 价格体系

从本项目的位置、定位及市场环境分析，本项目的开盘期房起价不应高于8800元/m^2，预留未来有上涨空间，期房平均价在9000元/m^2比较合适，并根据销售情况及施工进度随时调整。估计现房均价将达到9300元/m^2，车位销售与写字楼同步，销售均价为9万元/个。

5.4.4 付款方式

从客户角度出发，提供灵活多样的付款方式，对销售起着至关重要的作用，它既可以给自用客户起到缓解资金压力的作用，又可给投资客户计算投资回报提供多种选择形式。（以下略）

第5节 项目定位可行性评价

5.5.1 项目定位对周边地区写字楼市场的影响

本项目定位为中档写字楼，这一定位所面对的市场需求层面较宽，在项目周边地区写字楼项目较少的情况下，其进入市场对改善周边办公环境具有重要的意义。

对于周边已在开发的写字楼项目来说，本项目的出现无疑是强劲的竞争对手。由于本项目交通地理位置优越，又属新开发项目，对一些已经开发的老项目来说，具有更新颖、更智能、更适用的特点，本项目的开发需要以此为卖点之一，吸引买家，达到抢占目标市场的目的。

5.5.2 项目定位实现的可能性

项目定位为中档写字楼，定位实现的可能性极大，因为区域、交通、环境等方面的优势，再配合提炼主题，辅以到位的营销操作，可成功实现项目定位。

5.5.3 项目定位实现的关键因素分析及建议（略）

第6章 开发进度

第1节 项目开发的基本指标

根据委托方提供资料得出：

规划建设用地面积：1万m^2

总建筑面积：5万m^2，地上建筑面积：5万m^2

具体可见表1：开发指标与经济评价

第2节 开发周期预测

根据项目规模、市场要求及委托方的意见，建议整个开发周期为1.25年。

建设期：12个月，即1年

销售期：（建设期开始6个月后）12个月，车位（111个）随写字楼销售

开发期：18月即1.5年

具体可见表1：开发指标与经济评价

第3节 项目前期及施工进度预测（略）

第4节 项目建设期安排预测（略）

第5节 项目销售进度预测

本项目写字楼的销售周期约为12个月。具体情况可参见表6：《销售收入估算表》，该表关于销售进度的情况说明如下：

● 写字楼销售假设分五期推出，每期1个季度，每期销售不同比例的面积，期末售完；

● 写字楼的销售期假设在建设期开始6个月后开始；

● 每期起价较上期上涨一定比例，具体假设为：在第三期96折的价格为其销售均价9300元/建筑平方米，其余为在此基础上计算的价格；

● 写字楼售出的面积按二期付款，各期付款比例分别为：第一期付总额的40%，在写字楼封顶以后付其余的60%；车位假设同写字楼一起按比例售出，期末售完。

第7章 项目财务分析与评价

第1节 项目投资（成本）预测及估算

7.1.1 项目的成本构成项目（略）

7.1.2 项目的成本估算

根据项目的现状、开发指标、房地产开发的取费标准以及委托方提供的费用资料，估算得出“××写字楼”项目的总开发成本约为40 864万元，具体可见表2：成本估算表。写字楼的土地出让金取950元/建筑平方米，本项目的建安综合造价取4500元/建筑平方米。

项目各项成本构成比例

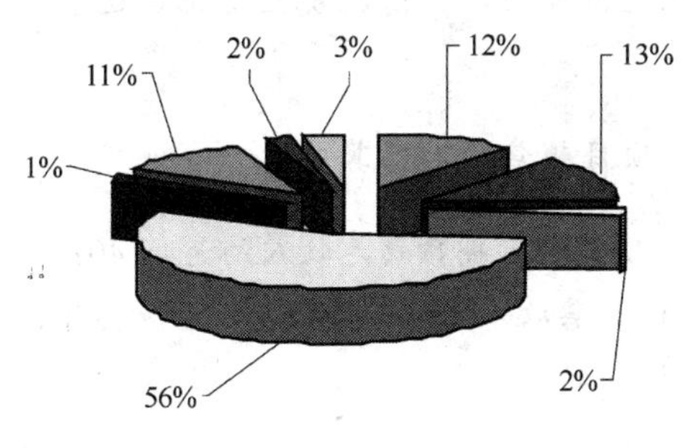

土地费用，12%
前期开发费用，13%
市政条件及费用，2%
建安工程费，56%
建设期管理费用，1%
财务费用，11%
不可预见费，2%
销售费用，3%

第2节　项目资金筹措及还款计划

7.2.1　资金筹措计划

在委托方提供的资料的前提下，本测算中初步确定资金来源为预售写字楼及车位收入和银行贷款（已考虑施工单位垫资），其中，预售写字楼及车位毛收入约为45 407.02万元，银行贷款约为21 274.07万元。资金筹措计划具体请见表4：资金筹措计划。

7.2.2　还款计划

本项目实际贷款约为21 274.07万元，建设期累计利息约为4 430.39万元。根据有关资料，制定了贷款本息偿还测算表，具体请见表5。

第3节　资金使用计划

根据项目的自身条件、开发建设预测及常规的各种成本发生的比例和时间，制定了投资进度计划表，见表3。

表中，土地出让金的投入时间和投入比例具体安排是：期初交付土地出让金总金额的40%，其余各期平均各交付土地出让金总金额的15%。

表中其他成本费用的投入安排是根据委托方提供资料、房地产开发的实际情况及有关规定估计的，如情况发生变化，这些费用将需要重新安排。

第4节　项目销售收入估算

经估算，“××写字楼”项目的预期预售毛收入约为45 407.02万元，交纳营业税及附加后的销售收入为42 909.63万元。具体情况可见表6：销售收入计划表。

第5节　项目经济效益分析与评价

7.5.1　经济效益分析主要指标

● 财务净现值（*FNPV*）：是反映项目计算期内获利能力的一个动态指标。*FNPV* 大于等于零时，表明该项目在财务上是可以接受的，其值越大越好；当 *FNPV* 小于等于零时，表明该项目在财务上是不可接受的。

● 财务内部收益率（*FIRR*）：反映了项目建设和生产服务期内各年费用与效益相抵后的净投资的报酬率，或理解为项目占用的投资所赚得的利率。当 *FIRR* 大于等于零时，表明该项目在财务上可以接受，其值越大越好；当 *FIRR* 小于等于零时，表明项目在财务上不能接受。

● 成本（投资）利润率：投资利润率又称投资收益率或投资效果系数，主要用来评价项目的获利水平。如果预期的投资收益率高于或等于基准投资收益率，可考虑接受；否则，一般不予接受，或要对该项目的投资计划与开发方案重新制订。

7.5.2 静态分析与评价

单位：万元

相关指标	所得税前	所得税后
预期利润	7041	4717
预期投资利润率	82.84%	55.50%

从上表可以看出，在项目较少投资的基础上，项目的预期利润和预期投资利润率都是较好的，即从静态上看，项目在财务上是可以接受的。

具体可见表 7：损益表。

7.5.3 动态分析与评价

单位：万元

相关指标	所得税前	所得税后
预期财务净现值	4441	2759
预期内部收益率	35.03%	23.67%

从上表可以看出，在项目较少投资的基础上，项目的预期财务净现值和预期财务内部收益率也都是较好的，即从动态上看，“××写字楼”项目在财务上也是可以接受的。

具体可见表8：现金流量表。

第6节　项目敏感性分析

7.6.1　项目敏感性分析主要因素

这里选取的本项目的敏感性因素如下：

● 销售均价：即写字楼的平均销售销售价格。

● 土地出让金：本项目需要交纳的土地出让金。

● 总建筑面积：即项目建设的规模。

● 建安造价：需要投入的主体结构、设备安装及装修费用。

7.6.2　项目敏感性分析及评价

上述各敏感性因素变动对项目评价指标的影响请见表9：敏感性分析表。从该表测算结果可以看出：

● 税前利润、成本利润率与净现值、内部收益率等项对于销售价格及建安造价的变动比较敏感，尤其是建安造价的变动，在销售周期不变的情况下，对收益水平影响较大。

● 由敏感性分析表可以看出，项目方案的抗风险能力较强。在敏感性因素变化的情况下，项目仍能保持财务上的可行性，说明在本项目假设的前提下，项目的赢利能力是较为稳定的。

第7节　项目盈亏平衡分析

7.7.1　项目盈亏平衡分析主要指标

盈亏平衡分析又称收支平衡分析，所谓收支平衡是指投资项目的收入和支出达到平衡时的最低生产水平（产量）和销售水平（销量）。当项目的生产规模（或销售规模）达到这个平衡点时，项目既不亏本也不盈利，维持一种简单再生产的状态，称之为“保本”状态。

● 盈亏平衡销售价格：保本销售价格

● 盈亏平衡销售规模：保本销售面积

7.7.2　项目盈亏平衡分析及评价

写字楼销售价格盈亏平衡点＝写字楼单位造价/（1－销售税费及附加）

＝8 172.74 /（1－5.5%）＝8648.41 元/m^2

写字楼销售规模盈亏平衡点＝总建设成本/写字楼销售均价

＝40 864/9300＝4.39 万 m^2

盈亏平衡销售面积占总销售面积的比例＝4.39/5＝88%

盈亏平衡销售价格与假设销售价格的比例＝8648.41/9300＝93%

一般认为，上述两个比例小于等于70%时，项目的风险较低，而本项目上述两个比例均大于该比例，表明项目的开发风险较高。

第8节　财务分析结论

通过对项目方案的现金流量、损益情况及盈亏平衡分析，以及进一步的单因素敏感性分析表明，该方案财务上可行，稳定性较好，但项目仍然具有较大的市场和财务上的风险。

按照全部投资方案，计算出该项目的税后财务内部收益率为35.03%，高于一般的写字楼项目的获利水平；其税后财务净现值为2759万元，这实质上是在考虑复利因素的条件下，该项目所获得的超过一般行业利润水平的超额利润折现值；其赢余资金总量达2759万元，说明项目开发将拥有较大的经济活动总量和赢利，在控制市场风险的前提下，本项目开发是可以令人满意的。

第8章　开发投资分析结论与建议

第1节　项目可行性总说明

通过项目的市场分析和财务分析可见，本写字楼项目是可行的，有较好的市场空间，并将带来可观的经济效益。

● 本写字楼项目具有良好的市场前景。本项目的建设正处于国内和北京经济高速发展的阶段，北京市商务活动对写字楼的需求旺盛，市场前景较为乐观。

● 写字楼的税后财务内部收益率为35.03%，远远高于银行贷款利率，财务效益较好。通过敏感性分析和盈亏平衡分析可知项目的抗风险能力较强，即使在较为不利的环境下，也能获得较好的经济回报。

● 本写字楼具有良好的社会效益。本项目的实施促进了本地区办公条件和办公环境的改善，提高了该地段的土地利用率，同时满足社会，尤其是本地区日益增长的对写字楼的需求，具有良好的社会效益。

第2节　项目研究说明与建议

● 四环路的开通将会促使一些新的写字楼陆续建成，因此，本项目应尽早动工，尽快建成以争取时间上的优势，以保证项目投资的回收。

● 为了尽可能地吸引客户以提高项目效益，可以考虑建设一定的商业设施或商务服务设施。

● 要加强写字楼销售的推广工作，如果销售推广不力，将对本项目的销售带来较大的影响。

● 要注意本项目交通问题的克服，要充分利用已开通的西四环路，突出项目的升值潜力和未来良好的办公环境和交通优势。

表 1

开发指标与经济评价

一、基础指标		
规划建设用地面积	1.00000	万 m^2
总建筑面积：	5.00	万 m^2
地上建筑面积	5.00	万 m^2
可售面积	5.00	万 m^2
可供售车位	325	个
车位出售率	50%	
可出售车位	163	个
车位按每 1 万 m^2 建筑面积 65 辆计算		
二、项目开发期		
建设期：12 个月，1 年		
销售期(在建设期开始 6 个月后)12 个月，1 年		
开发期：15 个月，1.25 年		
注：本建设期及开发期是根据委托方提供的资料及实际情况确定的		

续表

三、项目开发主要静态经济指标			
	总额(万元)	单位建筑面积成本(元/m^2)	单位可售面积成本(元/m^2)
预期收入	45 407	9 081	9 081
写字楼销售收入	43 945	8 789	8 789
车位销售收入	1 463	293	293
总成本	40 864	8 173	8 173
销售税金	(2 497)	(499)	(499)
	所得税前		所得税后
预期利润(万元)	7 041		4 717
预期投资利润率	82.84%		55.50%
四、项目开发主要动态经济指标			
	所得税前		所得税后
财务净现值(万元)	4 441		2 759
财务内部收益率	35.03%		23.67%

注：括号中数值表示为负值。下同。

成本估算表 　　　　**表 2**

序号	项　目	取费标准(元/建筑平方米)		总费用(万元)	单位建筑成本(元)	单位可售成本(元)
一	土地费用			4 750.0	950	950
	土地出让金	全部建筑面积	950	4 750.0		
二	前期开发费用			5 377	1 075.45	1 075.45
1	土地补偿费			3 600		
2	居民拆迁费			500		
3	代征地拆迁费			400		
4	已付勘察设计费			200		
5	写字楼设计费	建安造价的	2.00%	450.0		
6	招投标费	建安造价的	0.06%	13.5		
7	监理费用及质量监督费	建安造价的	0.95%	213.8		
三	市政条件及费用			650	130.00	130.00
1	外电源及配电室			500		
2	上水(四环路接口)			50		
3	雨污水(四环路接口)			50		
4	天然气(四环路接口)			50		
四	建安工程费			22 850	4 570.00	4 570.00
1	建安造价		4 500	22 500		
2	室外工程费		50	250		
3	区内绿化费		20	100		
五	建设期管理费用	一至三项之和的	2.00%	578	115.51	115.51
六	财务费用	比率为	7.00%	4 430	886.08	886.08
七	不可预见费	一至三项之和的	3.00%	866	173.26	173.26
八	销售费用	销售收入的	3.00%	1 362	272.44	272.44
	总成本(不含销售税费)			40 864	8 172.74	8 172.74

表 3

投资进度计划表(单位：万元)

项　　目	投入额(万元)	每期一季度	每期一季度	每期一季度	每期一季度	每期一季度	每期一季度
		0	1	2	3	4	5
一、土地费用	(4 750.00)	(1 900.00)	(712.50)	(712.50)	(712.50)	(712.50)	
土地出让金	(4 750.00)						
二、前期开发费用	(5 377.25)	(4 293.50)	(203.44)	(203.44)	(203.44)	(473.44)	
土地补偿费	(3 600.00)	(3 000.00)	(150.00)	(150.00)	(150.00)	(150.00)	
居民拆迁费	(500.00)	(500.00)					
代征地拆迁费	(400.00)	(400.00)					
已付勘察设计费	(200.00)	(200.00)					
写字楼设计费	(450.00)	(180.00)				(270.00)	
招投标费	(13.50)	(13.50)					
监理费用及质量监督费	(213.75)		(53.44)	(53.44)	(53.44)	(53.44)	
三、市政条件费用	(650.00)	(650.00)					
外电源及配电室	(500.00)	(500.00)					
上水(四环路接口)	(50.00)	(50.00)					
雨污水(四环路接口)	(50.00)	(50.00)					
天然气(四环路接口)	(50.00)	(50.00)					
四、建安工程费	(22 850.00)		—	(2 250.00)	(3 250.00)	(17 350.00)	
房屋建安造价	(22 500.00)			(2 250.00)	(3 000.00)	(17 250.00)	
室外工程费	(250.00)				(250.00)		
绿化费	(100.00)					(100.00)	
五、管理费用	(577.55)		(144.39)	(144.39)	(144.39)	(144.39)	
六、不可预见费	(866.32)		(259.90)	(259.90)	(173.26)	(173.26)	
七、销售费用	(1 362.21)		(272.44)	(272.44)	(340.55)	(340.55)	(136.22)
项目开发成本	(36 433.32)	(6 843.50)	(1 592.66)	(3 842.66)	(4 824.14)	(19 194.14)	(136.22)
累计开发成本		(6 843.50)	(8 436.16)	(12 278.82)	(17 102.96)	(36 297.10)	(36 433.32)

资金筹措计划表(单位：万元)　　　　**表 4**

		每期一季	每期一季	每期一季	每期一季	每期一季	每期一季	每期一季	每期一季
	合　计	0	1	2	3	4	5	6	7
资金来源									
销售总收入	45 407.02			974.06	2 960.94	14 703.13	12 039.06	9 787.26	4 942.57
银行贷款	(21 274.07)	(6 843.50)	(1 832.18)	(3 482.11)	(2 811.19)	(6 305.09)	—		
合计	24 132.95	(6 843.50)	(1 832.18)	(2 508.05)	149.75	8 398.04	12 039.06	9 787.26	4 942.57
资金运用									
建设资金投资	(36 433.32)	(6 843.50)	(1 592.66)	(3 842.66)	(4 824.14)	(19 194.14)	(136.22)	—	—
销售税费	(2 497.39)			(53.57)	(162.85)	(808.67)	(662.15)	(538.30)	(271.84)
建设期利息	(4 430.39)	(239.52)	(559.94)	(785.13)	(1 005.40)	(1 324.47)	(515.93)		
合计	(43 361.10)	(7 083.02)	(2 152.60)	(4 681.37)	(5 992.39)	(21 327.28)	(1 314.30)	(538.30)	(271.84)

贷款本息偿还测算表(单位：万元)　　　　**表 5**

序号	项　目	合　计	每期一季	每期一季	每期一季	每期一季	每期一季	每期一季	每期一季	每期一季
			0	1	2	3	4	5	6	7
一	季初贷款余额	(52 654.27)		(7 083.02)	(9 475.14)	(12 957.25)	(15 768.44)	(7 370.40)		
二	本季贷款	(21 274.07)	(6 843.50)	(1 832.18)	(3 482.11)	(2 811.19)	(6 305.09)	·		
三	本季利息	(4 430.39)	(239.52)	(559.94)	(785.13)	(1 005.40)	(1 324.47)	(515.93)		
四	本季偿还本息		(239.52)	(559.94)	(785.13)	(1 005.40)	(22 073.53)	(7 886.33)		
五	季末贷款余额		(7 083.02)	(9 475.14)	(12 957.25)	(15 768.44)	(7 370.40)			
	贷款利率	7.00%								
六	偿还贷款来源									
	销售收入	45 407.02	—	—	974.06	2 960.94	14 703.13	12 039.06	9 787.26	4 942.57
	小计				974.06	2 960.94	14 703.13	12 039.06	9 787.26	4 942.57

销售收入估算表(单位：万元) **表 6**

销售进度	每期折后售价（元/m²）	折扣率（%）	销售比例（%）	每期销售量（万/m²）	每期销售车位数（个）	
写字楼						
第 1 期	9 009.38	0.93	0.10	0.50	16	
第 2 期	9 203.13	0.95	0.20	1.00	33	
第 3 期	9 300.00	0.96	0.30	1.50	49	
第 4 期	9 396.88	0.97	0.20	1.00	33	
第 5 期	9 592.64	0.98	0.20	1.00	33	
	合　计	每期半季度	每期半季度	每期半季度	每期半季度	每期半季度
项　目	（万元）	3	4	5	6	7
写字楼总价	43 944.52	—	900.94	900.94	1 840.63	7 362.50
车位总价	1 462.50	—	73.13	73.13	146.25	146.25
总销售收入	45 407.02	—	974.06	974.06	1 986.88	7 508.75
销售税费	(2 497.39)		(53.57)	(53.57)	(109.28)	(412.98)
税后销售收入	42 909.63	—	920.49	920.49	1 877.60	7 095.77

续表

付款进度	付款比例（%）	可售面积（万 m^2）	销售均价		可售车位数（个）	车位单价 ¥（万元/个）
			¥（元/m^2）	$（元/$m^2$）		
		5.00	9 300.0	1 120.5	163	9.00
第 1 次付款	0.40					
第 2 次付款	0.60					
每期半季度	每期半季度	每期半季度	每期半季度	每期半季度	每期半季度	每期半季度
8	9	10	11	12	13	14
6 975.00	6 975.00	4 698.44	4 698.44	4 796.32	4 796.32	—
219.38	219.38	146.25	146.25	146.25	146.25	—
7 194.38	7 194.38	4 844.69	4 844.69	4 942.57	4 942.57	—
(395.69)	(395.69)	(266.46)	(266.46)	(271.84)	(271.84)	
6 798.68	6 798.68	4 578.23	4 578.23	4 670.73	4 670.73	—

损益表(单位：万元) **表 7**

项　　目	合计	每期一季度	每期一季度	每期一季度	每期一季度	每期一季度	每期一季度	每期一季度	每期一季度
	(万元)	—	1	2	3	4	5	6	7
收入									
1. 写字楼	43 944.52			900.94	2 741.56	14 337.50	11 673.44	9 494.76	4 796.32
2. 车位	1 462.50			73.13	219.38	365.63	365.63	292.50	146.25
成本									
1. 土地费用	(4 750.00)	(1 900)	(712.50)	(712.50)	(712.50)	(712.50)			
2. 前期开发费用	(5 377.25)	(4 293.50)	(203.44)	(203.44)	(203.44)	(473.44)			
3. 市政条件费用	(650.00)	(650.00)							
4. 建安工程费	(22 850.00)			(2 250.00)	(3 250.00)	(17 350.00)			
5. 管理费用	(577.55)		(144.39)	(144.39)	(144.39)	(144.39)			
6. 不可预见费	(866.32)		(259.90)	(259.90)	(173.26)	(173.26)			
7. 销售费用	(1 362.21)	—	(272.44)	(272.44)	(340.55)	(340.55)	(136.22)		
开发成本合计	(36 433.32)	(6 843.50)	(1 592.66)	(3 842.66)	(4 824.14)	(19 194.14)	(136.22)		
税前息前利润	11 471.08	(6 843.50)	(1 592.66)	(2 815.03)	(1 700.35)	(3 682.34)	12 564.99	10 325.56	5 214.41
贷款利息	(4 430.39)	(239.52)	(559.94)	(785.13)	(1 005.40)	(1 324.47)	(515.93)		
所得税税前利润	7 040.69	(7 083.02)	(2 152.60)	(3 600.16)	(2 705.75)	(5 006.81)	12 049.06	10 325.56	5 214.41
累计税前利润		(7 083.02)	(9 235.62)	(12 835.78)	(15 541.53)	(20 548.34)	(8 499.28)	1 826.28	7 040.69
所得税	(2 323.43)							(602.67)	(1 720.76)
所得税税后利润	4 717.26	(7 083.02)	(2 152.60)	(3 600.16)	(2 705.75)	(5 006.81)	12 049.06	9 722.89	3 493.66
税前投资利润率	82.84%								
税后投资利润率	55.50%								

表 8

现金流量表(单位：万元)

项　　目	合计	每期一季度	每期一季度	每期一季度	每期一季度	每期一季度	每期一季度	每期一季度	每期一季度
	(万元)	—	1	2	3	4	5	6	7
现金流入									
写字楼销售收入	1 801.88	1 801.88			900.94	900.94	0.00	0.00	0.00
车位销售收入	146.25	146.25			73.13	73.13	0.00	0.00	0.00
销售收入	45 407.02			974.06	2 960.94	14 703.13	12 039.06	9 787.26	4 942.57
现金流出									
建设成本	(36 433.32)	(6 843.50)	(1 592.66)	(3 842.66)	(4 824.14)	(19 194.14)	(136.22)		
销售税费	(2 497.39)			(53.57)	(162.85)	(808.67)	(662.15)	(538.30)	(271.84)
税前净现金流	6 476.31	(6 843.50)	(1 592.66)	(2 922.17)	(2 026.05)	(5 299.69)	11 240.69	9 248.96	4 670.73
累计净现金流量		(6 843.50)	(8 436.16)	(11 358.33)	(13 384.39)	(18 684.07)	(7 443.38)	1 805.58	6 476.31
税前净现值	4 441.09	(6 843.50)	(1 561.43)	(2 808.70)	(1 909.20)	(4 896.09)	10 181.04	8 212.81	4 066.15
税前累计净现值		(6 843.50)	(8 404.93)	(11 213.63)	(13 122.83)	(18 018.92)	(7 837.88)	374.93	4 441.09
税后净现金流	4 717.26	(7 083.02)	(2 152.60)	(3 600.16)	(2 705.75)	(5 006.81)	12 049.06	9 722.89	3 493.66
累计净现金流量		(7 083.02)	(9 235.62)	(12 835.78)	(15 541.53)	(20 548.34)	(8 499.28)	1 223.61	4 717.26
税后净现值	2 759.31	(7 083.02)	(2 110.39)	(3 460.36)	(2 549.69)	(4 625.52)	10 913.21	8 633.65	3 041.44
税后累计净现值		(7 083.02)	(9 193.41)	(12 653.77)	(15 203.46)	(19 828.98)	(8 915.78)	(282.13)	2 759.31
税前内部收益率	35.03%								
税后内部收益率	23.67%								

敏感性分析表 **表 9**

	销售均价(元/m²)	销售均价(元/m²)	销售均价(元/m²)	销售均价(元/m²)	销售均价(元/m²)
	9 000	9 150	9 300	9 450	9 600
税前利润(万元)	5 496	6 268	7 041	7 813	8 586
税前投资利润率	57.50%	69.43%	82.84%	98.03%	115.39%
税前净现值(万元)	3 266	3 853	4 441	5 029	5 616
税前内部收益率	27.79%	31.40%	35.03%	38.69%	42.38%
	出让金(元/m²)	出让金(元/m²)	出让金(元/m²)	出让金(元/m²)	出让金(元/m²)
	850.0	900.0	950.0	1 000.0	1 050.0
税前利润(万元)	7 702	7 371	7 041	6 710	6 379
税前投资利润率	98.27%	90.24%	82.84%	75.99%	69.64%
税前净现值(万元)	4 927	4 684	4 441	4 198	3 956
税前内部收益率	38.80%	36.89%	35.03%	33.23%	31.47%
	总建筑面积(万 m²)	总建筑面积(万 m²)	总建筑面积(万 m²)	总建筑面积(万 m²)	总建筑面积(万 m²)
	4.0	4.5	5.0	5.5	6.0
税前利润(万元)	3 987	5 509	7 041	8 572	10 103
税前投资利润率	47.06%	65.00%	82.84%	100.58%	118.24%
税前净现值(万元)	2 427	3 434	4 441	5 448	6 456
税前内部收益率	24.70%	30.17%	35.03%	39.40%	43.35%

续表

	建安造价(元/m^2)	建安造价(元/m^2)	建安造价(元/m^2)	建安造价(元/m^2)	建安造价(元/m^2)
	4 000	4 200	4 500	4 650	4 800
税前利润(万元)	10 094	8 873	7 041	6 125	5 209
税前投资利润率	185.37%	133.08%	82.84%	65.05%	50.41%
税前净现值(万元)	6 955	5 949	4 441	3 687	2 933
税前内部收益率	52.70%	45.41%	35.03%	30.09%	25.32%

图 1　海淀区、中关村在北京市的位置图(略)

图 2　本项目、本地区及典型写字楼位置图(略)

图 3　××写字楼经济效益分析图

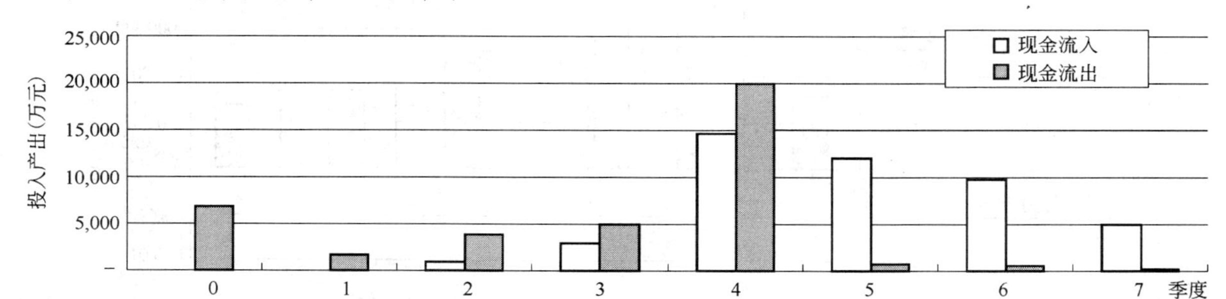

图 4　××写字楼累计净现值分析图

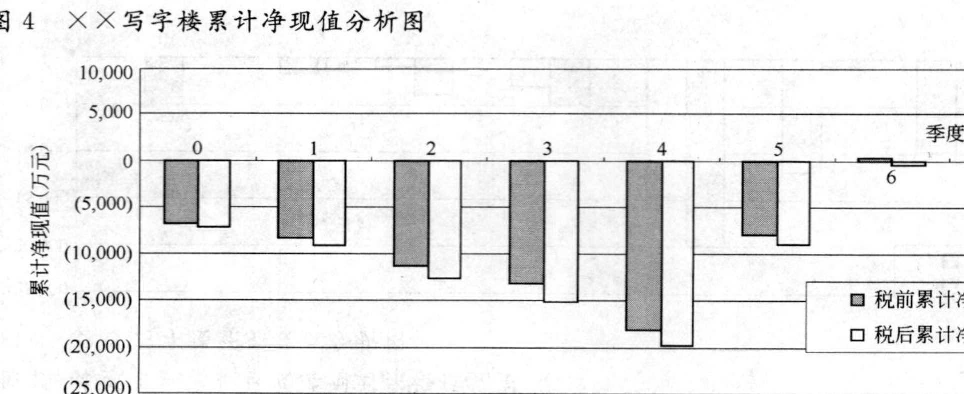

附录：建设部《房地产开发项目经济评价方法》

第一章 总 则

第一条 房地产开发项目(以下简称房地产项目)经济评价，是房地产项目可行性研究的重要组成部分，是房地产项目决策科学化的重要手段。为了引导房地产业健康发展，减少房地产开发投资的盲目性，提高房地产项目经济评价质量，制定本方法。

第二条 房地产项目应根据社会经济发展的需要和城市总体规划的要求，运用微观效益分析与宏观效益分析相结合、定量分析与定性分析相结合、动态分析与静态分析相结合的方法，做好经济评价工作。

第三条 在房地产项目经济评价中，按照房地产项目未来获取收益的方式，可将房地产项目主要分为下列类型：

一、出售型房地产项目。此类房地产项目以预售或开发完成后出售的方式得到收入、回收开发资金、获取开发收益，以达到盈利的目的。

二、出租型房地产项目。此类房地产项目以预租或开发完成后出租的方式得到收入、回收开发资金、获取开发收益，以达到盈利的目的。

三、混合型房地产项目。此类房地产项目以预售、预租或开发完成后出售、出租、自营的各种组合方式得到收入、回收开发资金、获取开发收益，以达到盈利的目的。

第四条 房地产项目经济评价分为财务评价和综合评价。对于一般的房地产项目只需进行财务评价；对于重大的、对区域社会经济发展有较大影响的房地产项目，如经济开发区项目、成片开发项目，在作出决策前应进行综合评价。

第五条 财务评价应根据现行财税制度和价格体系，计算房地产项目的财务收入和财务支出，分析项目的财务盈利能力、清偿能力以及资金平衡状况，判断项目的财务可行性。

第六条 综合评价应从区域社会经济发展的角度，分析和计算房地产项目对区域社会经济的效益和费用，考察项目对社会经济的净贡献，判断项目的社会经济合理性。

第七条 房地产项目经济评价应在房地产市场调查与预测、房地产项目策划、房地产项目投资与成本费用估算、房地产项目收入估算与资金筹措的基础上进行。同时应注意对房地产项目进行不确定分析和多方案比选。

第八条 房地产项目经济评价的结论可以为房地产开发商服务，作为房地产开发商投资决策的依据；可以为政府管理部门服务，作为政府管理部门审批房地产项目的依据；可以为金融机构服务，作为金融机构审查贷款可行性的依据。

第九条 本方法适用于第三条所述各类房地产项目。其他房地产项目的经济评价也可参照本方法使用。

第十条 房地产项目基础数据的准确性和参数选择的合理性，对房地产项目经济评价结论的正确性有着重要的影响，为此，要求经济评价人员具有较高的素质，以便在进行房地产项目经济评价时作出正确的分析和判断。

第二章 房地产市场调查与预测

第十一条 开发商和经济评价人员通过对房地产市场调查，了解房地产市场的过去和现状，把握房地产市场的发展动态，预测房地产市场的未来发展趋势，并依此分析房地产项目建设的必要性，确定房地产项目的用途、规模、档次、开发时机和经营方式。

第十二条 房地产市场调查与预测的内容和方法，应根据房地产项目的用途、未来获取收益的方式及所在地区的具体情况确定。按照用途可将房地产项目主要分为下列类型：

一、居住用途的房地产项目，包括普通住宅、高档公寓、别墅等。

二、商业用途的房地产项目，包括商场、购物中心、商业店铺、超级市场、批发市场等。

三、办公用途的房地产项目，包括商务办公楼(写字楼)等。

四、旅馆用途的房地产项目，包括饭店、酒店、宾馆、度假村、旅店、招待所等。

五、餐饮用途的房地产项目，包括酒楼、美食城、餐馆、快餐店等。

六、娱乐用途的房地产项目，包括游乐场、娱乐城、康乐中心、俱乐部、影剧院等。

七、工业用途的房地产项目，包括厂房、仓库等。

八、特殊用途的房地产项目，包括停车楼等。

九、土地开发项目，是指在生地或毛地上进行三通一平等，将其开发成为建设熟地的房地产项目。

第十三条 房地产市场调查与预测包括房地产投资环境的调查与预测和房地产市场状况的调查与预测。

一、房地产投资环境的调查与预测。房地产投资环境的调查与预测应在国家、区域、城市、邻里的层次上进行。主要内容包括：政治、法律、经济、文化教育、自然条件、城市规划、基础设施等方面，对已经发生的或将要发生的重大事件或政策对房地产项目的影响，要作出充分的了解和估计。

二、房地产市场状况的调查与预测。房地产市场状况的调查与预测应在房地产投资环境调查与预测的基础上进行，主要内容包括：

1. 供求状况。包括相关地段、用途、规模、档次、价位、平面布置等的房地产的供求状况，如供给量、有效需求量、空置量和空置率等。其中供给量应包括已完成的项目、在建的项目、已审批立项的项目、潜在的竞争项目及预计它们投入市场的时间。

2. 房地产商品的价格、租金和经营收入。

3. 房地产开发和经营的成本、费用、税金的种类及其支付的标准和时间等。

第十四条 房地产市场调查要根据调查的对象和内容，采用适当的方法。通常采用的方法有：普查法、抽样调查法、直接调查法、间接调查法。

第十五条 房地产市场预测一般分为定性预测和定量预测。

一、定性预测。定性预测主要是通过对历史资料的分析和对未来条件的研究，凭借预测人员实践经验和逻辑推理能力，对房地产市场未来表现的性质进行推测和判断。

二、定量预测。定量预测是在了解历史资料和统计数据的基础上，运用数学方法和其他分析技术，建立可以表现数量关系的数量模型，并以此为基础分析、计算和确定房地产市场要素在未来可能的数量。

第十六条 房地产市场预测的具体方法因预测的对象、内容、期限不同而有所不同。通常采用的方法有：

一、直观判断法，包括德尔菲法和专家小组法等。

二、历史引申法，包括简单平均数法、移动平均数法、加权移动平均数法、趋势预测法、指数平滑法和季节指数法等。

三、因果预测法，包括回归分析法和相关分析法等。

第三章　房地产开发项目策划

第十七条 房地产项目应进行系统的项目策划，以形成和优选出较具体的项目开发经营方案。

房地产项目策划主要包括项目区位的分析与选择，开发内容

和规模的分析与选择，开发时机的分析与选择，开发合作方式的分析与选择，项目融资方式和资金结构的分析与选择，房地产产品经营方式的分析与选择。

第十八条 房地产项目区位的分析与选择，包括地域的分析与选择和具体地点的分析与选择。

地域的分析与选择是战略性选择，是对项目宏观区位条件的分析与选择，主要考虑项目所在地区的政治、法律、经济、文化教育、自然条件等因素。

具体地点的分析与选择，是对房地产项目坐落地点和周围环境、基础设施条件的分析与选择，主要考虑项目所在地点的交通、城市规划、土地取得代价、拆迁安置难度、基础设施完备程度以及地质、水文、噪声、空气污染等因素。

第十九条 房地产项目开发内容和规模的分析与选择，应在符合城市规划的前提下按照最高最佳利用原则(最高最佳利用是法律上允许、技术上可能、财务上可行，经过充分合理的论证，能够带来最高收益的利用)，选择最佳的用途和最合适的开发规模，包括建筑总面积、建设和装修档次、平面布置等。此外，还可考虑仅将生地或毛地开发成为可进行房屋建设的熟地后租售的情况。

第二十条 房地产项目开发时机的分析与选择，应考虑开发完成后的市场前景，再倒推出应获取开发场地和开始建设的时机，并充分估计办理前期手续和征地拆迁的难度等因素对开发进度的影响。大型房地产项目可考虑分期分批开发(滚动开发)。

第二十一条 房地产项目开发合作方式的分析与选择，主要应考虑开发商自身在土地、资金、开发经营专长、经验和社会关系等方面的实力或优势程度，并从分散风险的角度出发，对独资、合资、合作（包括合建)、委托开发等开发合作方式进行选择。

第二十二条 房地产项目融资方式与资金结构的分析与选择，主要是结合项目开发合作方式设计资金结构，确定合作各方在项目资本金中所占的份额，并通过分析可能的资金来源和经营方式，对项目所需的短期和长期资金的筹措作出合理的安排。

第二十三条 房地产产品经营方式的分析与选择，主要是考虑近期利益和长远利益的兼顾、资金压力、自身的经营能力以及市场的接受程度等，对出售(包括预售)、出租(包括预租、短租或长租)、自营等经营方式进行选择。

第四章 房地产开发项目投资与成本费用估算

第二十四条 房地产项目总投资包括开发建设投资和经营资金。

开发建设投资是指在开发期内完成房地产产品开发建设所需投入的各项费用，主要包括：土地费用、前期工程费用、基础设施建设费用、建筑安装工程费用、公共配套设施建设费用、开发间接费用、财务费用、管理费用、销售费用、开发期税费、其他费用以及不可预见费用等。

开发建设投资在开发建设过程中形成以出售和出租为目的的开发产品成本和以自营自用为目的的固定资产及其他资产，应注意开发建设投资在开发产品成本与固定资产和其他资产之间的合理分摊划转。

经营资金是指开发企业用于日常经营的周转资金。

开发期是指从房地产项目大量资金正式投入工程开始，到开发建设完成的期间。

第二十五条 开发产品成本是指房地产项目产品建成时，按照国家有关财务和会计制度转入房地产产品的开发建设投资。当房地产项目有多种产品时，可分别估算每种产品的成本费用，但应注意开发建设投资在不同开发产品之间的合理分摊。

第二十六条 经营成本是指房地产产品出售、出租时，将开发产品成本按照国家有关财务和会计制度结转的成本，主要包括：土地转让成本、出租土地经营成本、房地产销售成本、出租经营成本。

对于分期收款的房地产项目，房地产销售成本和出租经营成本可按其当期收入占全部销售收入和租金收入的比率，计算本期应结转的经营成本。

第二十七条 房地产项目开发建设完成后，可能形成一定比例的开发企业资产，主要包括固定资产、无形资产和递延资产。

一、固定资产包括开发企业办公用房、开发企业机器设备和运输设备，以及自营的商业和服务业用房等。

二、无形资产主要包括土地使用权等。

三、递延资产主要包括开发企业的开办费和租入固定资产的改良支出等。

第二十八条 房地产项目土地费用是指为取得房地产项目用地而发生的费用。房地产项目取得土地有多种方式，其发生的费用各不相同。主要有下列几种：划拨或征用土地的土地征用拆迁费、出让土地的土地出让地价款、转让土地的土地转让费、租用土地的土地租用费、股东投资入股土地的投资折价。

一、土地征用拆迁费。土地征用拆迁费分为：农村土地征用拆迁费和城镇土地拆迁费。

1. 农村土地征用拆迁费主要包括：土地补偿费、青苗补偿费、地上附着物补偿费、安置补助费、新菜地开发建设基金、征地管理费、耕地占用税、拆迁费、其他费用。

2. 城镇土地拆迁费主要包括：地上建筑物、构筑物、附着物补偿费，搬家费，临时搬迁安置费，周转房摊销以及对于原用地单位停产、停业补偿费，拆迁管理费和拆迁服务费等。

二、土地出让地价款。土地出让地价款是指国家以土地所有者的身份将土地使用权在一定年限内让予土地使用者，并由土地使用者向国家支付土地使用权出让地价款。主要包括向政府缴付的土地使用权出让金和根据土地原有状况需要支付的拆迁补偿费、安置费、城市基础设施建设费或征地费等。例如：以出让方式取得城市熟地土地使用权，土地出让地价款由土地出让金加上拆迁补偿费和城市基础设施建设费构成。

土地出让地价款的数额由土地所在城市、地区、地段、土地的用途以及使用条件、合同条件等许多方面的因素决定。许多城市对土地制定了基准地价，具体宗地的土地出让地价款要在基准地价的基础上加以适当调整确定。

三、土地转让费。土地转让费是指土地受让方向土地转让方支付土地使用权的转让费。依法通过土地出让或转让方式取得的土地使用权可以转让给其他合法使用者。土地使用权转让时，地上建筑物及其他附着物的所有权随之转让。

四、土地租用费。土地租用费是指土地租用方向土地出租方支付的费用。以租用方式取得土地使用权可以减少项目开发的初期投资，但在房地产项目开发中较为少见。

五、土地投资折价。房地产项目土地使用权可以来自房地产项目的一个或多个投资者的直接投资。在这种情况下，不需要筹集现金用于支付土地使用权的获取费用，但一般需要对土地使用权评估作价。

第二十九条 房地产项目前期工程费主要包括项目前期规划、设计、可行性研究，水文、地质勘测，以及“三通一平”等阶段的费用支出。

项目规划、设计、可行性研究所需费用支出一般可按项目总投资的一定百分比估算，也可按估计的工作量乘以正常工日费率估算。项目水文、地质勘测所需费用支出根据工作量估算。土地开发中三通一平(通水、通电、通路、土地平整)工程费用根据实际工作量估算。

第三十条 基础设施建设费。基础设施建设是指建筑物2米以外和项目用地规划红线以内的各种管线和道路工程，其费用包括供水、供电、供气、排污、绿化、道路、路灯、环卫设施等建设费用，以及各项设施与市政设施干线、干管、干道的接口费用。一般按实际工程量估算。

第三十一条 建筑安装工程费是指建造房屋建筑物所发生的

建筑工程费用、设备采购费用和安装工程费用等。在可行性研究阶段，建筑安装工程费用估算可以采用单元估算法、单位指标估算法、工程量近似匡算法、概算指标估算法、概预算定额法，也可以根据类似工程经验进行估算。具体估算方法的选择应视资料的可取性和费用支出的情况而定。

当房地产项目包括多个单项工程时，应对各个单项工程分别估算建筑安装工程费用。

第三十二条 公共配套设施建设费是指居住小区内为居民服务配套建设的各种非营利性的公共配套设施(又称公建设施)的建设费用，主要包括：居委会、派出所、托儿所、幼儿园、公共厕所、停车场等。一般按规划指标和实际工程量估算。

第三十三条 开发间接费用是指房地产开发企业所属独立核算单位在开发现场组织管理所发生的各项费用。主要包括：工资、福利费、折旧费、修理费、办公费、水电费、劳动保护费、周转房摊销和其他费用等。

当开发企业不设立现场机构，由开发企业定期或不定期派人到开发现场组织开发建设活动时，发生的费用可直接计入开发企业的管理费用。

第三十四条 管理费用是指房地产开发企业的管理部门为组织和管理房地产项目的开发经营活动而发生的各项费用。主要包括：管理人员工资、职工福利费、办公费、差旅费、折旧费、修理费、工会经费、职工教育经费、劳动保险费、待业保险费、董事会费、咨询费、审计费、诉讼费、排污费、绿化费、房地产税、车船使用税、土地使用税、技术转让费、技术开发费、无形资产摊销、开办费摊销、业务招待费、坏账损失、存货盘亏、毁损和报废损失以及其他管理费用。

如果房地产开发企业同时开发若干房地产项目，管理费用应在各个项目间合理分摊。

第三十五条 财务费用是指房地产开发企业为筹集资金而发生的各项费用。主要包括借款和债券的利息、金融机构手续费、代理费、外汇汇兑净损失以及其他财务费用。

第三十六条 销售费用是指房地产开发企业在销售房地产产品过程中发生的各项费用，以及专设销售机构的各项费用。主要包括销售人员工资、奖金、福利费、差旅费、销售机构的折旧费、修理费、物料消耗、广告费、宣传费、代销手续费、销售服务费及预售许可证申领费等。

第三十七条 其他费用主要包括：临时用地费和临时建设费、工程造价咨询费、总承包管理费、合同公证费、施工执照费、工程质量监督费、工程监理费、竣工图编制费、工程保险费等。

第三十八条 房地产项目投资估算中应考虑项目所负担的与房地产投资有关的各种税金和地方政府或有关部门征收的费用。主要包括：固定资产投资方向调节税、土地使用税、市政支管线分摊费、供电贴费、用电权费、绿化建设费、电话初装费、分散建设市政公用设施建设费等。在一些大中型城市，这部分税费已经成为房地产项目投资费用中占较大比重的费用。各项税费应根据当地有关法规标准估算。

第三十九条 房地产项目投资估算应考虑适当的不可预见费用。

第四十条 运营费用是指房地产项目开发完成后，在项目经营期间发生的各种运营费用。主要包括：管理费用、销售费用等。

第四十一条 修理费用是指以出租或自营方式获得收益的房地产项目在经营期间发生的物料消耗和维修费等。

第四十二条 房地产项目应根据可能的建设进度和将会发生的实际付款时间和金额编制资金使用计划表。

在房地产项目可行性研究阶段，计算期可取年、半年、季甚至月为单位，资金使用计划应按期编制。编制资金使用计划应考虑各种投资款项的付款特点，要考虑预收款、欠付款、预付定金以及按工程进度中间结算付款等方式对编制资金使用计划的影响。

第五章　房地产开发项目收入估算与资金筹措

第四十三条　房地产项目应在项目策划方案的基础上，制定切实可行的出售、出租、自营等计划（以下简称租售计划）。租售计划应遵守政府有关房地产租售和经营的规定，并与开发商的投资策略相结合。

第四十四条　房地产项目租售计划包括拟租售的房地产类型、时间和相应的数量、租售价格、租售收入及收款方式。

第四十五条　租售房地产的类型和相应的数量，应在房地产项目可供租售的房地产类型、数量的基础上确定，并要考虑租售期内房地产市场可能发生的变化对租售数量的影响。

第四十六条　租售价格应根据房地产项目的特点确定，一般应选择在位置、规模、功能和档次等方面可比的交易实例，通过对其成交价格的分析与修正，最终得到房地产项目的租售价格。

确定租售价格要与开发商市场营销策略相一致，在考虑政治、经济、社会等宏观环境对项目租售价格影响的同时，还应对房地产市场供求状况进行分析，考虑已建成的、正在建设的以及潜在的竞争项目对房地产项目租售价格的影响。

第四十七条　房地产项目的收入主要包括房地产产品的销售收入、租金收入、土地转让收入(以上统称租售收入)、配套设施销售收入和自营收入。

一、租售收入等于可供租售的房地产数量乘以单位租售价格。应注意可出售面积比例的变化对销售收入的影响；空置期(项目竣工后暂时找不到租户的时间)和出租率对租金收入的影响；以及由于规划设计的原因导致不能售出面积比例的增大对销售收入的影响。

二、自营收入是指开发企业以开发完成后的房地产为其进行商业和服务业等经营活动的载体，通过综合性的自营方式得到的收入。在进行自营收入估算时，应充分考虑目前已有的商业和服务业设施对房地产项目建成后产生的影响，以及未来商业、服务业市场可能发生的变化对房地产项目的影响。

第四十八条 确定收款方式应考虑房地产交易的付款习惯和惯例，以及分期付款的期数和各期付款的比例。

第四十九条 资金筹措计划主要是根据房地产项目对资金的需求以及投资、成本与费用使用计划，确定资金的来源和相应的数量。房地产项目的资金来源通常有资本金、预租售收入及借贷资金三种渠道。

第五十条 在进行房地产项目经济评价时，应按期编制销售收入、经营税金及附加估算表，租金收入、经营税金及附加估算表，自营收入、经营税金及附加估算表，投资计划与资金筹措表。

第六章 房地产开发项目财务评价

第五十一条 房地产项目财务评价是在房地产市场调查与预测，项目策划，投资、成本与费用估算，收入估算与资金筹措等基本资料和数据的基础上，通过编制基本财务报表，计算财务评价指标，对房地产项目的财务盈利能力、清偿能力和资金平衡情况进行分析。

第五十二条 应编制的基本财务报表主要有：现金流量表、资金来源与运用表、损益表和资产负债表。

基本财务报表按照独立法人房地产项目(项目公司)的要求进行科目设置；非独立法人房地产项目基本财务报表的科目设置，可参照独立法人项目进行，但应注意费用与效益在项目上的合理分摊。

第五十三条 现金流量表反映房地产项目开发经营期的现金流入和现金流出，按期编制，用以计算各项评价指标，进行房地产项目财务盈利能力分析。

按照投资计算基础的不同，现金流量表一般分为：

一、全部投资现金流量表。该表不分投资资金来源，以全部投资作为计算基础，用以计算全部投资财务内部收益率、财务净现值及投资回收期等评价指标，考察房地产项目全部投资的盈利能力，为各个投资方案(不论其资金来源及利息多少)进行比较建立共同的基础。

二、资本金现金流量表。该表从投资者整体的角度出发，以投资者的出资额作为计算基础，把借款本金偿还和利息支付视为现金流出，用以计算资本金财务内部收益率、财务净现值等评价指标，考察项目资本金的盈利能力。

三、投资者各方现金流量表。该表以投资者各方的出资额作为计算基础，用以计算投资者各方财务内部收益率、财务净现值等评价指标，反映投资者各方投入资本的盈利能力。

第五十四条 资金来源与运用表反映房地产项目开发经营期各期的资金盈余或短缺情况，用于选择资金筹措方案，制定适宜的借款及偿还计划。

第五十五条 损益表反映房地产项目开发经营期内各期的利润总额、所得税及各期税后利润的分配情况，用以计算投资利润率、资本金利润率等评价指标。

一、利润总额的计算。

利润总额＝经营收入－经营成本－管理费用－销售费用－财务费用－经营税金及附加－土地增值税

经营收入＝销售收入＋租金收入＋自营收入

销售收入＝土地转让收入＋商品房销售收入＋配套设施销售收入

租金收入＝出租房租金收入＋出租土地租金收入

经营税金及附加＝营业税＋城市维护建设税＋教育费附加

经营成本＝土地转让成本＋商品房销售成本＋配套设施销售成本＋出租房经营成本

二、弥补亏损。房地产开发企业发生的年度亏损，可以用下一年度的所得税前利润弥补，下一年度税前利润不足弥补的，可以在五年内延续弥补；五年内不足弥补的，用税后利润弥补。

三、利润分配。房地产开发企业交纳所得税后的利润，一般按照下列顺序分配：

1. 弥补企业以前年度亏损。

2. 提取法定盈余公积金。法定盈余公积金按照税后利润扣除前项后的10%提取，法定公积金已达到注册资本的50%时可不再提取。

3. 提取公益金。

4. 向投资者分配利润。

第五十六条 财务盈利能力分析主要是考察房地产项目的财务盈利能力水平。根据房地产项目研究阶段、研究深度以及项目类型的不同，可以通过上述基本报表，有选择地计算下列评价指标：

一、财务内部收益率($FIRR$)。房地产项目的财务内部收益率是指房地产项目在整个开发经营期内各期净现金流量现值累计等于零时的折现率。其表达式为：

$$\sum_{t=1}^{n}(CI-CO)_t(1+FIRR)^{-t}=0$$

式中 CI——现金流入量；

CO——现金流出量；

$(CI-CO)_t$——第 t 期的净现金流量；

n——开发经营期(开发期与经营期之和)。

财务内部收益率可根据财务现金流量表中的净现金流量用试差法求取。在财务评价中，将求出的全部投资或资本金（投资者的实际出资额）财务内部收益率与投资者可接受的最低收益率($MARR$)或设定的基准收益率 i_c。比较，当 $FIRR \geqslant MARR$ 或 $FIRR \geqslant i_c$ 时，即认为其盈利能力已满足最低要求，在财务上是可以考虑接受的。

当财务报表按月、季或半年编制时，计算求出的财务内部收益率应换算为以年为期单位的财务内部收益率，然后再与企业最低可接受的收益率进行比较。如以季为期的单位，换算公式为：

$$FIRR_{年}=[(1+FIRR_{季})^4-1]\times100\%$$

二、财务净现值(FNPV)。财务净现值是指按照投资者最低可接受的收益率或设定的基准收益率 i_c，将房地产项目开发经营期内各期净现金流量折现到开发期初的现值之和。以 i_c 为例，其表达式为：

$$FNPV=\sum_{t=1}^{n}(CI-CO)_t(1+i_c)^{-t}$$

财务净现值可根据财务现金流量表计算求得。财务净现值大于或等于零的房地产项目，在财务上是可以考虑接受的。

三、投资回收期(主要适用于出租和自营的房地产项目)。投资回收期是指以房地产项目的净收益抵偿总投资所需要的时间。一般以年表示，并从房地产项目开发期的起始年算起。其表达式为：

$$\sum_{t=1}^{n}(CI-CO)_t=0$$

投资回收期可根据财务现金流量表(全部投资)中累计净现金流量求得，其详细计算公式为：投资回收期=(累计净现金流量开始出现正值期数－1)+(上期累计现金流量的绝对值÷当期净现金流量)

上式得出的是以期为单位的投资回收期，应再把它换算成以年为单位的投资回收期。

四、投资利润率。

投资利润率=年平均利润总额/总投资×100%

五、资本金利润率。

资本金利润率=年平均利润总额/资本金×100%

六、资本金净利润率。

资本金净利润率=年平均所得税后利润总额/资本金×100%

第五十七条 房地产项目清偿能力分析主要是考察房地产项

目开发经营期内的财务状况及偿债能力。

一、借款利息的计算。

1. 有效利率：有效利率$=[1+(r_t/m)]^m-1$

式中 r_t——名义期利率；

m——每期计息次数。

2. 利息计算方法：(1) 按期计息时，为简化计算，假定借款发生当期均在期中支用，按半期计息，其后各期按全期计息；还款当期按期末偿还，按全期计息。每期应计利息的近似计算公式为：

每期应计利息＝(期初借款本息累计＋本期借款÷2)×利率

(2) 等额偿还本金和利息总额的计算公式：$A=I_c\dfrac{i(1+i)^n}{(1+i)^n-1}$

式中 A——每期的还本付息额；

I_c——宽限期末固定资产投资和开发产品成本的借款本金或本息与初始经营资金借款本金之和；

i——期利率；

n——贷款方要求的借款偿还时间(由还款期开始计算)。

等额还本付息中各期偿还的本金和利息不等，偿还的本金部分将逐期增多，支付的利息部分将逐期减少，其计算公式为：

每期支付利息＝期初本金累计×期利率

每期偿还本金＝A－每期支付利息

期初本金累计＝I_c－本期以前各期偿还本金累计

(3) 等额还本，利息照付计算公式：

$$A'_t=\frac{I_c}{n}+I_c\left(1-\frac{t-1}{n}\right)i$$

式中 A'_t——第 t 期还本付息额。

等额还本，利息照付，各期之间的本金及利息之和是不等的，偿还期内每期偿还的本金额是相等的，利息将随本金逐期偿还而减少。其计算公式为：

每期支付利息＝期初本金累计×期利率

$$每期偿还本金=I_c/n$$

国外借款除支付银行利息外，还要另计管理费和承诺费等财务费用；为简化计算，可采用适当提高利率的方法进行处理。

二、借款偿还期的计算。

1. 国内借款偿还期：具有自营部分的房地产项目应计算国内借款偿还期。仅含产品租售的房地产项目一般可不计算国内借款偿还期。

国内借款偿还期是指在国家规定及房地产项目具体财务条件下，在房地产项目开发经营期内，使用可用作还款的利润、折旧、摊销及其他还款资金，偿还房地产项目借款本息(I_d)所需要的时间。其计算公式为：

$$I_d = \sum_{t=1}^{P_d} R_t$$

式中 P_d——国内借款偿还期，从借款开始期计算；

R_t——第 t 期可用于还款的资金，包括：利润、折旧、摊销及其他还款资金。

借款偿还期可由资金来源与运用表或国内借款还本付息计算表直接计算，其详细计算公式为：

P_d=借款偿还后开始出现盈余期数－开始借款期数＋(当期偿还借款额/当期可用于还款的资金额)

以上计算结果是以期为单位，注意将其转换成以年为单位。

2. 国外借款偿还期：涉及利用外资的房地产项目，其国外借款的还本利息，一般是按已经明确或预计可能的借款偿还条件(包括宽限期、偿还期及偿还方式等)计算。当借款偿还期满足贷款机构的要求期限时，即认为房地产项目具有清偿能力。

第五十八条 资金平衡分析主要是考察房地产项目开发经营期间的资金平衡状况。作为房地产项目开发经营的必要条件，各期累计盈余资金不应出现负值(即资金缺口)。如果出现资金缺口，应采取适当的措施(如短期贷款等)予以解决。资金平衡分析一般通过资金来源与运用表进行。

第五十九条 资产负债分析是考察房地产项目开发经营期间的资产与负债的情况。各期资产应等于负债和所有者权益之和。如果资产不等于负债和所有者权益之和，则应检查其他基本报表。资产负债分析可通过资产负债表进行。

第七章 房地产开发项目不确定性分析

第六十条 房地产项目不确定性分析是分析不确定性因素对项目可能造成的影响，并进而分析可能出现的风险。不确定性分析是房地产项目经济评价的重要组成部分，对房地产项目投资决策的成败有着重要的影响。

房地产项目不确定性分析可以帮助投资者根据房地产项目投资风险的大小和特点，确定合理的投资收益水平，提出控制风险的方案，有重点地加强对投资风险的防范和控制。

第六十一条 房地产项目不确定性分析主要包括敏感性分析、临界点分析和概率分析。可进行不确定性分析的因素主要有：租售价格、销售进度、出租率、开发周期、项目总投资、土地费用、建安工程费、融资比例、融资成本等。

第六十二条 敏感性分析是通过预计房地产项目不确定性因素发生的变化，分析对项目经济效益产生的影响；通过计算这些因素的影响程度，判断房地产项目经济效益对于各个影响因素的敏感性，并从中找出对于房地产项目经济效益影响较大的不确定性因素。

房地产项目敏感性分析主要包括以下几个步骤：

一、确定用于敏感性分析的经济评价指标。通常采用的指标为内部收益率，必要时也可选用其他经济指标。在具体选定评价指标时，应考虑分析的目的，显示的直观性、敏感性，以及计算的复杂程度。

二、确定不确定性因素可能的变动范围。

三、计算不确定性因素变动时，评价指标的相应变动值。

四、通过评价指标的变动情况，找出较为敏感的变动因素，作出进一步的分析。

进行房地产项目敏感性分析时，可以采用列表的方法表示由不确定性因素的相对变动引起的评价指标相对变动幅度，也可以采用敏感性分析图对多个不确定性因素进行比较。

第六十三条 临界点分析是测算一个或多个不确定性因素变化时，房地产项目达到允许的最低经济效益时的极限值，并以不确定性因素的临界值组合显示项目的风险程度。不确定性因素临界值的分析计算可以采用列表或图解的方法。通常可进行临界点分析的因素有：

一、最低售价和最低销售量、最低租金和最低出租率。售价和销售量是房地产项目重要的不确定性因素，能否在预定的价格下销售出预想的数量，通常是房地产项目成败的关键。最低售价是指房地产项目产品售价下降到预定可接受的最低盈利水平时的价格，售价低于这一价格时，项目盈利水平将不能满足预定的要求。最低销售量是指在预定的房屋售价下，要达到预定的最低盈利水平，所必须达到的销售量。最低售价与预测售价之间的差距越大，最低销售量与房地产产品商品量之间的差距越大，说明房地产项目抗市场风险的能力越强。

当房地产产品以出租为主时，可相应进行最低租金和最低出租率的分析。

二、最高土地取得价格。土地费用是影响房地产项目盈利性的重要因素，也是重要的不确定性因素。最高土地价格是指在房地产项目销售额和其费用不变的条件下，保持预期收益水平所能承受的最高土地费用。当土地费用超过这一价格时，项目将无法获得足够的收益。

最高土地取得价格与实际估测的土地价格之间差距越大，最高土地取得价格越高，房地产项目承受土地使用权价格风险的能力就越强。

三、最高工程费用。最高工程费用是指在预定销售额下，满足预期的项目收益要求所能承受的最高工程费用。当土地开发工程量不大时，最高工程费用是指最高建筑安装工程费用。最高工程费用与预测的可能工程费用之间差距越大，说明房地产项目承受工程费用增加风险的能力越强。

第六十四条 概率分析是使用概率研究预测不确定性因素对房地产项目经济效益影响的一种定量分析方法，通过分析不确定性因素的变化情况和发生的概率，计算在不同概率条件下房地产项目的经济评价指标，说明房地产项目在特定收益状态下的风险程度。概率分析的一般步骤为：

一、列出需要进行概率分析的不确定性因素。

二、选择概率分析使用的经济评价指标。

三、分析确定每个不确定性因素发生的概率。

四、计算在给定的概率条件下经济评价指标的累计概率，并确定临界点发生的概率。

第八章 房地产开发项目方案比选

第六十五条 房地产项目方案比选是寻求合理的房地产开发方案的必要手段。对于房地产项目策划中提出的各种可供选择的开发经营方案，都要进行经济分析和计算，从中筛选出满足最低可接受收益率要求的可供比较方案，并对这些方案进行比选。

第六十六条 在进行可供比较方案比选时，应注意各方案之间的可比性，遵循费用与效益计算口径对应一致的原则，并根据项目实际情况，选择适当的经济评价指标作为比选指标。房地产项目通常采用的方案比选指标有：

一、差额投资内部收益率（ΔIRR）。

差额投资内部收益率是两个方案各期净现金流量差额的现值之和等于零时的折现率。其表达式为：

$$\sum_{t=1}^{n}[(CI-CO)'_t-(CI-CO)''_t](1+\Delta IRR)^{-t}=0$$

式中　$(CI-CO)'_t$——投资大的方案第 t 期净现金流量；

$(CI-CO)''_t$——投资小的方案第 t 期净现金流量；

n——开发经营期。

在进行方案比选时，可将上述求得的差额投资内部收益率与投资者的最低可接受收益率（$MARR$）进行比较，当 $\Delta IRR \geqslant MARR$ 时，以投资大的方案为优选方案；反之，以投资小的方案为优选方案。当多个方案比选时，首先按投资由小到大排序，再依次就相邻方案两两比选，从中确定优选方案。

二、净现值（NPV）

$$NPV = \sum_{t=1}^{n}(CI-CO)_t(1+i)^{-t}$$

在进行方案比选时，以净现值大的方案为优选方案。

三、等额年值（AW）

$$AW = NPV\frac{i_c(1+i_c)^n}{(1+i_c)^n-1}$$

在进行方案比选时，以等额年值大的方案为优选方案。

第六十七条　当可供比较方案的开发经营期相同时，可直接选用差额投资内部收益率、净现值或等额年值指标进行方案比选。当开发经营期不同时，一般宜采用等额年值指标进行比选，如果要采用差额投资内部收益率指标或净现值指标进行方案比选，须对各可供比较方案的开发经营期和计算方法按有关规定作适当处理，然后再进行比选。

第六十八条　对于开发经营期较短的出售型房地产项目，也可直接采用利润总额、投资利润率等静态指标进行方案比选。

第六十九条　对效益相同或基本相同的房地产项目方案进行比选时，为简化计算，可采用费用现值指标和等额年费用指标直接进行项目方案费用部分的比选。

一、费用现值（PC）指标

$$PC = \sum_{t=1}^{n}(C-B)_t(1+i_c)^{-t}$$

式中　C——第 t 期投入总额；

B——期末余值回收。

在进行方案比选时，以费用现值小的方案为优选方案。

二、等额年费用(AC)指标

$$AC=PC\frac{i_c(1+i_c)^n}{(1+i_c)^n-1}$$

在进行方案比选时，以等额年费用小的方案为优选方案。

第九章　房地产开发项目综合评价

第七十条　房地产项目综合评价是从区域社会经济发展的角度，考察房地产项目的效益和费用，评价房地产项目的合理性。

房地产项目综合评价包括综合盈利能力分析和社会影响分析。

第七十一条　综合评价中项目的效益是指房地产项目对区域经济的贡献，分为直接效益和间接效益。

一、直接效益。直接效益是指在房地产项目范围内政府能够得到的收益，一般包括下列方面：

1. 出让国有土地使用权所得的收益。

2. 因土地使用权转让而得到的收益，如土地增值税等。

3. 项目范围内的工商企业缴纳的税费，如房产税、土地使用税、车船使用税、印花税、进口关税和增值税、营业税、城市维护建设税及教育费附加、消费税、资源税、所得税等。

4. 项目范围内基础设施的收益，如供电增容费、供水增容费、排水增容费、城市增容费、电费、水费、电讯费等。

二、间接效益。间接效益是指由房地产项目引起的、在项目直接效益中未得到反映的那部分效益。主要有：增加地区就业人口、繁荣地区商贸服务、促进地区旅游业发展等带来的收益。

第七十二条　综合评价中项目的费用是指区域经济为项目付出的代价，分为直接费用和间接费用。

一、直接费用。直接费用是指在项目范围内政府所花费的投资和经营管理费用。一般包括下列方面：

1. 征地费用。

2. 土地开发和基础设施投资费用。

3. 建筑工程和城市配套设施费用。

4. 经营管理费用。

二、间接费用。间接费用是指由项目引起的、在直接费用中未得到反映的那部分费用。主要有：在项目范围外为项目配套的基础设施投资，为满足项目需要而引起的基础服务供应缺口使区域经济产生的损失等。当基础服务(如电力)供不应求时，为满足项目需求而使区域经济产生的损失，可用该项服务的当地最高价格计算。

第七十三条 综合评价应遵循费用与效益计算口径对应一致的原则，防止重复计算或漏算，例如：

一、具有行政职能的开发企业在开发过程中上缴政府的税费，如耕地占用税、建设期间的土地使用税等，在综合评价中应视作区域经济中的转移支付，不计为项目的效益或费用。一般商业性开发企业在开发过程中上缴政府的税费，在综合评价中应作为效益处理。

二、同类基础服务在不同情况下，可能使项目产生不同的效益和费用，对此应注意识别。以电力供应为例，见下表。

项目供电的效益与费用识别

电力供应特点	与供电有关的项目效果	
	效　益	费　用
电厂在项目范围外	供电增容费、电力销售收入减去电力购进支出	输变电投资、经营管理费用
电厂在项目范围内，由具有行政职能的开发企业投资经营	供电增容费、电力销售收入	全部电力投资、经营管理费用
电厂在项目范围内，由独立的电力公司投资经营	税费收入	无

第七十四条 盈利能力分析。

一、综合评价盈利能力分析是根据房地产项目的直接效益和直接费用，以及可以用货币计量的间接效益和间接费用，计算综合内部收益率(*CIRR*)，考察房地产项目投资的盈利水平。

综合内部收益率是指房地产项目在整个计算期内，各期净现金流量现值等于零时的折现率。它反映房地产项目所占用资金的盈利率，是考察房地产项目盈利能力的评价指标。其表达式为：

$$\sum_{t=1}^{n}(CI-CO)_t(1+CIRR)^{-t}=0$$

综合内部收益率可根据综合评价现金流量表中的净现金流量用试差法计算求得，并可与政府的期望收益率或银行的贷款利率进行比较，判断项目的盈利能力。

二、综合评价盈利能力分析的主要报表是综合评价现金流量表。该表不分投资资金来源，以全部投资作为计算的基础，考虑直接与间接费用和效益，计算综合内部收益率指标，考察房地产项目的盈利能力。

第七十五条 社会影响分析是定性和定量的描述难以用货币计量的间接效益和间接费用对房地产项目的影响。社会影响分析主要包括下列内容：

一、就业效果分析。就业效果分析主要是指考察房地产项目对区域劳动力就业的影响。如果当地并无就业压力，项目范围内主要使用外来劳动力，则不必进行就业效果分析。就业效果以就业成本和就业密度两项指标来进行描述，并可与当地的相应指标进行比较。

就业成本＝项目开发总投资÷项目范围内总就业人数

就业密度＝项目范围内总就业人数÷项目占地面积

二、对区域资源配置的影响。

三、对环境保护和生态平衡的影响。

四、对区域科技进步的影响。

五、对区域经济发展的影响。主要包括：对繁荣商业服务的影响、对促进旅游业的影响、对发展第三产业的影响等。

六、对减少进口(节汇)和增加出口(创汇)的影响。

七、对节约及合理利用国家资源(如土地、矿产等)的影响。

八、对提高人民物质文化生活及社会福利的影响。

九、对远景发展的影响。

附表　基本报表及辅助报表(格式)

全部投资财务现金流量表

基本报表1　　　　　　　　　　　　　　　　　　　　单位：万元

序　号	项　　目	合　计	1	2	3	…	n
1	现金流入						
1.1	销售收入						
1.2	出租收入						
1.3	自营收入						
1.4	净转售收入						
1.5	其他收入						
1.6	回收固定资产余值						
1.7	回收经营资金						
2	现金流出						
2.1	开发建设投资						
2.2	经营资金						
2.3	运营费用						
2.4	修理费用						
2.5	经营税金及附加						
2.6	土地增值税						
2.7	所得税						
3	净现金流量						
4	累计净现金流量						

注：1. 本表适用于独立法人的房地产开发项目(项目公司)。非独立法人的房地产开发项目可参照本表使用，同时应注意开发企业开发建设投资、经营资金、运营费用、所得税和债务等的合理分摊；

2. 开发建设投资中应注意不含财务费用；

3. 在运营费用中应扣除财务费用、折旧费和摊销费。

资本金财务现金流量表

基本报表 2　　　　　　　　　　　　　　　　　　　　　单位：万元

序号	项目	合计	1	2	3	…	*n*
1	现金流入						
1.1	销售收入						
1.2	出租收入						
1.3	自营收入						
1.4	净转售收入						
1.5	其他收入						
1.6	长期借款						
1.7	短期借款						
1.8	回收固定资产余值						
1.9	回收经营资金						
2	现金流出						
2.1	开发建设投资						
2.2	经营资金						
2.3	运营费用						
2.4	修理费用						
2.5	经营税金及附加						
2.6	土地增值税						
2.7	所得税						
2.8	借款本金偿还						
2.9	借款利息支付						
3	净现金流量						
4	累计净现金流量						

注：本表适用于独立法人的房地产开发项目(项目公司)。非独立法人的房地产开发项目可参照本表使用，同时应注意开发企业开发建设投资、经营资金、运营费用、所得税和债务等的合理分摊。

投资者各方现金流量表

基本报表 3　　　　　　　　　　　　　　　　　　　　　单位：万元

序　号	项　　目	合　计	1	2	3	…	*n*
1	现金流入						
1.1	应得利润						
1.2	资产清理分配						
(1)	回收固定资产余值						
(2)	回收经营资金						
(3)	净转售收入						
(4)	其他收入						
2	现金流出						
2.1	开发建设投资出资额						
2.2	经营资金出资额						
2.3	借款利息支付						
3	净现金流量						
4	累计净现金流量						

资金来源与运用表

基本报表 4　　　　　　　　　　　　　　　　　　　　　　　　　单位：万元

序　号	项　　目	合　计	1	2	3	…	n
1	资金来源						
1.1	销售收入						
1.2	出租收入						
1.3	自营收入						
1.4	自有资金						
1.5	长期借款						
1.6	短期借款						
1.7	回收固定资产余值						
1.8	回收经营资金						
1.9	净转售收入						
2	资金运用						
2.1	开发建设投资						
2.2	经营资金						
2.3	运营费用						
2.4	修理费用						
2.5	经营税金及附加						
2.6	土地增值税						
2.7	所得税						
2.8	应付利润						
2.9	借款本金偿还						
2.10	借款利息支付						
3	盈余资金						
4	累计盈余资金						

注：本表适用于独立法人的房地产开发项目(项目公司)。非独立法人的房地产开发项目可参照本表使用，同时应注意开发企业开发建设投资、经营资金、运营费用、所得税和债务等的合理分摊。

损 益 表

基本报表 5　　　　单位：万元

序 号	项 目	合 计	1	2	3	…	n
1	经营收入						
1.1	销售收入						
1.2	出租收入						
1.3	自营收入						
2	经营成本						
2.1	商品房经营成本						
2.2	出租房经营成本						
3	运营费用						
4	修理费用						
5	经营税金及附加						
6	土地增值税						
7	利润总额						
8	所得税						
9	税后利润						
9.1	盈余公积金						
9.2	应付利润						
9.3	未分配利润						

注：本表适用于独立法人的房地产开发项目(项目公司)。非独立法人的房地产开发项目可参照本表使用，同时应注意开发企业开发建设投资、经营资金、运营费用、所得税和债务等的合理分摊。

资产负债表

基本报表 6　　　　单位：万元

序 号	项 目	合计	1	2	3	…	n
1	资产						
1.1	流动资金						
1.1.1	应收账款						
1.1.2	存货						
1.1.3	现金						
1.1.4	累计盈余资金						
1.2	在建工程						
1.3	固定资产净值						

续表

序　号	项　　目	合计	1	2	3	…	n
1.4	无形及递延资产净值						
2	负债及所有者权益						
2.1	流动负债总额						
2.1.1	应付账款						
2.1.2	短期借款						
2.2	借款						
2.2.1	经营资金借款						
2.2.2	固定资产投资借款						
2.2.3	开发产品投资借款						
	负债小计						
2.3	所有者权益						
2.3.1	资本金						
2.3.2	资本公积金						
2.3.3	盈余公积金						
2.3.4	累计未分配利润						

计算指标：1. 资产负债率(%)
2. 流动比率(%)
3. 速动比率(%)

综合评价现金流量表

基本报表7　　单位：万元

序号	项　　目	合计	1	2	3	…	n
1	现金流入						
1.1	国有土地使用权出让收益						
1.2	土地使用权转让收益						
1.3	工商企业税费收入						
1.4	基础设施增容费、使用费收入						
1.5	基础设施销售收入						
1.6	回收固定资产余值						
1.7	回收经营资金						
1.8	间接效益						
2	现金流出						
2.1	征地费用						

续表

序号	项　目	合计	1	2	3	…	n
2.2	平整土地投资						
2.3	基础设施投资						
2.4	建筑工程、配套设施投资						
2.5	基础设施经营费用						
2.6	项目管理费用						
2.7	经营资金						
2.8	间接费用						
3	净现金流量						
4	累计净现金流量						

注：根据需要可在现金流入和现金流出栏内增减项目。

项目总投资估算表

辅助报表1　　　　单位：万元

序　号	项　目	总投资	估算说明
1	开发建设投资		
1.1	土地费用		
1.2	前期工程费		
1.3	基础设施建设费		
1.4	建筑安装工程费		
1.5	公共配套设施建设费		
1.6	开发间接费		
1.7	管理费用		
1.8	财务费用		
1.9	销售费用		
1.10	开发期税费		
1.11	其他费用		
1.12	不可预见费		
2	经营资金		
3	项目总投资		
3.1	开发产品成本		
3.2	固定资产投资		
3.3	经营资金		

注：项目建成开始运营时，固定资产将形成固定资产、无形资产与递延资产。

开发建设投资估算表

辅助报表 2　　　　　　　　　　　　　　　　　　　　单位：万元

序号	项　目	开发产品成本	固定资产投资	合　计
1	土地费用			
2	前期工程费用			
3	基础设施建设费			
4	建筑安装工程费			
5	公共配套设施建设费			
6	开发间接费			
7	管理费用			
8	财务费用			
9	销售费用			
10	开发期税费			
11	其他费用			
12	不可预见费			
	合　计			

注：项目建成开始运营时，固定资产将形成固定资产、无形资产与递延资产。

经营成本估算表

辅助报表 3　　　　　　　　　　　　　　　　　　　　单位：万元

序号	产品名称	开发产品成本	1		2		…	n	
			结转比例	经营成本	结转比例	经营成本	…	结转比例	经营成本
1									
2									
3									
4									
5									
6									
7									
8									
经营成本合计									

土地费用估算表

辅助报表 4

单位：万元

序　　号	项　　目	金　　额	估算说明
1	土地出让金		
2	征地费		
3	拆迁安置补偿费		
4	土地转让费		
5	土地租用费		
6	土地投资折价		
	合　　计		

前期工程费估算表

辅助报表 5

单位：万元

序　　号	项　　目	金　　额	估算说明
1	规划、设计、可研费		
2	水文、地质勘察费		
3	道路费		
4	供水费		
5	供电费		
6	土地平整费		
	合　　计		

基础设施建设费估算表

辅助报表 6

单位：万元

序　　号	项　　目	建设费用	接口费用	合　计
1	供电工程			
2	供水工程			
3	供气工程			
4	排污工程			
5	小区道路工程			
6	路灯工程			
7	小区绿化工程			
8	环卫设施			
	合　　计			

建筑安装工程费用估算表

辅助报表 7　　　　单位：万元

项　　目	建筑面积	建安工程费		装饰工程费		金额合计
		单　价	金　额	单　价	金　额	
单项工程 1						
单项工程 2						
…						
合　　计						

公共配套设施建设费估算表

辅助报表 8　　　　单位：万元

序　　号	项　　目	建　设　费　用	估 算 说 明
1	居委会		
2	派出所		
3	托儿所		
4	幼儿园		
5	公共厕所		
6	停车场		
	合　　计		

开发期税费估算表

辅助报表 9　　　　单位：万元

序 号	项　　目	金　　额	估算说明
1	固定资产投资方向调节税		
2	土地使用税		
3	市政支管线分摊费		
4	供电贴费		
5	用电权费		
6	分散建设市政公用设施建设费		
7	绿化建设费		
8	电话初装费		
	合　　计		

其他费用估算表

辅助报表10

单位：万元

序号	项目	金额	估算说明
1	临时用地		
2	临建图		
3	施工图预算或标底编制费		
4	工程合同预算或标底审查费		
5	招标管理费		
6	总承包管理费		
7	合同公证费		
8	施工执照费		
9	工程质量监督费		
10	工程监理费		
11	竣工图编制费		
12	工程保险费		
	合计		

销售收入与经营税金及附加估算表

辅助报表11

单位：万元

序号	项目	合计	1	2	3	…	n
1	销售收入						
1.1	可销售面积						
1.2	单位售价						
1.3	销售比例						
2	经营税金及税金附加						
2.1	营业税						
2.2	城市维护建设税						
2.3	教育费附加						
…							

出租收入与经营税金及附加估算表

辅助报表 12

序号	项　　目	合计	1	2	3	…	n
1	租金收入(万元)						
1.1	可出租面积(m^2)						
1.2	单位租金(元/m^2)						
1.3	出租率						
2	经营税金及税金附加(万元)						
2.1	营业税						
2.2	城市维护建设税						
2.3	教育费附加						
…							
3	净转售收入(万元)						
3.1	转售价格						
3.2	转售成本						
3.3	转售税金						

注：1. 当房地产开发项目有预租时，在开发期存在租金收入；

2. 净转售收入一般在期末实现。

自营收入与经营税金及附加估算表

辅助报表 13　　　　单位：万元

序号	项　　目	合计	1	2	3	…	n
1	自营收入						
1.1	商业						
1.2	服务业						
1.3	其他						
2	经营税金及税金附加						
2.1	营业税						
2.2	城市维护建设税						
2.3	教育费附加						
…							

投资计划与资金筹措表

辅助报表14

单位：万元

序号	项目	合计	1	2	3	…	n
1	项目总投资						
1.1	开发建设投资						
1.2	经营资金						
2	资金筹措						
2.1	资本金						
2.2	借贷资金						
2.3	预售收入						
2.4	预租收入						
2.5	其他收入						

参 考 文 献

1. 刘洪玉主编. 房地产开发经营与管理. 北京：中国物价出版社，2003
2. 刘秋雁编著. 房地产投资分析. 大连：东北财经大学出版社，2003
3. 陈建明编著. 商业房地产投资融资指南. 北京：机械工业出版社，2003
4. 郑华编著. 房地产市场分析方法. 北京：电子工业出版社，2003
5. 俞明轩，丰雷编著. 房地产投资分析. 北京：中国人民大学出版社，2002
6. 邢亚平主编. 房地产开发经营管理. 北京：经济科学出版社，2002
7. 贾世军编著. 房地产项目全程策划. 广州：广东经济出版社，2002
8. 建设部. 房地产开发项目经济评价方法. 北京：中国计划出版社，2000
9. 叶剑平编著. 房地产市场营销. 北京：中国人民大学出版社，2000
10. 刘正山编著. 房地产投资分析. 大连：东北财经大学出版社，2000
11. 吕萍等编著. 房地产开发与经营. 北京：中国人民大学出版社，2000
12. 潘蜀健编著. 房地产项目投资. 北京：中国建筑工业出版社，1999
13. 龙胜平主编. 房地产金融与投资. 北京：高等教育出版社，1999
14. 赵国杰主编. 工程经济与项目评价. 天津：天津大学出版社，1999
15. 吴永祥主编. 房地产投资分析. 北京：中国建筑工业出版社，1997
16. 马钧，毛瑛主编. 投资项目决策. 北京：中国经济出版社，1997